MECANISMOS ONLINE DE RESOLUÇÃO DE DISPUTAS NO COMÉRCIO ELETRÔNICO

Uma perspectiva da Análise Econômica do Direito

AMANDA RODRIGUES DA SILVA

Apresentação
Oksandro Gonçalves

Prefácio
Cesar Santolim

MECANISMOS ONLINE DE RESOLUÇÃO DE DISPUTAS NO COMÉRCIO ELETRÔNICO

Uma perspectiva da Análise Econômica do Direito

Belo Horizonte

FORUM
CONHECIMENTO JURÍDICO

2025

FÓRUM
CONHECIMENTO JURÍDICO

Luís Cláudio Rodrigues Ferreira
Presidente e Editor

Coordenação editorial: Leonardo Eustáquio Siqueira Araújo / Thaynara Faleiro Malta
Revisão: Vanessa Leão
Projeto gráfico: Walter Santos
Capa e Diagramação: Formato Editoração

Rua Paulo Ribeiro Bastos, 211 – Jardim Atlântico – CEP 31710-430
Belo Horizonte – Minas Gerais – Tel.: (31) 99412.0131
www.editoraforum.com.br – editoraforum@editoraforum.com.br

Técnica. Empenho. Zelo. Esses foram alguns dos cuidados aplicados na edição desta obra. No entanto, podem ocorrer erros de impressão, digitação ou mesmo restar alguma dúvida conceitual. Caso se constate algo assim, solicitamos a gentileza de nos comunicar através do *e-mail* editorial@editoraforum.com.br para que possamos esclarecer, no que couber. A sua contribuição é muito importante para mantermos a excelência editorial. A Editora Fórum agradece a sua contribuição.

Dados Internacionais de Catalogação na Publicação (CIP) de acordo com ISBD

S586m Silva, Amanda Rodrigues da
Mecanismos online de resolução de disputas no comércio eletrônico: uma perspectiva da análise econômica do direito / Amanda Rodrigues da Silva. Belo Horizonte: Fórum, 2025.
203p. 14,5x21,5cm

ISBN impresso 978-65-5518-981-0
ISBN digital 978-65-5518-982-7

1. Comércio. 2. Tecnologia. 3. Direito. 4. Digital. I. Título.

CDD: 340.0285
CDU: 34:004

Ficha catalográfica elaborada por Lissandra Ruas Lima – CRB/6 – 2851

Informação bibliográfica deste livro, conforme a NBR 6023:2018 da Associação Brasileira de Normas Técnicas (ABNT):

SILVA, Amanda Rodrigues da. *Mecanismos online de resolução de disputas no comércio eletrônico*: uma perspectiva da análise econômica do direito. Belo Horizonte: Fórum, 2025. 203p. ISBN 978-65-5518-981-0.

Aos meus pais, Alberto e Simone, por todo amor e apoio incondicional.

SUMÁRIO

APRESENTAÇÃO

É uma honra fazer a apresentação da obra de Amanda Rodrigues da Silva, uma grande e criteriosa pesquisadora.

O trabalho, que agora tornou-se um livro, é muito útil à sociedade brasileira, porque busca oferecer alternativas à litigiosidade crescente. Segundo o relatório do CNJ, conhecido por "Justiça em Números", a litigiosidade brasileira tem aumentado anualmente de forma consistente, causando morosidade na prestação jurisdicional que acaba impactando um valor muito caro para a sociedade: a Justiça.

Assim, a obra propõe uma possível solução para esse problema através do uso das chamadas *ODRs,* o acrônimo de *"Online Dispute Resolution"*, para solucionar disputas relacionadas ao comércio eletrônico.

A proposta do trabalho é contextualizada no crescimento do comércio eletrônico que veio acompanhado do aumento de disputas entre consumidores e fornecedores. A *internet* produziu um efeito multiplicador de transferência de relações jurídicas do meio físico para o virtual, ampliando os horizontes do comércio que agora pode atender clientes em qualquer local do mundo. Isso implicou o aumento dos litígios que precisam ser resolvidos de forma célere e eficiente, para evitar a descredibilidade do sistema de comércio baseado em relações virtuais.

A autora, então, apresenta um conjunto de argumentos articulados para solucionar o problema de pesquisa proposto.

Principia com um capítulo sobre *Análise Econômica do Litígio,* ocasião em que demonstra a existência de um modelo estrutural de litigância civil e como a decisão de litigiar é tomada pelo agente econômico, especialmente a partir da assimetria de informações que pode aumentar ou diminuir a probabilidade de o litígio ocorrer. Em seguida, é apresentada a Teoria dos Jogos e como o processo de interação estratégica influencia o litígio, de qual modo ele se processa, tudo coordenado com aspectos relacionados a vieses e heurísticos decisórios. Ao concluir o primeiro capítulo, a autora demonstra que é preciso uma melhor compreensão da estrutura do litígio para que sejam oferecidas respostas mais adequadas ao modelo de litigância estruturado em relações virtualizadas e realizadas em larga escala, de tal sorte que fica evidenciado que o modelo atual de abordagem dos litígios deve ser revisto à luz da perspectiva ofertada pela Análise Econômica do Direito.

O segundo capítulo apresenta as ODRs no contexto do comércio eletrônico, demonstrando como a tecnologia vem impactando a modelagem dos litígios. Destacam-se dois aspectos, o da resolução e o da prevenção das disputas. A autora demonstra que as ODRs podem ser uma resposta eficiente ao crescimento de demandas oriundas das relações comerciais virtualizadas, apontando algumas iniciativas privadas (eBay, SquareTrade, Alibaba) e outras públicas (*Consumidor.gov.br*) de solução de litígios. Na ocasião, são abordados diversos aspectos relacionados a essa nova arquitetura de litígios, em especial (i) a interação virtual em substituição à interação pessoal; (ii) a intervenção por software, agora associada à inteligência artificial e algoritmos capazes de oferecer respostas a partir da (iii) coleta contínua e consistente de informações, à medida que novos litígios surgem, permitindo um processo de retroalimentação e preparação para a prevenção de disputas. Dessa forma, a dimensão da resolução de disputas é gradualmente substituída pela dimensão da prevenção.

O terceiro capítulo promove o encontro da argumentação alinhavada nos capítulos anteriores, ao demonstrar, concretamente, a repercussão das ODRs sobre o novo modelo de litígio oriundo de relações virtualizadas. Começa por demonstrar como a tecnologia impacta o processo de resolução de prevenção de disputas através da aplicação de institutos clássicos da Análise Econômica do Direito. Demonstra que é possível promover a redução dos custos de transação de todas as partes envolvidas, garantindo maior celeridade e eficiência na solução dos conflitos. Na dimensão preventiva, a autora demonstra a existência de um comportamento estratégico dos agentes que decidem litigar e que, muitas vezes, é impactado pelos vieses cognitivos, fruto da racionalidade limitada, de tal sorte que a compreensão dessa nova estrutura decisória pode servir de ferramental para a prevenção de litígios. Embora reconheça diversos aspectos positivos, o texto apresentado não se escusa de enfrentar aspectos negativos, trazendo críticas às ODRs, sem, contudo, destruir a argumentação criteriosamente apresentada nos capítulos anteriores. Ao contrário, ela demonstra os pontos fracos e enfrenta-os para demonstrar que podem ser solucionados e que o modelo proposto no trabalho é sustentável.

Por fim, a autora nos brinda com considerações finais que sintetizam as conclusões da pesquisa desenvolvida, demonstrado que as ODRs são uma resposta eficiente para a solução de conflitos massificados oriundos das relações jurídico-comerciais surgidas no ambiente digital.

Desejo a todos uma boa leitura de uma excelente obra que se torna uma referência na doutrina jus-econômica.

Porto Alegre, 26 de março de 2025.

Oksandro Gonçalves

PREFÁCIO

A utilização de mecanismos de solução online para controvérsias no comércio eletrônico (Online Dispute Resolution, ou simplesmente "ODR") teve o entusiasmo dos estudos sobre o tema, desde os primeiros momentos em que a rede aberta de computadores ("Word Wide Web") se transformou de um instrumento de colaboração acadêmica a um sistema de transações econômicas, no início da década de 1990. Isso porque, dentre as características mais relevantes das novas tecnologias de informação e comunicação (TICs) estão, precisamente, a desmaterialização (o meio empregado para as transações é exclusivo ou predominantemente digital), a despersonalização (ausência de contato físico direto entre as partes envolvidas) e a desterritorialização (os negócios realizados ultrapassam as fronteiras territoriais de cada país). A combinação dessas características reduz dramaticamente a efetividade das soluções de controvérsias feitas com o emprego das alternativas mais tradicionais e consagradas (Poder Judiciário, Câmaras Arbitrais), de maneira particular, quando se referem a relações de consumo, diante da assimetria entre os participantes da transação. Agregue-se a isso a conhecida sobrecarga de demandas no Poder Judiciário em alguns países, como é o caso do Brasil, e a sinalização sobre a importância das ODRs como opção não só adequada, mas necessária, pois avolumaram-se casos nos quais os próprios tribunais passaram a utilizá-las. Em outras palavras, as ODRs têm uma função potencial de aprimorar o "acesso à justiça" (quando empregadas pelos tribunais), ou de solucionar conflitos "fora do Judiciário", desafogando o sistema judicial.

O mecanismo assumia papel decisivo para a implementação de boas práticas na solução de conflitos no e-commerce, em suas diversas modalidades ("B2B", "B2C", ...). Não por acaso, já em 2013, a União Europeia, mediante o Regulamento (UE) nº 524/2013, criou uma plataforma específica para a solução de conflitos online, justamente na expectativa de que esse era um caminho inevitável. Mesmo com o crescimento exponencial do e-commerce (4,1 trilhões de dólares em 2024), nem sempre as ODRs responderam de maneira correta às expectativas. No final de 2024, a União Europeia optou por descontinuar sua plataforma de solução de conflitos online (Regulamento (UE) 2024/3228, do Parlamento Europeu e do Conselho), apresentando como justificativa (entre outras) que "apenas uma minoria de visitantes utiliza a plataforma de RLL (plataforma europeia de resolução de litígios em linha) para apresentar uma reclamação e apenas 2% dessas reclamações recebem uma resposta positiva dos comerciantes para que o seu pedido possa ser transmitido a uma entidade de RAL (entidade de resolução alternativa de litígios) inserida na lista da plataforma de RLL. No total, isso representa cerca de 200 litígios por ano em toda a União".

Quando se leva em conta a utilização de ODRs por cortes judiciais, também, conforme revela o estudo de Amy SCHMITZ *(Expanding Access to Remedies, Voice, and Possibly Justice in United States Court Online Dispute Resolution - ODR)*, ainda que se possa falar em casos de sucesso, como na Florida, foram constatados problemas, como os que se verificaram na experiência em Utah (especialmente relacionados às dificuldades impostas aos usuários para a utilização do mecanismo), determinando, em muitos casos, a necessidade de redesenhar as soluções apresentadas. Não é raro, diga-se de passagem, que, em se tratando de implementar práticas baseadas em TICs, evidencia-se um grave descompasso entre o domínio da tecnologia para os desenvolvedores e para os usuários ou destinatários finais do produto ou serviço. O que parece, às vezes, simples ou até óbvio para quem é familiarizado com as TICs, pode ser hermético para um usuário iniciante. Daí porque o mesmo estudo conclui que "[as] ODRs nos tribunais dos EUA entraram em sua próxima onda, à medida que os tribunais encerram projetos piloto e consideram revisões e redesenhos para ODRs. Em alguns casos, os tribunais estão considerando novos fornecedores após projetos fracassados, empregando ODRs privadas. Projetos de ODR têm florescido em tribunais dos EUA desde 2014, mas nem todos eles foram bem-sucedidos. De fato, estamos em um momento crítico em que tribunais e formuladores de políticas devem voltar ao básico e se concentrar na criação de sistemas que funcionem para pessoas reais com problemas reais. A consideração da experiência do usuário é essencial, juntamente com uma análise sólida do *design* do sistema". E, ainda: "Os *designers* devem examinar e aprimorar cuidadosamente os programas ao longo do tempo, incorporando *insights* valiosos de pesquisas em andamento para fazer edições e redesenhos iterativos. O ciclo de feedback de pesquisa e design é particularmente crucial para promover o acesso à justiça, garantindo que os sistemas ODR evoluam em resposta às necessidades e desafios em mudança de diversos grupos de usuários". Em outras palavras, a funcionalidade das ODRs **não é garantida de** *per se*, mas é dependente de elementos técnicos que precisam ser adequadamente considerados.

Preocupação semelhante (com a efetividade das soluções de ODR) vem expressa no *iGLIP Report on ODR* (sendo iGLIP a *Inclusive Global Legal Innovation Platform for Online Dispute Resolution*, uma iniciativa da UNCITRAL – United Nations Comission on International Trade Law), referente à 57ª sessão do órgão, ocorrida em meados do ano de 2024. Depois de diferenciar três tipos diferentes de plataformas de ODR (plataformas criadas especificamente para esse serviço, denominadas de "tipo 1", plataformas desenvolvidas por empresas de e-commerce – "tipo 2" – e plataformas oferecidas por instituições arbitrais – "tipo 3"), o relatório concluiu no sentido da existência de importantes desafios para as plataformas "tipo 2" (justamente as mais populares): (a) conflito de interesses; (b) reconhecimento acerca dos efeitos legais das decisões; (c) papel das políticas de equilíbrio entre as partes e (d) incorporação do uso da inteligência artificial. As conclusões do relatório são no sentido de que "as plataformas de ODR examinadas revelam que tomaram medidas para garantir que seus processos sejam legítimos e acessíveis, alguns melhores do que outros. Os nove padrões identificados forneceram orientação geral para muitos. No entanto, eles podem ser ainda mais refinados, particularizados e harmonizados. Como os padrões teóricos podem ser transformados em realidade, a ser adotada por aqueles que necessitam de melhoria, pode exigir a adoção de abordagem de *sandbox*. Dessa forma, as práticas das plataformas podem ser usadas como uma medida para ver se as diretrizes ou boas práticas a serem formuladas podem ser implementadas de forma realista ou se são muito pretensiosas ou ideais, podendo, portanto, sufocar o desenvolvimento de ODRs. Essas boas práticas ou diretrizes devem abordar os desafios já levantados e, talvez, também aprimorar e harmonizar as medidas que são tomadas por várias plataformas atualmente. Com o desenvolvimento iminente da tecnologia e no uso da IA, há muitos desafios e oportunidades para empresas e provedores de serviços de ODR. Além disso, com o uso inevitável de ODRs para resolver disputas, especialmente para pequenas e médias empresas, de forma rápida, econômica e ecologicamente correta, pode ser útil desenvolver alguma orientação e estrutura para a comunidade em geral". Mais uma vez, a mesma constatação: o uso de ODR ainda depende de ajustes, para sua melhor eficiência.

Neste contexto, a obra "Mecanismos Online de Resolução de Disputas no Comércio Eletrônico: uma perspectiva da Análise Econômica do Direito", de Amanda Rodrigues da Silva, traz inequívoca contribuição ao debate sobre o tema, pois sugere o uso de uma metodologia analítica reconhecida e consolidada (a Análise Econômica do Direito – AED) justamente para balizar a adequação sobre a aplicação das ODRs. A autora analisa como esses mecanismos alteram a dinâmica das disputas, promovendo um ambiente mais eficiente e acessível para a resolução de conflitos. Mesmo destacando que o comércio eletrônico foi o principal motor da expansão das ODRs, com uso significativo por plataformas de e-commerce e entidades relacionadas ao comércio internacional e que, através da tecnologia, os mecanismos de resolução de disputas se tornam mais rápidos, baratos e acessíveis, ampliando as formas de acesso à justiça, Amanda afirma que a sua adoção prática ainda é limitada, com alguns exemplos de sucesso como a plataforma brasileira *Consumidor.gov.br* (que seria, exatamente, uma "plataforma dedicada" ou "tipo 1", na classificação da UNCITRAL). Já no caso das grandes empresas de comércio eletrônico, como eBay, Alibaba e Mercado Livre (plataformas "tipo 2"), a autora reconhece que há demonstração de eficiência no uso desses mecanismos, mas realça que há espaço para aprofundamento teórico, debate sobre os desafios e, igualmente, apresenta algumas críticas ao seu desenvolvimento.

Sendo o objetivo central da obra analisar os mecanismos online de resolução de disputas no comércio eletrônico sob a perspectiva da Análise Econômica do Direito, Amanda se dedica a verificar como esses mecanismos impactam os pressupostos microeconômicos do litígio e busca compreender de que maneira as ODRs existentes impactam a decisão de litigar ou cooperar em um acordo, considerando aspectos como custos de transação, assimetria informativa e comportamento estratégico dos litigantes.

A AED consiste exatamente na utilização da metodologia da Economia nas soluções jurídicas, sendo, por isso, um instrumento adequado à aferição sobre o bom funcionamento das ODRs. Se há evidências consistentes de que esses mecanismos podem (ou não) ser uma resposta às demandas do e-commerce, especialmente quando voltado ao consumidor ("B2C"), então é absolutamente essencial identificar quais critérios de eficiência podem ser aplicados aqui. O recuo da União Europeia, antes observado, veio precisamente porque "a manutenção da plataforma de RLL não satisfaz os princípios de eficiência e eficácia previstos no Regulamento 2024/2509 do Parlamento Europeu e do Conselho". Ou seja, é necessário mensurar a relação custo-benefício para a existência das ODRs, justamente o que, com grande atualidade, Amanda Rodrigues da Silva se propõe a realizar em seu trabalho.

Porto Alegre, 14 de março de 2025.

Cesar Santolim[1]

1 Professor Titular da Faculdade de Direito da UFRGS. Advogado e Economista.

CAPÍTULO 1

INTRODUÇÃO

Com o surgimento de novos e diversificados conflitos decorrentes do comércio eletrônico e da emergente possibilidade de resolução de controvérsias através de mecanismos digitais, busca-se explorar as iniciativas existentes e analisar de que modo elas alteram a dinâmica das disputas promovendo um ambiente de resolução. De fato, seja porque os meios tradicionais de resolução de conflitos não conseguiram dar conta de tutelar as relações jurídicas travadas na internet, seja devido ao incremento de eficiência que os meios digitais propiciaram ao endereçamento de controvérsias, os mecanismos *online* de resolução de disputas ou conhecidos pelo acrônico "ODR" – *Online Dispute Resolution* – surgem como importantes e cada vez mais sofisticadas ferramentas para composição de interesses em conflito.

O verdadeiro motor da expansão de ODRs foi e continua sendo o comércio eletrônico, tendo expressivo uso pelas plataformas de *e-commerce*, por provedores públicos relacionados à proteção e à defesa do consumidor e entidades relacionadas ao comércio internacional. Os mecanismos de resolução *online* de conflitos aparecem como alternativa para o principal desafio no desenvolvimento do comércio neste contexto: a prevenção e a resolução de disputas, cuja falha poderia levar à falta de confiança dos usuários. Muitas das mesmas qualidades que tornam o ciberespaço interessante e, para alguns, lucrativo, também contribuem para um ambiente onde ocorrem mal-entendidos e conflitos.

No contexto de resolução de disputas, percebe-se tanto a aplicação das tecnologias da informação para aperfeiçoamento de serviços já comumente ofertados no mundo offline (p. ex. mediação e arbitragens), quanto outros mecanismos que supõem a existência dessas tecnologias, e só em razão delas, passam a ter a possibilidade de serem desenvolvidos.

Através do uso de tecnologia, os mecanismos de resolução de disputas tendem a se tornar ainda mais rápidos, baratos e acessíveis, ampliando as formas de acesso à justiça e com potencial de resolver conflitos de forma escalável.

Apesar do entusiasmo na adoção de tecnologia para apoiar os processos de resolução de disputas, na prática, ainda são poucos os efeitos sentidos pelos mecanismos de ODRs. A sempre citada plataforma brasileira *Consumidor.gov*, que é considerada um case de sucesso internacionalmente, apesar de seu crescente avanço e consolidação, ainda tem tímido uso, se comparado com o potencial de atendimento aos consumidores de *e-commerce*. A iniciativa da UNCITRAL em desenvolver um sistema global capaz de lidar com disputas de comércio internacional, apesar dos avanços, não resultou na implementação de um sistema consistente de resolução de disputas *online*. A experiência da União Europeia (EU ODR), disponível desde o ano de 2015, reporta ainda baixo índice de adesão pelos usuários e de resolutividade. Os números expressivos de utilização de mecanismos *online* de resolução de disputas contemplam hoje a experiência das grandes empresas do comércio eletrônico, como eBay, Alibaba e Mercado Livre, que administram milhares de disputas por ano, demonstrando eficiência no endereçamento das controvérsias a eles submetidas. Ao mesmo tempo em que se percebe que as ODRs trazem eficiências ao tratamento de disputas em alguns setores e sob determinadas configurações, em outras alternativas há poucos incentivos para os usuários. Percebe-se, por isso, um espaço para aprofundamento teórico a respeito das funcionalidades desses sistemas de resolução de disputas e dos componentes que tornam tais mecanismos exitosos. Além disso, a aplicação da tecnologia no campo da resolução de disputas traz dúvidas e desafios quanto ao seu uso, e merece, igualmente, debate e reflexão.

O objetivo central desta obra é analisar os mecanismos *online* de resolução de disputas utilizados no comércio eletrônico, suas funcionalidades e procedimentos adotados em cotejo analítico com as proposições da Análise Econômica do Direito, mais especificamente os pressupostos microeconômicos relacionados ao litígio. A partir de tal abordagem, pretende-se verificar em quais aspectos os mecanismos de ODR alteram o tratamento das controvérsias a eles submetidas.

Busca-se compreender de que maneira os mecanismos *online* existentes impactam os pressupostos microeconômicos do litígio. Como objetivos específicos, busca-se traçar os pressupostos da Análise

Econômica do Direito, analisar os elementos microeconômicos do litígio, desenvolver uma sistematização sobre os mecanismos *online* de resolução de disputas (ODRs), empreender estudo exploratório sobre as iniciativas existentes em ODRs no âmbito do comércio eletrônico, analisar os aspectos distintivos dessa forma de resolução de disputas, traçar um paralelo entre as ODRs e os pressupostos econômicos do litígio e, ao final, apontar as principais críticas e desafios ao desenvolvimento dessa nova forma de composição de disputas.

A análise do tema sob a perspectiva da Análise Econômica do Direito justifica-se na medida em que possibilita uma compreensão sobre o modo como os mecanismos digitais de tratamento de controvérsias alteram a estrutura de incentivos colocados aos agentes em conflito e que, eventualmente, culminam numa diferente dinâmica para a resolução das disputas. Entender essa estrutura de incentivos é importante tanto para a compreensão do funcionamento desses novos mecanismos digitais – a permitir uma adequação dessas estruturas já existentes –, quanto para o desenvolvimento de novas soluções dentro dessa área.

Aspectos microeconômicos que envolvem a decisão de litigar ou cooperar em um acordo, aspectos relacionados aos custos de transação, à assimetria informativa, o comportamento estratégico dos litigantes e os vieses relacionados a essa decisão serão elementos de ponto de partida para reflexões sobre o desenvolvimento e a consolidação dos mecanismos *online* de resolução de disputas, também denominados ODRs – *Online Dispute Resolution*. A partir da sistematização, explorar-se-ão as iniciativas e experiências existentes de métodos digitais de resolução de disputas. Dada a amplitude da temática, o corte metodológico proposto engloba o estudo tão somente daquelas iniciativas relacionadas ao comércio eletrônico. No último capítulo, examinar-se-á, através de um cotejo entre os pressupostos trazidos pela análise econômica do Direito e as características e funcionalidades das ODRs, a forma como os mecanismos *online* impactam o fenômeno da litigância, apontando seus aspectos distintivos. Por fim, serão explorados os principais desafios e críticas relacionados aos mecanismos *online* de resolução de disputas.

CAPÍTULO 2

ANÁLISE ECONÔMICA DO LITÍGIO

A Análise Econômica do Direito (AED) propõe uma releitura do Direito sob a ótica econômica,[1] sendo um método complementar de análise do Direito. Trata-se da utilização do instrumental analítico da Economia, fundamentalmente da microeconomia, para a compreensão das instituições jurídicas.[2] Como em qualquer paradigma científico, existem várias vertentes, não existindo método único, nem uma forma correta de se trabalhar com o ferramental analítico da Economia aplicada ao Direito.[3] Uma das áreas do Direito sobre as quais tem se desenvolvido trabalhos através da aplicação dos pressupostos econômicos diz respeito ao comportamento dos agentes frente ao litígio.

Neste capítulo, analisar-se-ão os principais modelos teóricos e pressupostos trazidos pela Análise Econômica do Direito no que tange ao litígio.[4] Objetiva-se analisar o fenômeno do ponto de vista jus econômico, apresentando as diversas teorias que explicam os incentivos colocados aos agentes envolvidos na sua decisão a respeito de litigar ou

---

1 MACKAAY, Ejan; ROUSSEAU, Sthéphane. *Análise econômica do direito*. 2. ed. São Paulo: Atlas, 2020. p. 6.

2 PORTO, Antônio; GAROUPA, Nuno. *Curso de análise econômica do Direito*. São Paulo: Atlas, 2020. p. 55.

3 TIMM, Luciano. *Análise econômica da arbitragem*. 2017. Disponível em: https://lawle2014.files.wordpress.com/2017/10/timm-10042016-aed-da-arbitragem-livro-tarcicc81sio-lmj.pdf. Acesso em 1 fev. 2021.

4 O termo litígio será aqui compreendido de forma mais ampla do que a conceituação clássica de Carnelluti, para quem a lide seria definida por um conflito de interesses qualificado pela pretensão de um dos interessados e pela resistência do outro, abarcando o fenômeno social do conflito como um todo, que não se inicia, necessariamente, com a propositura de uma ação judicial, abarcando a situação existente entre duas ou mais pessoas ou grupos, caracterizada pela pretensão a um bem ou situação da vida e pela impossibilidade de obtê-lo. (DINAMARCO, Cândido Rangel. *Instituições de direito processual civil*. 5. ed. São Paulo: Malheiros, 2005. v. 1, p. 136).

não. A partir desse marco teórico, será possível analisar em que medida e como os mecanismos digitais de resolução de conflitos impactam a prevenção e a resolução de disputas.

2.1 Modelo básico de litigância civil (modelo de crenças exógenas)

O chamado modelo básico de litigância civil tem como base os modelos teóricos desenvolvidos por Friedman (1969), Landes (1971)[5] e Gould (1973)[6] e mais articulado em Posner e Shavel, que apresentaram modelos para explicar a decisão sobre litigar dos demandantes, com base no modelo de *crenças exógenas* ou também conhecido como modelo básico de litigância.[7]

Com alicerce no pressuposto da racionalidade econômica, o modelo básico de litigância civil[8] propõe explicar a decisão dos litigantes segundo a lógica da *conduta racional maximizadora*, a qual pressupõe que – em um cenário de escassez – os agentes vão optar por condutas que maximizem seus benefícios. Segundo o modelo econômico neoclássico,

---

[5] William Landes (1971) propõe um modelo teórico que identifica as variáveis relevantes para levar (ou não) um caso criminal a julgamento (LANDES, William M. An economic analysis of the courts. *Journal of Law & Economics*, Chicago, v. 14, n. 1, p. 61-107, 1971).

[6] John Gould (1973) transpôs o modelo de utilidade esperada para análise do comportamento das partes litigantes, incluindo no modelo o fator "incerteza", como elemento influenciador no comportamento das partes na decisão de iniciar um potencial litígio. O modelo foi usado para examinar como os indivíduos envolvidos em ações civis se comportarão e constatou-se que um componente crítico na motivação desses indivíduos para se separar dos tribunais é o acordo sobre as probabilidades da ação do tribunal. Se existirem diferenças nas estimativas de probabilidade entre as partes, estas irão ao tribunal e farão o que de fato é uma "aposta" no resultado. Os custos de ir a um tribunal podem compensar a utilidade da aposta, ou não, e o acordo extrajudicial será preferido de acordo com esta avaliação das partes. (GOULD, John P. The economics of legal conflicts. *Journal of Legal Studies*, Chicago, v. 2, n. 2, p. 279-300, 1973).

[7] O modelo simples usado para explicar a solução e o julgamento, com base no valor mínimo que o demandante aceitaria e no máximo que o acusado pagaria, foi apresentado pela primeira vez em Friedman (1969), Landes (1971) e Gould (1973) e mais articulado em Posner (1972a) e Shavell (1982c). Os modelos explícitos de negociação e informações métricas assimétricas foram fortemente influenciados por Bebchuk (1984) e desenvolvidos por, entre outros, Reinganum e Wilde (1986), Schweizer (1989) e Spier (1992) (SHAVELL, Steven. *Foundations of economic analysis of law*. Cambridge: Harvard University Press, 2004. p. 410-411).

[8] SHAVELL, Steven. *Foundations of economic analysis of law*. Cambridge: Harvard University Press, 2004. p. 390-411.

o indivíduo vai se comportar de maneira a maximizar a utilidade do seu comportamento.[9]

A ideia se exprime, em inglês, na frase "People respond to incentives" (os indivíduos são sensíveis a incentivos ou provocações). Isso significa que frente à mudança das circunstâncias, o ser humano reage tentando extrair aquilo que, a seus olhos, pareça melhor. A hipótese baseia-se no que é conhecido como *modelo da escolha racional*.[10] Supõe-se que os humanos sempre escolherão, entre as opções disponíveis, aquela que lhes ofereça a maior satisfação.[11] Tal modelo de conduta foi aplicado às ciências sociais a partir de Riker, oportunidade em que este defendeu a aplicação do modelo de escolha racional como instrumento analítico crucial para a interpretação dos fenômenos sociais, especialmente a ciência política.[12]

O *modelo de escolha racional* permite generalizações quanto ao comportamento humano, atribuindo aos humanos uma linha de conduta previsível e por isso serve de alicerce para as discussões sobre um conjunto diverso de decisões tomadas pelos indivíduos, inclusive a respeito da sua decisão entre litigar ou não. A forma como os indivíduos afetam os recursos escassos que lhes são propiciados por um rendimento obedece a uma racionalidade[13] que, conforme explana Araújo, não é diferente daquela que eles empregam para um conjunto de outras decisões que, não sendo genuinamente dominadas pelas preocupações que se tornam por características econômicas, não são menos importantes do ponto de vista individual e social.[14]

O modelo da escolha racional não determina quais preferências os agentes buscam maximizar, nem em qual ordem elas serão organizadas,

---

9 KREPS, David M. *A course in microeconomic*. Princeton: Princeton University Press, 1990. p. 4.

10 MACKAAY, Ejan; ROUSSEAU, Sthéphane. *Análise econômica do direito*. 2. ed. São Paulo: Atlas, 2020. p. 30-31.

11 MACKAAY, Ejan; ROUSSEAU, Sthéphane. *Análise econômica do direito*. 2. ed. São Paulo: Atlas, 2020. p. 31.

12 RIKER, William H. Political science and rational choice. *In*: ALT, Janes; SHEPSLE, Kenneth (Org.). *Perspectives on positive political economy*. Cambridge: Cambridge University Press, 1990. p. 163-181.

13 Refira-se também que a *racionalidade* que é pressuposta na análise econômica não é a ponderação minuciosa, escrupulosa, articulada, de todos os custos e benefícios associados à totalidade de opções que o horizonte cognitivo possa abarcar – mas apenas uma resposta diferenciada e *explicável* a estímulos variáveis. (ARAÚJO, Fernando. *Introdução à economia*. 4. ed. Coimbra: Almedina, 2023. p. 55).

14 ARAÚJO, Fernando. *Introdução à economia*. 4. ed. Coimbra: Almedina, 2023. p. 55.

bem como não faz juízo de valor sobre as escolhas individuais.[15] A ordem entre as preferências pode mudar com o tempo ou de acordo com as circunstâncias, mas os teóricos da Análise Econômica do Direito, sobretudo, sob a perspectiva neoclássica, entendem que a premissa da racionalidade continua útil para construir generalizações sobre o comportamento humano em modelos teóricos. Segundo o modelo neoclássico, cada agente baseará suas ações, portanto, nos objetivos por ele eleitos, ciente de que cada rota de ação é capaz de intensificar a satisfação de um valor e, ao mesmo tempo, diminuir a satisfação de outro. Por "maximização" entende-se a capacidade de atender, da melhor forma, um cenário de escassez, ao conjunto de interesses adotado pelo indivíduo sob análise.[16]

Transpondo essa lógica para o contexto do litígio, pode-se dizer que um demandante processará quando o custo do processo for menor do que os benefícios esperados do processo. Também denominado como modelo de *crenças exógenas*[17] (que presume que ambas as partes chegaram à conclusão – que não passa, contudo, de uma mera "crença" – e que a decisão judicial terá para elas um determinado resultado),[18] pode-se dizer que uma parte ajuizará uma ação judicial sempre que o *resultado esperado* do processo superar os *custos esperados*,[19] ou seja, dependerá dos seus benefícios privados em prosseguir com o caso, bem como de seus custos privados de busca.[20] Nesse sentido, segundo essa abordagem, é suficiente simplesmente assumir que existe um benefício esperado do processo.[21]

Nesse sentido, quando a expectativa de ganho (resultado esperado) superar os custos, do ponto de vista da racionalidade econômica, potencial autor ajuizará uma demanda judicial. Através desse modelo

---

15 FUX, Luiz; BODART, Bruno. *Processo civil e análise econômica*. 1. ed. Rio de Janeiro: Forense, 2019. p. 12-13.

16 FUX, Luiz; BODART, Bruno. *Processo civil e análise econômica*. 1. ed. Rio de Janeiro: Forense, 2019. p. 13.

17 Como o modelo não explica de onde vêm as expectativas das partes, dizemos que sua formação é *exógena* ao modelo, ou seja, está fora dele (GICO JR., Ivo Teixeira. *Análise econômica do processo civil*. Indaiatuba: Foco, 2020. p. 130).

18 PATRÍCIO, Miguel Carlos Teixeira. *Análise econômica da litigância*. Coimbra: Almedina, 2005. p.53.

19 COOTER, Robert; ULEN, Thomas. *Law and economics*. 6. ed. Harlow: Person, 2014. p. 390.

20 SPIER, Kathryn. Litigation. *In*: POLINSKY, Mitchell; SHAVELL, Steven. *Handbook of law and economics*. Amsterdã: Elsevier, 2007. v. 1, p. 264.

21 SHAVELL, Steven. *Foundations of economic analysis of law*. Cambridge: Harvard University Press, 2004. p. 390.

simples, nota-se que a chance de uma determinada demanda ir a julgamento é mais provável de ocorrer quanto mais baixos forem os custos em litigar, quanto mais probabilidade tiver o demandante de vencer[22] e, além disso, conforme colocado por Posner, quanto mais valioso for o bem da vida em disputa.[23]

Tal pressuposto traduz-se na avaliação por parte dos agentes da *utilidade de provimento jurisdicional*, que levará em conta a patologia do direito experimentada, seguida de uma análise de custo-benefício entre os resultados esperados do processo e todos os seus custos financeiros e emocionais a serem suportados.[24] Tendo como pressuposto que as partes geralmente agem de forma racional, podemos dizer que em um ambiente sem risco (em que os resultados sejam certos) os agentes escolherão a opção associada a um melhor resultado. Importa aqui, para a decisão do agente racional, o benefício líquido obtido com a opção, o resultado (*outcome* ou *payoff*) e não o valor bruto pago ou recebido.[25]

A racionalidade dessa decisão certamente vai variar de acordo com a sofisticação da análise do potencial autor,[26] mas invariavelmente vai passar por uma análise de custo-benefício.

Como em um ambiente de litígio a decisão é afetada pela natural incerteza quanto aos resultados, há uma ligeira alteração nessa equação, que deverá considerar a probabilidade associada a determinado resultado. Nesse sentido, diz-se que o resultado esperado pelo autor corresponde ao valor presente do julgamento, multiplicado pela probabilidade (como estimado por ele) de sua vitória, menos o valor presente com os custos para litigar. O resultado esperado pelo réu, por sua vez, corresponde ao custo esperado do litígio, mais os custos com um julgamento adverso, este último multiplicado pela probabilidade estimada por ele sobre a vitória do autor (a qual é igual a um menos a probabilidade da sua vitória).[27]

---

22 SHAVELL, Steven. *Foundations of economic analysis of law*. Cambridge: Harvard University Press, 2004. p. 390.

23 POSNER, Richard. An economic approach to legal procedure and judicial administration. *The Journal of Legal Studies*, Chicago, v. 2, n. 2, jun. 1973.

24 PATRÍCIO, Miguel Carlos Teixeira. *Análise econômica da litigância*. Coimbra: Almedina, 2005. p. 13.

25 GICO JR., Ivo Teixeira. *Análise econômica do processo civil*. Indaiatuba: Foco, 2020. p. 102.

26 WOLKART, Erik Navarro. *Análise econômica do processo civil*: como a economia, o direito e a psicologia podem vencer a tragédia da justiça. São Paulo: Thomson Reuters Brasil, 2019. p. 323.

27 POSNER, Richard. An economic approach to legal procedure and judicial administration. *The Journal of Legal Studies*, Chicago, v. 2, n. 2, jun. 1973. p. 41.

O custo total esperado, por sua vez, serão os custos administrativos (custos administrativos não reembolsáveis como honorários advocatícios contratuais, custos com deslocamento, aborrecimento etc.), somados aos custos de litigância (custos reembolsáveis em caso de vitória no processo: valor de custas judiciais e honorários advocatícios de sucumbência), ponderado este último pela probabilidade de insucesso.[28]

Em um modelo de custas americano, o *custo total* esperado traduzir-se-ia em todas as despesas com o processo (custos administrativos e custos com a litigância), uma vez que nesse modelo cada parte é responsável pelos seus próprios gastos de contencioso, não havendo condenação do vencido em despesas sucumbenciais. Em um sistema diametralmente oposto, a denominada "regra inglesa" impõe à parte sucumbente o ressarcimento ao vencedor de todas as despesas que esta houver razoavelmente incorrido para litigar. A regra brasileira é peculiar, uma vez que o autor não recuperará os honorários contratuais, mas é reembolsado das "custas dos atos do processo, a indenização de viagem, a remuneração do assistente técnico e a diária de testemunha",[29] sendo ainda condenado ao pagamento de honorários sucumbenciais.[30] "Os custos extraprocessuais (como custos de deslocamento, custo de oportunidade com o tempo perdido com o processo, custos emocionais e outros) jamais serão reembolsadas".[31]

Dessa forma, no sistema brasileiro, os custos reembolsáveis devem ser ponderados pela probabilidade de sucesso da demanda, uma vez que eles serão recuperados em caso de êxito.

---

[28] O autor faz uma releitura do modelo apresentado por Cooter & Ulen – que leva em consideração a regra americana de custas – para contemplar o sistema inglês de custas – adotado no Brasil – em que as despesas processuais são suportadas pela parte sucumbente (WOLKART, Erik Navarro. *Análise econômica do processo civil*: como a economia, o direito e a psicologia podem vencer a tragédia da justiça. São Paulo: Thomson Reuters Brasil, 2019. p. 325-330).

[29] "Art. 82, §2º, Código de Processo Civil – A sentença condenará o vencido a pagar ao vencedor as despesas que antecipou; Art. 84, Código de Processo Civil – As despesas abrangem as custas dos atos do processo, a indenização de viagem, a remuneração do assistente técnico e a diária de testemunha". (BRASIL. Lei nº 13.105, de 16 de março de 2015. Código de Processo Civil. *Diário Oficial da União*, Brasília, DF: Presidência da República, 17 mar. 2015. Disponível em: http://www.planalto.gov.br/ccivil_03/_ato2015-2018/2015/lei/l13105.htm. Acesso em 20 dez. 2020).

[30] FUX, Luiz; BODART, Bruno. *Processo civil e análise econômica.* 1. ed. Rio de Janeiro: Forense, 2019. p. 43-45.

[31] WOLKART, Erik Navarro. *Análise econômica do processo civil*: como a economia, o direito e a psicologia podem vencer a tragédia da justiça. São Paulo: Thomson Reuters Brasil, 2019. p. 325.

Relativamente aos custos com litígio, Posner coloca que, apesar de os elementos probabilidade subjetiva de ganho, custos e parcela de responsabilidade do agente no evento parecerem mutuamente independentes, eles não são, porquanto a parcela de participação da parte no evento vai afetar a quantidade de dinheiro que ela gasta no litígio, o que, a seu turno, vai alterar a sua probabilidade do ganho. A interdependência dessas variáveis, segundo Posner, torna impossível prever o nível em que essas despesas ocorrerão, a menos que sejam adotadas premissas especiais e um tanto arbitrárias sobre os padrões de reação das partes.[32] De todo modo, para efeito do modelo básico de litigância, os custos esperados serão aqueles na forma como estimados pelas partes, consideradas as peculiaridades da regra de custos reembolsáveis ou não.

Conforme explica Gico Jr., a decisão do agente seguirá o princípio de racionalidade, no seguinte sentido: uma ação será proposta se os benefícios (B) forem superiores aos custos (C) (B > C). Sendo, todavia, os benefícios incertos e, portanto, havendo uma probabilidade (*p*) de o pedido ser julgado procedente e uma probabilidade (1-*p*) de ser julgado improcedente, eventual benefício com o resultado de uma ação judicial deverá ser ponderado por essa probabilidade.

Além disso, outra variável a ser considerada é relativa aos custos, que podem ser diferentes para cada uma das partes. Nesta equação, devem ser considerados os *custos recuperáveis* (p. ex. ressarcimento de custas processuais, honorários de sucumbência etc.) e *irrecuperáveis* (honorários advocatícios contratuais, tempo, custos de deslocamento etc.), de modo que, mesmo que eventual ação do autor seja julgada procedente, e o juiz ordene a entrega do bem da vida B, o autor deve descontar os custos irrecuperáveis (Ca), tendo como resultado final máximo da ação B – Ca. Já se a ação for julgada improcedente, o resultado final será um prejuízo de Ca (- Ca).

Portanto, os resultados possíveis de uma decisão de litigar para o potencial autor (*payoffs*) são: (B – Ca) ou (– Ca).[33] Nesse cenário, considera-se que o retorno esperado dessa ação pelo autor é dado através da ponderação do valor do bem da vida (B) pela probabilidade de sucesso de sua ação (p*a*), menos os custos de ajuizamento, refletido pela equação: p*a* . B – Ca. Segundo o modelo básico de litigância, caso essa operação

---

32 POSNER, Richard. An economic approach to legal procedure and judicial administration. *The Journal of Legal Studies*, Chicago, v. 2, n. 2, jun. 1973. p. 42.

33 GICO JR., Ivo Teixeira. *Análise econômica do processo civil*. Indaiatuba: Foco, 2020. p. 119-120.

resulte em valor maior do que *zero*, é esperado que o potencial autor ajuíze a ação judicial, podendo a condição para ajuizamento de uma ação ser resumida da seguinte forma:[34]

$$Pa \,.\, \mathrm{B} - \mathrm{Ca} > 0$$

Uma vez atingida a condição de ajuizamento da ação e, portanto, o valor da ação for positivo, temos uma ação com valor esperado positivo – ação VEP. Quando a condição não é satisfeita e, portanto, tem valor negativo, temos uma ação com valor esperado negativo – ação VEN. Nesse sentido, a conduta de cada um dos agentes quanto à decisão de litigar ou não será regida pelo pressuposto da racionalidade e o curso de ação escolhido por cada um será aquele que gerar o maior benefício líquido esperado, segundo a percepção subjetiva dos custos e benefícios de cada opção.[35]

A partir dessa perspectiva teórica, poderíamos concluir que não seriam ajuizadas ações com valor esperado negativo, na medida em que o autor incorreria em mais custos do que benefícios. Todavia, não é o que se observa na prática e o aprofundamento teórico do tema adiante vai nos mostrar que pode ser extremamente racional – do ponto de vista individual – ajuizar ações com valor esperado negativo e – além disso – há diversos elementos que impedem as partes de saberem se estão diante de uma ação com valor esperado positivo ou negativo.

2.2 A decisão de acordar ou litigar: identificando o excedente cooperativo

Do ponto de vista dos acordos, o modelo básico de litigância sugere que estes irão ocorrer se houver uma vantagem em cooperar, ou seja, se houver um excedente cooperativo. Diante de uma conduta racional maximizadora dos agentes, para haver cooperação, devem existir benefícios pelo menos em valor idêntico aos que existiriam se não houvesse cooperação, senão superiores. Ou seja, o excedente por cooperar deve ser positivo. Em outras palavras, a diferença entre o valor por cooperar e o valor por não cooperar corresponderá ao suplemento

[34] GICO JR., Ivo Teixeira. *Análise econômica do processo civil*. Indaiatuba: Foco, 2020. p. 120 -121.

[35] GICO JR., Ivo Teixeira. *Análise econômica do processo civil*. Indaiatuba: Foco, 2020. p. 117-118.

para cooperar (*"cooperative surplus"*; excesso, excedente cooperativo ou superávit cooperativo), o qual deve ser positivo.[36]

Uma situação de barganha é descrita como uma conjuntura na qual dois ou mais agentes possuem interesse convergente em cooperar, mas interesses divergentes quanto à forma como vão estabelecer a cooperação. Nesse sentido, qualquer situação de negociação em que dois ou mais agentes têm interesse em cooperar, mas divergem acerca dos termos do negócio, estamos diante de uma situação de barganha.[37] O resultado de uma situação de barganha somente será cooperativo se houver um benefício superior do que não cooperar.

Pode-se dizer que o processo de barganha é divido em três passos: a) estabelecimento dos *valores de ameaça*, b) a identificação do *excedente cooperativo* e c) o consenso dar partes quanto às condições de *distribuição do excedente cooperativo*.[38]

O estabelecimento dos *valores de ameaça* se dá por meio da identificação do valor que seria obtido sem cooperação.[39] Em uma situação de litígio, o valor de ameaça será o valor correspondente ao resultado esperado em eventual processo judicial (o que seria o pior cenário em caso de insucesso do acordo).[40] "A soma dos valores de ameaça de ambas as partes, por sua vez, corresponde ao *valor não cooperativo do jogo*. A diferença entre o retorno conjunto resultante da cooperação e o valor não cooperativo do jogo é o *excedente cooperativo*",[41] que nada mais é do que o valor adicional criado pela alocação de um recurso para a destinação que é mais valiosa.

---

36 PATRÍCIO, Miguel Carlos Teixeira. *Análise econômica da litigância*. Coimbra: Almedina, 2005. p. 61.

37 GICO JR., Ivo Teixeira. *Análise econômica do processo civil*. Indaiatuba: Foco, 2020. p. 109.

38 COOTER, Robert; ULEN, Thomas, *Direito & economia*. 5. ed. Porto Alegre: Bookman, 2010. p. 431.

39 COOTER, Robert; ULEN, Thomas, *Direito & economia*. 5. ed. Porto Alegre: Bookman, 2010. p. 429.

40 Em negociação, a alternativa que o negociador dispõe em caso da frustração de acordo é o chamado, em inglês, BATNA – *Best Alternative to a Negotiated Agreement*. O BATNA é a opção alternativa que um negociador tem se ele não chegar a um acordo com a outra parte. Um BATNA oferece ao negociador uma dose expressiva de poder, porque dá a ele a escolha entre aceitar a proposta da outra parte ou a opção alternativa. Nesse sentido, o *valor de ameaça*, que pode ser entendido como o BATNA em eventual negociação cuja frustração resulte em processo judicial, que permite ao litigante recursar eventual acordo provisório ou usá-lo como alavancagem para tentar um acordo melhor nas discussões em andamento. (LEWICKI, Roy; SAUNDERS, David; BARRY, Bruce. *Fundamentos de negociação*. 5. ed. Porto Alegre: AMGH, 2014. p. 178).

41 COOTER, Robert; ULEN, Thomas, *Direito & economia*. 5. ed. Porto Alegre: Bookman, 2010. p. 429.

Ao realizar um acordo, as partes adotarão um comportamento estratégico, em que elas tentarão aumentar sua parte nesse excedente cooperativo.[42] O comportamento provável da negociação cooperativa conduzirá aos seguintes resultados: 1) as partes dividem (em princípio, em partes iguais) o *suplemento por cooperar* ou excedente cooperativo; 2) o valor cooperativo do jogo é (no mínimo) igual aos custos do acordo; 3) o suplemento por cooperar é, em princípio, positivo.[43]

Dessa forma, para induzir uma das partes a cooperar, é preciso receber pelo menos tanto quanto seria obtido sem cooperação e ambas as partes devem concordar na divisão do excedente cooperativo. O resultado da cooperação, nesse sentido, deve ser maior do que a soma dos retornos individuais sem cooperação. Uma divisão igual do excedente é considerada razoável. Apesar disso, a busca racional do interesse próprio não garante que as partes serão razoáveis. Assim, pode acontecer das partes não chegarem a um acordo ou chegarem a um que não seja razoável.[44]

Em uma situação ideal, as partes teriam expectativas idênticas quando à probabilidade de vitória do autor e sabem qual o preço de reserva da outra. Nesse caso, um acordo sempre existirá, pois será mutuamente benéfico evitar o processo e dividir entre as partes o que pagariam de custos para litigar.[45] A teoria econômica prediz que o acordo sempre se realizará quando for vantajoso para as partes, o que significa que – se o valor a ser recebido em razão do acordo for maior do que aquele que se espera do processo – as partes vão buscar uma composição.[46]

Acerca da situação de barganha envolvendo litígio, sintetizam Arenhart & Balbinotto:

> Assim, em uma situação de barganha, as partes podem cooperar ou não, sendo que a cooperação leva, em geral, a um *payoff* conjunto maior

---

42 POLINSKY, Mitchell; SHAVELL, Steven. *Handbook of law and economics*. Oxford: Elsevier, 2007. v. 1, p. 381.

43 POLINSKY, Mitchell; SHAVELL, Steven. *Handbook of law and economics*. Oxford: Elsevier, 2007. v. 1, p. 61.

44 COOTER, Robert; ULEN, Thomas, *Direito & economia*. 5. ed. Porto Alegre: Bookman, 2010. p. 429.

45 FUX, Luiz; BODART, Bruno. *Processo civil e análise econômica*. 1. ed. Rio de Janeiro: Forense, 2019. p. 53-54.

46 WOLKART, Erik Navarro. *Análise econômica do processo civil*: como a economia, o direito e a psicologia podem vencer a tragédia da justiça. São Paulo: Thomson Reuters Brasil, 2019. p. 343.

> do que a soma dos *payoffs* individuais da não cooperação. Portanto, para induzir alguém a cooperar, é necessário que a parte receba, com tal atitude, ao menos aquilo que obteria ao não cooperar. Tal valor é chamado de *threat value*, e a soma dos *threats values* de todas as partes envolvidas equivale ao valor não cooperativo do jogo. A diferença entre o *payoff* conjunto da cooperação e o valor não cooperativo do jogo pode ser denominado lucro cooperativo. E, para que haja cooperação, as partes devem concordar acerca da divisão de tal lucro, sendo razoável que a divisão se dê de forma equânime. (...) Um acordo para a composição da lide só será possível se o lucro cooperativo do jogo for positivo, e dependerá da forma como tal lucro será distribuído entre as partes. Tal afirmação é bastante óbiva, eis que, se o lucro cooperativo for negativo, então as partes preferirão levar o caso até o julgamento. Assim, quanto maior o lucro cooperativo, maior a frequência de ocorrência de acordos.[47]

Wolkart, de modo a facilitar a compreensão a respeito do tema, traz uma comparação entre a barganha contratual e o processo de barganha que envolve a negociação de acordos em litígios. Ele sugere que a realização de acordo se assemelha à *venda do exercício do direito de ação* ou do *direito de continuar exercendo o direito de ação no processo*, onde o *valor* desse direito para o autor equivale ao *valor esperado* do processo para ele.[48]

A comparação feita pelo autor descreve que, tratando-se da barganha envolvendo a venda de um veículo, para que o negócio ocorra é preciso que o comprador valore o veículo mais do que vendedor. Assim, se Paulo é dono de um veículo e confere ao seu carro o *valor/utilidade* de R$30.000,00 e Pedro quer comprar esse veículo e o valora em R$60.000,00, podemos prever que a venda ocorrerá por algum valor entre R$30.000,00 e R$60.000,00, a depender do poder de barganha das partes. De outro lado, se Pedro valora o bem em apenas R$25.000,00, certamente não haverá negócio.[49] O mesmo exemplo pode ser utilizado no contexto da barganha envolvendo acordos. Se o autor entende que o valor esperado

---

47 ARENHART, Fernando Santos; BALBINOTTO NETO, Giácomo. A análise econômica da litigância: teoria e evidências. *Latin American and Caribbean Law and Economics Association (ALACDE) Annual Papers*, Berkeley, p. 1-25, 2011. p. 10. Disponível em: https://escholarship.org/uc/item/94h4b44p. Acesso em 10 jul. 2021.

48 WOLKART, Erik Navarro. *Análise econômica do processo civil*: como a economia, o direito e a psicologia podem vencer a tragédia da justiça. São Paulo: Thomson Reuters Brasil, 2019. p. 344.

49 WOLKART, Erik Navarro. *Análise econômica do processo civil*: como a economia, o direito e a psicologia podem vencer a tragédia da justiça. São Paulo: Thomson Reuters Brasil, 2019. p. 343.

da ação é de R$30.000,00 e o réu acredita que o valor esperado da ação seja de R$60.000,00, um acordo será possível entre R$30.000,00 e R$60.000,00. Se, todavia, o réu entender que o valor esperado da ação é de R$25.000,00, certamente, não haverá espaço para acordo.

Quanto maior a diferença de expectativas relativa ao resultado do processo (incerteza somada ao otimismo) e menores os custos do processo, menor será o incentivo para a realização de acordo, porquanto os custos para apostar no seu valor de ameaça é baixo. Enquanto que – quanto menor a diferença de expectativas (mais certeza com relação ao resultado) e maiores os custos do processo – maior será o incentivo para a realização de acordos, já que serão maiores os custos para apostar no seu valor de ameaça.[50]

Além da negociação envolvendo o valor de acordo e a divisão do excedente cooperativo, há que se considerar os custos com o acordo, ou seja, os denominados custos de transação. Custos de transação são os custos incorridos pelas partes em uma operação e incluem os custos de identificação (ou custos de busca), os custos com a negociação dos termos da operação e os custos de implementação do acordo.[51] O processo de negociação, nesse sentido, pode ser entendido como uma disputa pela distribuição do excedente cooperativo, a qual não se faz sem custos. De fato, uma negociação envolve tempo, investimento em informação, advogados, elaboração de contratos, paciência etc., de modo que há custos de transação associados a qualquer processo de barganha, os quais, por sua vez, são fatores de influência sobre o resultado de uma negociação.[52] Os altos custos com uma negociação podem esvaziar a janela de acordo, sendo preferível uma solução heterocompositiva.

Um acordo será alcançado caso a oferta do eventual réu seja maior ou igual ao valor da ação acrescido dos custos de negociação.

---

50 WOLKART, Erik Navarro. *Análise econômica do processo civil*: como a economia, o direito e a psicologia podem vencer a tragédia da justiça. São Paulo: Thomson Reuters Brasil, 2019. p. 347.

51 Conforme explanam Porto & Garoupa: "Os custos de transação são aqueles envolvidos em um negócio, seja de bens, serviços ou direitos. Uma transação pode ser desmembrada em três estágios. O primeiro é a localização de um parceiro que queria negociar. O segundo é o desenvolvimento e a conclusão da negociação entre eles, que pode incluir a redação de um acordo. Depois disso, no terceiro estágio, é necessário fazer com que a negociação seja cumprida, o que implica o monitoramento do desempenho das partes e a punição de violações ao acordo. Assim, sinteticamente, os elementos do custo de transação podem ser divididos em custos de busca, custos de negociação e custos de execução". (PORTO, Antônio; GAROUPA, Nuno. *Curso de análise econômica do Direito*. São Paulo: Atlas, 2020. p. 174).

52 GICO JR., Ivo Teixeira. *Análise econômica do processo civil*. Indaiatuba: Foco, 2020. p. 112-113.

O valor de reserva da parte a quem se alocará o bem da vida deve ser maior que o valor de reserva da parte que abrirá mão dele.[53]

De forma resumida, a fim de promover incentivo a um resultado cooperativo, terão que ser cumpridas do ponto de vista teórico as seguintes premissas: "1) as partes têm que ter idênticas expectativas quanto ao resultado do julgamento; 2) as partes têm que suportar aproximadamente os mesmos *custos de transação* para resolver a disputa".[54]

Além disso, há que se considerar a propensão ou a aversão ao risco das partes. Com efeito, os agentes têm diferentes preferências em relação ao risco, assumindo diferentes disposições em assumi-los. Algumas demonstram aversão ao risco, outras o apreciam, enquanto outras se mostram neutras.[55] O comportamento dos agentes segundo essas preferências pode ser descrito através de diferentes curvas de função de utilidade.[56] É suficiente, neste momento, com relação à decisão a ser tomada, saber que posições divergentes relacionadas à neutralidade ou não ao risco tornam o agente mais propenso ou avesso a escolher um evento incerto.

A teoria da barganha, antes apresentada no contexto do litígio, pressupõe que os agentes são neutros em relação ao risco, ou seja, que ambas as partes valorizam a ação pelo seu retorno esperado. Na medida em que relaxamos esse pressuposto e assumimos, por exemplo, que as partes são avessas ao risco, a probabilidade de um acordo aumenta, pois o valor da ação cai para o autor – que aplica um desconto ao seu valor maior do que o retorno esperado – e o valor da ação sobe para o réu – que aplica um desconto ao seu valor de ação menor do que o retorno esperado, aumentando a probabilidade de autocomposição. O inverso também é verdadeiro. Se as partes forem propensas ao risco, o valor da ação para o autor aumentará mais do que o retorno esperado e o valor da ação para o réu será menor do que o retorno esperado, diminuindo a *zona de acordo* e tornando, portanto, o litígio mais provável.[57]

---

53 GICO JR., Ivo Teixeira. *Análise econômica do processo civil*. Indaiatuba: Foco, 2020. p. 123.

54 PATRÍCIO, Miguel Carlos Teixeira. *Análise econômica da litigância*. Coimbra: Almedina, 2005. p. 62.

55 PINDYCK, Robert; RUBINFELD, Daniel. *Microeconomia*. 8. ed. São Paulo: Pearson Education do Brasil, 2013. p. 159.

56 PINDYCK, Robert; RUBINFELD, Daniel. *Microeconomia*. 8. ed. São Paulo: Pearson Education do Brasil, 2013. p. 158.

57 GICO JR., Ivo Teixeira. *Análise econômica do processo civil*. Indaiatuba: Foco, 2020. p. 129-130.

Dessa forma, do ponto de vista das partes, há três fatores que podem influenciar a realização de um acordo mutuamente benéfico: o custo de litigar, divergência entre as crenças das partes a respeito do resultado do julgamento e a aversão/propensão ao risco. Pode-se dizer, portanto, que as partes realizam o acordo buscando redução de custos, mitigação de riscos e maximização de retorno.[58] Tratar-se-á das preferências em relação ao risco em tópico adiante, enfrentando a *prospect theory*, desenvolvida no âmbito da economia comportamental.

Como dito, tal perspectiva teórica é desenvolvida com base no modelo de *crenças exógenas* e, portanto, não leva em consideração a assimetria de informações entre as partes. O modelo de crenças exógenas sofreu críticas por não ter os fundamentos da teoria dos jogos. Os principais pontos da crítica foram: (1) não explicitava o modelo de cada parte, levando em consideração que a outra parte tinha uma estimativa diferente, mas igualmente válida, do resultado do estudo, (2) assumia que um acordo seria realizado, se e somente se as expectativas do demandante estivessem abaixo das expectativas do demandado e (3) não considerava o comportamento estratégico dos litigantes em que um ou ambos trocariam a probabilidade de um acordo por uma parcela maior do excedente.[59] Em complementação a esse modelo, conforme antes mencionado, incorpora-se a perspectiva da *assimetria informacional* existente entre os litigantes.

2.3 O papel da assimetria informacional na dinâmica do litígio

O modelo discutido até agora é simples em dois aspectos importantes: primeiro, o processo de negociação não é explícito e, apesar do intervalo de possível acordo (zona de acordo) ser determinado, não se sabe se o acordo será atingido e em que valor ele será atingido; segundo, a origem das diferenças nas crenças a respeito dos resultados esperados não é explicitada pelo modelo, assumindo-se somente que as partes de alguma maneira chegaram a essa crença. Modelos mais sofisticados de

---

58 SPIER, Kathryn; PRESCOTT, J. A comprehensive theory of civil settlement. *NYU Law Review*, Nova York, v. 91, p. 59-143, abr. 2016. p. 68-80.

59 FRIEDMAN, Daniel; WITTMAN, Donald. Litigation with symmetric bargaining and two-sided incomplete information. *Journal of Law, Economics & Organization*, Nova York, v. 23, n. 1, p. 98-126, 2006. p. 98.

análise tentam remediar essas lacunas e, assim, fornecer informações adicionais sobre o processo de barganha.[60]

A teoria da assimetria de informação, inicialmente desenvolvida por Akerlof, Spence e Stiglitz,[61] consiste no fato de que as partes não detêm todas as informações necessárias para o entendimento pleno das transações que realizam. Na maioria das vezes, apenas uma das partes conta com tais dados, criando um desequilíbrio de poder na alocação dos recursos.[62] No contexto dos litígios, essa circunstância diz respeito ao fato de as partes terem – cada uma delas – informações privadas sobre os fatos em discussão.

No contexto dos litígios, a versão mais básica dos modelos que consideram a assimetria informacional das partes é aquela em que a negociação consiste em uma única oferta, e a parte que faz a oferta carece de conhecimento sobre o lado oposto. Supondo, por exemplo, que o demandante faça uma única oferta ao réu e o demandante não saiba a probabilidade de responsabilidade do réu (enquanto o réu sabe disso – porque ele tem informações sobre seu próprio nível de precaução). Nessa situação, seria possível determinar a oferta de solução racional para o autor, e depois se ela será aceita ou não.[63] Não é, todavia, o que ocorre na prática.

Conforme antes mencionado, estes modelos mais simples da litigância não trataram explicitamente do processo de negociação, nem da possibilidade de existência de assimetria informacional entre as partes em uma disputa. Tais análises partem do pressuposto de que um acordo ocorreria sempre que o valor esperado vinculado pelo autor a um possível julgamento excedesse o benefício esperado do réu em tal julgamento. Quanto às avaliações das partes sobre o resultado esperado de um caso, esses autores presumiram que as avaliações pudessem divergir; mas eles não modelaram explicitamente as possíveis fontes

---

[60] SHAVELL, Steven. *Foundations of economic analysis of law.* Cambridge: Harvard University Press, 2004. p. 407.

[61] AKERLOF, George. The market for "lemons": quality uncertainty and the market mechanism. *The Quarterly Journal of Economics,* Cambridge, v. 84, n. 3, p. 488-500, ago. 1970; STIGLITZ, Joseph; ROTHSCHILD, Michael. Equilibrium in competitive markets: an essay on the economics of imperfect information. *The Quarterly Journal of Economics,* Nova York, v. 90, n. 4, p. 629-649, nov. 1976.

[62] PORTO, Antônio; GAROUPA, Nuno. *Curso de análise econômica do Direito.* São Paulo: Atlas, 2020.

[63] SHAVELL, Steven. *Foundations of economic analysis of law.* Cambridge: Harvard University Press, 2004. p. 407.

dessa divergência, nem consideraram a possibilidade de uma das partes reconhecer que, devido à presença de uma assimetria informacional, a avaliação da outra (que ele não conhece) é superior para a sua.[64]

Posner coloca algumas discussões sobre como a probabilidade de solução pode ser afetada pela presença de assimetria informacional e por várias regras de procedimento legal.[65] Cooter, Marks e Mnookin (1982)[66] propuseram um modelo de negociação com informações incompletas. Embora a assimetria informacional esteja presente em seu modelo, eles assumiram que a utilidade esperada de cada parte de um estudo é conhecida por ambas as partes.[67]

Posteriormente, Ordover e Rubinstein, P'ng e Salant e Rest apresentaram modelos de barganha de decisões sobre acordo na presença de informações assimétricas. Esses autores, no entanto, usaram uma suposição muito restritiva – de que as partes não são livres para escolher seus termos de acordo, mas devem adotar, se quiserem acordar, algum valor determinado externamente.[68] Bebchuk avança na análise das decisões de acordo sob informações imperfeitas, apresentando um modelo no qual as partes são livres para determinar o tamanho de suas ofertas de acordo.[69]

Importante mudança nas premissas que foram estudadas envolvem a forma como são realizadas as ofertas por partes que possuem informações privadas, que variam de sequências de ofertas e contrapartidas e posse de informações privadas pelo réu e pelo demandante. Um novo elemento surge nos modelos mais complicados: as partes podem aprender algo sobre as informações de seus oponentes através do seu comportamento durante a barganha.[70]

---

64 SHAVELL, Steven. *Foundations of economic analysis of law.* Cambridge: Harvard University Press, 2004. p. 407.

65 POSNER, Richard. An economic approach to legal procedure and judicial administration. *The Journal of Legal Studies,* Chicago, v. 2, n. 2, jun. 1973. p. 422-426.

66 COOTER, Robert; MARKS, Stephen; MNOOKIN, Robert. Bargaining in the shadow of the law. *Journal of Legal Studies,* Chicago, v. 11, n. 2, p. 225-251, 1982.

67 BEBCHUK, Lucian. Litigation and settlement under imperfect information. *Rand Journal of Economics,* Santa Monica, v. 15, n. 3, p. 404-415, 1984. p. 404-405.

68 BEBCHUK, Lucian. Litigation and settlement under imperfect information. *Rand Journal of Economics,* Santa Monica, v. 15, n. 3, p. 404-415, 1984. p. 404.

69 BEBCHUK, Lucian. Litigation and settlement under imperfect information. *Rand Journal of Economics,* Santa Monica, v. 15, n. 3, p. 404-415, 1984.

70 SHAVELL, Steven. *Foundations of economic analysis of law.* Cambridge: Harvard University Press, 2004. p. 409.

Qualquer tipo de informação que um lado não observe – e que possa afetar a disposição do outro lado em acordar – tem o mesmo significado que as informações privadas sobre o resultado do julgamento e, em particular, podem levar ao litígio. As informações privadas podem ser sobre os custos de julgamento de uma parte, sua disposição em assumir riscos ou sua necessidade de recursos. Se, por exemplo, o demandante não souber quais serão os custos do julgamento do demandado e achar que eles provavelmente são altos, quando na verdade são baixos, o demandante poderá pedir demais e poderá resultar em um julgamento.[71]

Bebchuk demonstrou os efeitos de uma assimetria informacional sobre a probabilidade de acordos e sobre o valor em que os acordos são realizados, mostrando que a presença de tal assimetria pode influenciar a decisão das partes sobre litigar ou acordar. Através dos modelos propostos, vislumbra-se que se o autor e/ou o réu sabia das informações privadas (o tipo "p") que a outra parte tem, estes exigiriam uma solução que não seria rejeitada, o que não acontece na prática. Além disso, a autora demonstra que as normas jurídicas e as instituições que ampliam a extensão de assimetria informacional podem aumentar a probabilidade de litígio.[72]

O desenvolvimento dos estudos a partir de um modelo básico de litigância civil passa a considerar a assimetria informacional entre as partes e propõe modelos mais complexos quanto ao comportamento das partes nesse cenário de incerteza. A crença a respeito do *resultado esperado* acerca do litígio resta ponderada diante das informações privadas que as partes sabem que o adversário detém.

Shavell entende que o modelo mais básico a respeito da litigância civil é consistente com os modelos de barganha que levam em conta as informações assimétricas. Segundo refere o autor, no modelo simples, o julgamento ocorre se as crenças das partes forem suficientemente diferentes e, nos modelos explícitos de barganha com informação assimétrica, o julgamento também resulta das diferenças de crenças, independentemente se elas derivam da assimetria informacional ou não. Shavell entende que a influência dos custos e de outros fatores nos resultados é semelhante nos dois modelos. O autor explica que a

---

71 SHAVELL, Steven. *Foundations of economic analysis of law*. Cambridge: Harvard University Press, 2004. p. 409.

72 BEBCHUK, Lucian. Litigation and settlement under imperfect information. *Rand Journal of Economics*, Santa Monica, v. 15, n. 3, p. 404-415, 1984. p. 414.

principal diferença entre os modelos é a existência de uma explicação explícita da negociação – da magnitude dos acordos e de suas probabilidades – e da fonte de diferenças entre as crenças das partes, que é mais detalhadamente apresentada nos modelos explícitos de informação assimétrica. Além disso, ele argumenta que a definição da decisão de acordo ou litígio nesses modelos é em alguma medida enganosa, porque os modelos fazem uso de premissas essencialmente arbitrárias sobre se é a parte informada ou desinformada, quem faz a oferta, o número de rodadas de negociação (e essas premissas influenciam substancialmente a probabilidade de acordo e as ofertas de acordo), e as razões para as diferenças nas informações entre as partes não são explicadas nos modelos, mesmo que as partes tenham motivos fortes para compartilhar informações (a fim de chegar a um acordo) e/ou possam ser forçadas a fazê-lo.[73]

Conforme pontua Gico Jr., o modelo simplificado, com base nas crenças exógenas das partes, apesar de ser relativamente simples, é aderente à realidade e possui um enorme potencial explicativo e preditivo, que nos ajuda a compreender o comportamento dos litigantes na prática, além de contribuir com a configuração de arranjos e procedimentos com potencial de alterar as estruturas de incentivos das partes e, assim, seu comportamento de um litígio.[74]

Diante disso, e em razão da finalidade deste trabalho, basta conhecer e saber que existem informações assimétricas entre os litigantes e isso pode influenciar a sua decisão em litigar.

De fato, uma razão pela qual os casos podem prosseguir para o julgamento é que os dois lados fizeram previsões diferentes sobre o que acontecerá no julgamento – previsões divergentes que diminuem ou eliminam o intervalo de negociação. Previsões imprecisas podem resultar da falta de informação resultante de uma preparação inadequada, da falta de acesso aos fatos relevantes ou regras legais, comportamento estratégico (conforme adiante tratado) ou da comunicação deficiente entre as partes.[75] E, dessa forma, quanto menores forem as assimetrias, maiores as probabilidades de convergência na sua "crença"

---

[73] SHAVELL, Steven. *Foundations of economic analysis of law*. Cambridge: Harvard University Press, 2004. p. 410-411.

[74] GICO JR., Ivo Teixeira. *Análise econômica do processo civil*. Indaiatuba: Foco, 2020. p. 132.

[75] ROBBENNOLT, Jennifer. Litigation and settlement. *In*: ZAMIR, Eyal; TEICHMAN, Doron (Org.). *The Oxford handbook of behavioral economics and the law*. Nova York: Oxford University Press, 2014. p. 625.

de resultado esperado, o que – via de regra – gerará mais acordos. E, tendo em consideração que as expectativas de resultado das partes são estimadas em um dado momento, elas serão, para efeito do pressuposto econômico neoclássico, gradualmente atualizadas (*update bayesiano*)[76] à medida que a assimetria de informação for sendo reduzia pelo avançar das negociações ou até mesmo do processo judicial.[77]

2.4 Interação estratégica entre os demandantes: perspectiva da teoria dos jogos

O modelo básico antes apresentado pressupõe que as disputas sempre serão acordadas quando o excedente cooperativo, conforme percebido pelos jogadores, for positivo, ao passo que os julgamentos ocorrerão quando for percebido como negativo. Como dito, esse modelo sofreu críticas por não ter os fundamentos da teoria dos jogos. De fato, apesar de ambas as partes perceberem que há vantagem em cooperar, o acordo eventualmente pode ser frustrado, quando houver problema na distribuição desse excedente cooperativo. O problema de divisão do superávit gerado pelo acordo é uma fonte de instabilidade que pode levar a quebras nas negociações.[78]

A teoria dos jogos busca fornecer ferramentas para melhor compreender o processo de tomada de decisão por parte dos agentes que interagem entre si, considerando a lógica observada no contexto em que estão inseridos e as consequências de cada escolha decisória possível. A teoria dos jogos busca explicar como os agentes racionas tomam ou deveriam tomar suas decisões em um contexto de interdependência com outros agentes, ou seja, em um contexto em que suas ações também dependem das ações dos outros,[79] ou seja, semelhante a um contexto litigioso.

---

[76] Conforme explica Gico Jr (2020), inferência bayesiana é o método de inferência estatística no qual o Teorema de Bayes é utilizado para atualizar as probabilidades de uma hipótese à medida que novas evidências ou informações se tornam disponíveis. Essa atualização de probabilidade é chamada de *update bayesiano* ou atualização bayesiana. (GICO JR., Ivo Teixeira. *Análise econômica do processo civil*. Indaiatuba: Foco, 2020. p. 132).

[77] GICO JR., Ivo Teixeira. *Análise econômica do processo civil*. Indaiatuba: Foco, 2020. p. 132.

[78] COOTER, Robert; RUBINFELD, Daniel. Economic analysis of legal disputes and their resolution. *Journal of Economic Literature*, Nashville, v. 27, p. 1067-1097, set. 1989. p. 1078.

[79] PORTO, Antônio; GAROUPA, Nuno. *Curso de análise econômica do Direito*. São Paulo: Atlas, 2020. p. 115.

As tentativas de teóricos de modelar o problema da distribuição em jogos de barganha em geral não produziram um consenso entre os economistas, mas uma variedade de teorias preditivas e normativas rivais entre si. Nesse sentido, o estado insatisfatório da teoria da negociação se reflete em diversos modelos e estudos com análise da decisão dos jogadores dentro do processo judicial, com suposições restritivas sobre o escopo da negociação, o momento das ofertas e a capacidade das partes de transmitir informações.[80]

No que se refere à barganha "pré-processual" há diversos elementos a serem considerados e os modelos existentes, conforme anota Cooter & Rubinfeld, não enfrentam o problema de distribuição do excedente cooperativo diretamente.[81] Para fins da análise proposta, todavia, suficiente a noção de que os agentes vão interagir estrategicamente (em um contexto de interdependência) de acordo com suas preferências, na busca da maximização de utilidade. O fato de os agentes estarem em interação, contexto em que tentam compreender o ponto de vista do oponente e deduzir as prováveis respostas às suas ações, gera comportamentos estratégicos da parte em determinar a divisão do excedente cooperativo.

No contexto de negociação privada sobre a distribuição do excedente cooperativo, os participantes ficam incertos sobre até que ponto as outras partes cederão. Um jogador racional avaliará suas demandas de modo que o ganho de se estabelecer termos ligeiramente menos favoráveis seja compensado pelo risco de rompimento das negociações. Uma estratégia ótima de barganha seria aquela que equilibra a maior parcela de benefício no acordo em face do risco de quebra de negociações e a demanda ir a julgamento. Um equilíbrio de barganha pode, portanto, ser caracterizado como uma situação em que todos maximizam a utilidade esperada com conhecimento completo sobre a distribuição de estratégias seguidas por outros. Este conceito de equilíbrio tem a vantagem de permitir melhor compreensão a respeito do comportamento estratégico das partes.[82]

---

[80] COOTER, Robert; RUBINFELD, Daniel. Economic analysis of legal disputes and their resolution. *Journal of Economic Literature*, Nashville, v. 27, p. 1067-1097, set. 1989. p. 1078-1079.

[81] COOTER, Robert; RUBINFELD, Daniel. Economic analysis of legal disputes and their resolution. *Journal of Economic Literature*, Nashville, v. 27, p. 1067-1097, set. 1989. p. 1079.

[82] COOTER, Robert; RUBINFELD, Daniel. Economic analysis of legal disputes and their resolution. *Journal of Economic Literature*, Nashville, v. 27, p. 1067-1097, set. 1989. p. 1079-1080.

O problema é que embora a estratégia ótima seja a melhor em relação à distribuição das estratégias possíveis da outra parte, não é necessariamente a melhor estratégia. Uma parte pode superestimar a disposição de um oponente em particular de fazer concessões que podem causar um colapso nas negociações. E, supondo que as partes devam escolher entre uma estratégia dura (não fazer concessões) e uma estratégia suave (conceder), apesar de cada parte saber com que frequência essas estratégias são escolhidas pelos outros, ninguém descobre a estratégia desse oponente em particular em uma disputa específica até que seja resolvida, o que torna difícil encontrar esse ponto ótimo das negociações. Pode-se dizer, nesse contexto, que os julgamentos ocorrem quando ambas as partes se comprometem com estratégias rígidas e os acordos, ao contrário, ocorrem quando as estratégias são mais brandas.[83]

Uma estratégia rígida de negociação entre as partes, que pode levar à quebra das tratativas de composição, é chamada *hard bargaining*. De fato, apesar de eventualmente haver um excedente cooperativo a ser dividido entre as partes e as informações de que tem posse indicarem que a solução por acordo possa ser vantajosa, as partes podem comportar-se de maneira contrária aos seus próprios interesses de longo prazo, em razão de uma interação estratégica com a outra parte. A depender do contexto, punir ou prejudicar o outro lado da mesa pode trazer mais utilidade para a pessoa do que resolver o problema, circunstância que é comumente observada na prática de mediadores e conciliadores.[84]

Ivo Gico Jr. explana a respeito do problema que uma estratégia de *hard bargaing* pode trazer à frustração de acordos, à luz do denominado "dilema do prisioneiro".[85] Como as partes não sabem se o adversário vai adotar uma estratégia dura ou branda de negociação, o retorno

83 COOTER, Robert; RUBINFELD, Daniel. Economic analysis of legal disputes and their resolution. *Journal of Economic Literature*, Nashville, v. 27, p. 1067-1097, set. 1989. p. 1079.

84 GICO JR., Ivo Teixeira. *Análise econômica do processo civil*. Indaiatuba: Foco, 2020. p. 149.

85 Conforme explica Gico Jr: "Os jogos cuja estratégia dominante leva a um resultado inferior ao auferível, caso houvesse cooperação, são normalmente denominados "dilema do prisioneiro". Concebido inicialmente apenas como um jogo matemático pelos cientistas Merril Flood e Melvin Desher, em sua versão adaptada por Albert W. Tucker em carta ao último, o dilema do prisioneiro se põe da seguinte forma: dois homens acusados de violar conjuntamente a lei são mantidos separados pela polícia. A cada um é dito que (i) se confessar e o outro não, o primeiro será premiado e o segundo multado; e (ii) se ambos confessarem, cada um será multado. Ao mesmo tempo, ambos têm boas razões para acreditar que (iii) se nenhum dos dois confessar, ambos sairão incólumes. Obviamente, ambos estariam melhor se pudessem combinar para não confessar; todavia, não havendo forma de se comunicar e, mesmo se houvesse, existindo séria suspeita de que o outro trapacearia, a probabilidade maior é a de que confessem, pois essa estratégia é a melhor, independentemente do que o outro decida

associado dos *payoffs* sugere que a estratégia dominante do jogo seja a utilização de uma estratégia de negociação dura, o que pode impedir a celebração de acordos.[86]

Outro fator que pode impactar a interação estratégica entre os demandantes é o seu otimismo em relação ao resultado da demanda. Apesar do modelo jus econômico de litigância apontar para a existência de um excedente cooperativo, as partes dificilmente sabem na prática o tamanho desse excedente cooperativo, nem mesmo a real probabilidade de sucesso da ação e do montante a ser adjudicado. Se ambas as partes possuírem a mesma expectativa, *i.e.*, estimarem a mesma probabilidade de êxito para a ação e do valor do bem da vida, então, elas também conseguirão identificar o tamanho do excedente cooperativo e, portanto, o acordo será viável (na hipótese de existir o excedente cooperativo). Como na maioria dos casos, em que eventualmente haja um benefício em cooperar, não acaba em acordo, algum pressuposto deve ser relaxado para aproximar o modelo do resultado no mundo real. Além da incerteza quanto ao resultado da demanda (decisão com risco), deve ser considerada a discordância das partes a respeito da magnitude da incerteza, ou seja, deve haver divergência sobre as chances de êxito, tanto quanto sobre o valor do montante a ser adjudicado. Logo, não é o risco puro e simples que impede o acordo, mas a existência de uma divergência de expectativas grande demais, ou seja, o tamanho do hiato de expectativas.[87]

Embora existam várias vertentes, a explicação mais simples a respeito da decisão de litigar decorre do fato de que as partes têm expectativas diferentes sobre o seu resultado: enquanto o autor espera, por exemplo, ser o réu responsabilizado e receber uma grande indenização, o demandado espera não ser responsabilizado ou ser condenado em um baixo valor indenizatório. Dado o "otimismo relativo", o autor exige um acordo com valor alto, e o réu oferece um acordo em valor baixo, de modo que as partes podem não chegar a um acordo sobre os termos da composição.[88]

---

fazer". (GICO JR., Ivo Teixeira. *Análise econômica do processo civil*. Indaiatuba: Foco, 2020. p. 152).

[86] GICO JR., Ivo Teixeira. *Análise econômica do processo civil*. Indaiatuba: Foco, 2020. p. 149-156.

[87] GICO JR., Ivo Teixeira. *Análise econômica do processo civil*. Indaiatuba: Foco, 2020. p. 133-134.

[88] COOTER, Robert; ULEN, Thomas. *Law and economics*. 6. ed. Harlow: Person, 2014. p. 391-392.

Se um autor é otimista em relação ao sucesso de sua demanda, é porque confia – mais do que deveria – que se sairá vencedor no julgamento. Quando o otimismo relativo se refere à magnitude do resultado, ou o autor da ação confia numa condenação robusta, ou o réu numa condenação pequena, ou ambos mantêm esse tipo de confiança ao mesmo tempo. Se, por um lado, o otimismo relativo conduz ao ajuizamento e processamento de ações judiciais, o pessimismo relativo tem o efeito oposto. Quando as partes estão relativamente pessimistas com relação ao resultado do julgamento da causa,[89] a probabilidade de que ocorra um acordo, antes das fases de sentença e recursos, aumenta.[90]

Os modelos elaborados com base na divergência de expectativas, seja sobre a probabilidade de sucesso, seja sobre o montante da condenação, são chamados de modelos de otimismo mútuo, pois neles o litígio só ocorre porque as partes são otimistas em relação às chances de sucesso e não apenas pela presença de risco. O que caracteriza esse modelo é que, ao menos uma das partes é otimista demais em relação às suas próprias chances, o que gera um hiato de expectativas.[91]

2.5 *Behavioral economics*: heurísticas e vieses relacionados à decisão de litigar

O desenvolvimento do tema da análise econômica do litígio tem incorporado as lições da chamada "economia comportamental" e seus pressupostos para a compreensão do comportamento dos litigantes em um contexto de disputa. Diante da constatação da limitação da racionalidade dos agentes econômicos, há uma atualização do *modelo da escolha racional*, incorporando outros elementos psicológicos ao processo decisório. As teorias neoclássicas, as quais se baseiam na premissa da

---

89 Nesse sentido que Cooter & Ulen estabelecem que "bad news is good for settlements", uma vez que o compartilhamento de informações privadas pelas partes diminui o chamado "otimismo relativo. Conforme explanam os autores, o valor esperado de uma causa é diverso para cada uma das partes em razão das informações privadas que elas detêm, as quais são possuídas por uma parte e não pela outra e vice-versa. Enquanto o otimismo relativo as previne de fazer um acordo, elas podem corrigir esse otimismo antes do julgamento, trocando essas informações. Para corrigir o otimismo relativo, uma parte dá a outra algumas "notícias", ou seja, informações previamente desconhecidas do destinatário. A notícia é "ruim" se causa no destinatário uma expectativa de resultado pior do que havia projetado. Dessa forma, diz-se que transmitir "más notícias" é bom para os acordos (COOTER, Robert; ULEN, Thomas. *Law and economics*. 6. ed. Harlow: Person, 2014. p. 385-387.

90 PORTO, Antônio; GAROUPA, Nuno. *Curso de análise econômica do Direito*. São Paulo: Atlas, 2020. p. 328-329.

91 GICO JR., Ivo Teixeira. *Análise econômica do processo civil*. Indaiatuba: Foco, 2020. p. 139.

racionalidade do comportamento, são questionadas, colocando dúvidas determinados conceitos fundamentais e a própria capacidade preditiva do comportamento humano.[92] A perspectiva da economia neoclássica – argumentam os autores de economia comportamental – pode ser revigorada ao se reestabelecer o paradigma da racionalidade econômica com nuances do comportamento humano, através da compreensão da psicologia, sociologia e outras ciências do comportamento.[93]

De fato, o Direito, tal como a Economia, a Psicologia, a Sociologia e as neurociências, tem como objeto central as escolhas dos indivíduos, o que gera um campo de colaboração muito fértil entre essas ciências. A interface da Economia e as referidas ciências comportamentais têm apresentado tanto balizas para os modelos econômicos – desmentindo (em alguns casos) premissas utilizadas – quanto reforçado alguns pressupostos econômicos, dando um outro plano explicativo. Por sua vez, a Economia também fornece alguns modelos às descobertas da psicologia, da sociologia e das neurociências. Muitas das descobertas neurocientíficas somente foram feitas porque se tratava de pôr à prova algumas hipóteses econômicas.[94]

As hipóteses econômicas, dentro do contexto das ciências do comportamento, têm seus pressupostos mais afastados da realidade (especialmente a premissa do *homo economicus*), portanto, quando da aplicação do modelo de maximização de utilidade, percebe-se, claramente, que tal modelo não passa de uma simplificação. As ciências comportamentais, nesse sentido, demonstram através dos estudos empíricos que a realidade é muito mais complexa que os modelos econômicos supõem.[95] Segundo teóricos da abordagem comportamental, as concepções da teoria da escolha racional não seriam as ideais para o propósito de compreender como os atores respondem aos incentivos

---

92 PORTO, Antônio; GAROUPA, Nuno. *Curso de análise econômica do Direito*. São Paulo: Atlas, 2020. p. 129.

93 KOROBKIN, Russel; ULEN, Thomas. Law and behavioral science: removing the racionality assumption from law and economics. *Law and Behavioral Science,* Cambridge, v. 88, n. 4, p. 1051-1144, jul. 2000. p. 1053.

94 ARAÚJO, Fernando. *O desafio das neurociências para a AED*. Palestra proferida junto aos Grupos de Estudos em Análise Econômica do Direito da PUC-PR. 2020. Disponível em: https://www.youtube.com/watch?v=OG4jaIGY2dA. Acesso em 9 nov. 2020.

95 ARAÚJO, Fernando. *O desafio das neurociências para a AED*. Palestra proferida junto aos Grupos de Estudos em Análise Econômica do Direito da PUC-PR. 2020. Disponível em: https://www.youtube.com/watch?v=OG4jaIGY2dA. Acesso em 9 nov. 2020.

que a lei cria, devido à sua inadequação em prever o comportamento futuro e a implausibilidade de suas previsões.[96]

Os primeiros estudos apontando para a *racionalidade limitada* dos agentes econômicos foram desenvolvidos por Herbert A. Simon, no sentido de que a suposta consistência da escolha humana nem sempre é evidenciada na realidade, e que a suposição de maximização de utilidade não se verifica de forma consistente sobre o tomador de decisão. Diante da capacidade humana limitada em avaliar suas preferências, essa perspectiva teórica busca identificar (na teoria e no comportamento real) os procedimentos de escolha que são computacionalmente mais simples e que podem explicar as inconsistências observadas nos padrões de escolha humana.[97]

Como desenvolvimento dessa perspectiva, diversos estudos no campo da psicologia vêm complementar o pressuposto tradicional da escolha racional. Apesar da economia comportamental ainda não ter apresentado uma teoria completa e abrangente que substitua a teoria da escolha racional, mas apenas uma lista de desvios comportamentais chamados de heurísticas e vieses ou limitações cognitivas, que se manifestem principalmente quando o agente está decidindo sob incerteza,[98] trata-se de uma abordagem útil para expandir a compreensão da conduta humana. A economia comportamental, nesse sentido, complementa e estende a abordagem econômica tradicional.[99]

Evidências empíricas apresentadas pelos teóricos da economia comportamental revelam desvios sistemáticos do comportamento humano, demonstrando que as pessoas exibem além da racionalidade limitada, autointeresse limitado e força de vontade limitada. Isso significa que as pessoas decidem sem a completa racionalidade (*bounded rationality*), exibem força de vontade limitada (*bounded willpower*), significando que realizam ações que sabem estar em conflito com seus interesses de longo prazo e têm autointeresse limitado (*bounded self-interest*), uma vez que, muitas vezes, as pessoas se comportam de

---

96 KOROBKIN, Russel; ULEN, Thomas. Law and behavioral science: removing the racionality assumption from law and economics. *Law and Behavioral Science*, Cambridge, v. 88, n. 4, p. 1051-1144, jul. 2000. p. 1067.

97 SIMON, Herbert A. *Models of bounded rationality*: empirically grounded economic reason. Cambridge: MIT Press, 1997. v. 3, p. 293-295.

98 GICO JR., Ivo Teixeira. *Análise econômica do processo civil*. Indaiatuba: Foco, 2020. p. 195.

99 GICO JR., Ivo Teixeira. *Análise econômica do processo civil*. Indaiatuba: Foco, 2020. p. 194.

acordo com considerações de justiça, mesmo quando isso vai contra seus próprios interesses.[100]

Em face da racionalidade limitada, as pessoas valem-se de método ou técnicas para resolver satisfatoriamente um problema, segundo os quais parte da informação é ignorada ou um referencial é utilizado para tornar a escolha mais rápida e fácil, e, portanto, viável ou satisfatória. Elas utilizam uma regra de ouro (*rule of thumb*) para a tomada de decisões, as chamadas *heurísticas*.[101]

O termo "*heurística*" foi inventado por George Polya (1945), ao tentar explicar como os matemáticos pensam, determinando que uma heurística seria uma regra sem condições muito claras e que nem sempre faz algo útil, em contraposição à ideia de um algoritmo que tem uma regra com condições muito claras para sua aplicação. Os algoritmos sempre fazem o que devem fazer. Em contraste, uma heurística seria uma regra sem condições muito claras e que pode levar a erros. No entanto, o uso de heurísticas pelos matemáticos daria a eles algo a fazer quando estivessem travados.[102] Kahneman e Tversky apropriaram-se da ideia de heurísticas[103] para explicar vieses no julgamento de probabilidade.[104] Eles descobriram que, em certas situações, as pessoas faziam julgamentos inconsistentes com as regras de probabilidade. Apesar de, na maioria das vezes, tais heurísticas serem bastante úteis, elas, às vezes, levam a erros severos e sistemáticos. Dado que as decisões tomadas seriam imperfeitas e meramente satisfatórias, as heurísticas levam a comportamentos marcados por *vieses cognitivos*, ou seja, por desvios sistemáticos e previsíveis da teoria da escolha racional.[105]

No âmbito do litígio, há um espectro de agentes econômicos que avaliam a decisão de litigar de diferentes formas, desde empresas com

---

100 JOLLS, Chistine; SUNSTEIN, Cass; THALER, Richard. A behavioral approach to law and economics. *Yale Law School Legal Scholarship Repository*, New Haven, v. 50, p. 1471-1555, mai. 1998. p. 1476-1487.

101 GICO JR., Ivo Teixeira. *Análise econômica do processo civil*. Indaiatuba: Foco, 2020. p. 195.

102 BARON, Jonathan. Heuristics and biases. *In*: ZAMIR, Eyal; TEICHMAN, Doron (Org.). *The Oxford handbook of behavioral economics and the law*. Nova York: Oxford University Press, 2014. p. 11.

103 Conforme define Kahneman, "heurística é um procedimento simples que ajuda a encontrar respostas adequadas, ainda que geralmente imperfeitas, para perguntas difíceis". (KAHNEMAN, Daniel. *Rápido e devagar*: duas formas de pensar. Rio de Janeiro: Objetiva, 2012. p. 127).

104 KAHNEMAN, Daniel; TVERSKY, Amos. Judgment under uncertainty: heuristics and biases. *Science*, Washington, v. 185, n. 4157, p. 1124-1131, 1974.

105 GICO JR., Ivo Teixeira. *Análise econômica do processo civil*. Indaiatuba: Foco, 2020. p. 196.

setores jurídicos especializados que valoram a utilidade em litigar com base em elementos majoritariamente envolvendo custos e benefícios, até pessoas físicas que fazem essa avaliação levando em consideração elementos intangíveis, como a "justiça" do acordo, suas emoções em face do conflito etc.

A partir do modelo econômico neoclássico poderíamos concluir que os agentes tomariam decisões racionais para maximizar os valores esperados de seus resultados e, ainda sob a perspectiva da abordagem neoclássica, muitos "erros", quanto à decisão de litigar, poderiam ser atribuídos a informações incompletas e decisões estratégicas frustradas de negociação. No entanto, deve-se somar a isso uma variedade de fenômenos comportamentais ou psicológicos que tornam um desafio para os litigantes e seus advogados identificar e tomar as melhores decisões relativamente ao do litígio.[106]

As previsões sobre os resultados esperados podem ser influenciadas por uma variedade de vieses. Além disso, as expectativas dos litigantes sobre seus futuros estados emocionais, o desejo de justiça em suas várias formas e o interesse por resultados não monetários podem complicar a tomada de decisões. As reações psicológicas aos adversários, seus objetivos e suas propostas podem atrapalhar os acordos de maximização de valor. A coleta de novas informações nem sempre pode ser considerada para estreitar as lacunas nas percepções e, às vezes, pode distorcer o julgamento. Expandir o conjunto de opções em consideração costuma ser benéfico, mas pode ter consequências inesperadas.[107]

Tendo essas questões em consideração, passa-se à análise dos principais heurísticas e vieses cognitivos relacionados à decisão de litigar.

A heurística da representatividade (*representativeness heuristic*) está ligada à tendência humana de avaliar a probabilidade de ocorrência de um evento ou de uma amostra (B), segundo o grau de representatividade ou similaridade do objeto estimado com as características essenciais de uma amostra representativa disponível em sua mente (A).[108]

---

[106] ROBBENNOLT, Jennifer. Litigation and settlement. *In*: ZAMIR, Eyal; TEICHMAN, Doron (Org.). *The Oxford handbook of behavioral economics and the law*. Nova York: Oxford University Press, 2014. p. 625.

[107] ROBBENNOLT, Jennifer. Litigation and settlement. *In*: ZAMIR, Eyal; TEICHMAN, Doron (Org.). *The Oxford handbook of behavioral economics and the law*. Nova York: Oxford University Press, 2014. p. 623.

[108] Ivo Gico Jr. propõe o seguinte exemplo para a compreensão da heurística da representatividade: "Suponha que diante de um júri em que o réu é acusado de homicídio, um promotor diga que ele já cometeu outros delitos leves, como furto e posse de drogas, o que é verdade. No

Nas palavras de Tversky & Kahenman, "probabilities are evaluated by the degree to which A is representative of B, that is, by the degree to which A resembles B".[109] Em outras palavras, as pessoas tendem a julgar a probabilidade de algo acontecer com base em quão semelhante esse algo é a um modelo ou estereótipo familiar, em vez de considerar dados estatísticos reais.

Essa abordagem do julgamento de probabilidade leva a graves erros, pois a similaridade ou representatividade não é influenciada por diversos fatores que afetarão o julgamento de probabilidade. Tversky e Kahneman observaram que as pessoas são a) insensíveis à probabilidade *a priori* de resultados; b) insensíveis ao tamanho amostral; c) fazem concepções errôneas da possibilidade (misconceptions of chance); d) são insensíveis à previsibilidade e e) têm concepções errôneas de regressão.[110]

No contexto do litígio, a dificuldade sinalizada pela perspectiva comportamental indica que as partes poderão recair em erros sistemáticos quanto às probabilidades de êxito do seu caso. Um trabalho empírico de Kiser *et al* demonstrou que as partes frequentemente rejeitam propostas de acordo que são financeiramente vantajosas. O estudo avaliou quantitativamente a incidência e a magnitude dos erros cometidos por advogados e seus clientes em negociações mal sucedidas de acordo. O estudo analisou 2.054 casos em que as partes rejeitaram a proposta de acordo da parte adversária e procederam à arbitragem ou ao julgamento. As posições reveladas nas negociações de acordo foram comparadas com a sentença, revelando uma alta incidência de erros de tomada de decisão tanto pelos demandantes quanto pelos réus. Os demandantes concluíram erroneamente que o julgamento era uma melhor opção em

---

entanto, esse fato (furto) não tem qualquer relação lógica com a acusação de homicídio e, portanto, não deveria afetar o julgamento do júri; mas como as pessoas acham que os criminosos costumam ser reincidentes ou que quem comete um crime menos grave pode cometer outro mais grave (arquétipo), isso pode influenciar a opinião do júri sobre a probabilidade de o réu ser culpado naquele caso específico. Nesse sentido, a probabilidade do fato (autor do homicídio) é estimada pela similitude, pela representatividade do arquétipo (parece um criminoso) e não por fatores realmente relevantes para a probabilidade de ocorrência (estava presente, tinha os meios, tinha motivo) (GICO JR., Ivo Teixeira. *Análise econômica do processo civil*. Indaiatuba: Foco, 2020. p. 197).

109 KAHNEMAN, Daniel; TVERSKY, Amos. Judgment under uncertainty: heuristics and biases. *Science*, Washington, v. 185, n. 4157, p. 1124-1131, 1974. p. 1124.

110 KAHNEMAN, Daniel; TVERSKY, Amos. Judgment under uncertainty: heuristics and biases. *Science*, Washington, v. 185, n. 4157, p. 1124-1131, 1974. p. 1124-1127.

61,2% dos casos, enquanto os réus fizeram uma avaliação errônea em 24,3% desses casos.[111]

A heurística da disponibilidade (*availability heuristic*) é a tendência das pessoas em avaliar a probabilidade de ocorrência de um evento ou uma categoria de eventos pela facilidade com que essas situações podem ser trazidas à mente. Ou seja, eventos mais disponíveis ou recentes tendem a parecer mais prováveis do que realmente são, enquanto eventos menos disponíveis ou lembrados podem ser subestimados, independentemente de sua real frequência estatística. A heurística da disponibilidade pode ser uma estratégia útil para se estimar a frequência ou a probabilidade de um evento ou de um nexo de causalidade, uma vez que se algo é mais facilmente lembrado é porque o evento é mais comum, logo, acontece com mais frequência ou pertence às classes maiores de eventos. Entretanto, o procedimento estimativo leva a erros sistemáticos, dada a disponibilidade de determinado evento ser afetado por fatores outros que não a sua frequência e a sua probabilidade.[112]

A heurística de ajuste e ancoragem (*adjustment and anchoring*) diz respeito ao fato de que as pessoas fazem estimativas a partir de um valor inicial que é ajustado para produzir a resposta final. As pessoas tendem a se fixar excessivamente no primeiro valor apresentado (a âncora) e fazem ajustes a partir dele, resultando em estimativas tendenciosas que permanecem próximas ao valor inicial. O problema é que o ponto de partida pode ser atribuído pela formulação de um problema ou um cálculo parcial, o que leva a erros sistemáticos de estimativa. O que significa que diferentes pontos de partida produzem diferentes estimativas que são enviesadas na direção dos valores iniciais, o que se chama de *ancoragem*.[113]

No contexto do litígio, em um mundo idealizado, as expectativas sobre o que provavelmente aconteceria no julgamento seriam informadas por uma avaliação sistemática da distribuição dos resultados do estudo em casos com fatos semelhantes. No entanto, tais expectativas também são informadas (e também distorcidas) por outras

---

111 KISER, Randall; ASHER, Martin; McSHANE, Blakeley. Let's not make a deal: an empirical study of decision making in unsuccessful settlement negotiations. *Journal of Legal Studies*, Chicago, v. 5, n. 3, p. 551-591, 2008.

112 KAHNEMAN, Daniel; TVERSKY, Amos. Judgment under uncertainty: heuristics and biases. *Science*, Washington, v. 185, n. 4157, p. 1124-1131, 1974. p. 1127-1128.

113 KAHNEMAN, Daniel; TVERSKY, Amos. Judgment under uncertainty: heuristics and biases. *Science*, Washington, v. 185, n. 4157, p. 1124-1131, 1974. p. 1128-1130.

informações as quais as partes estão expostas, uma vez que tendem a julgar as probabilidades com base na facilidade com que podem trazer à mente exemplos semelhantes. Os resultados possíveis que estão mais disponíveis na memória ou mais fluentemente trazidos à mente são considerados mais prováveis, podendo ser também tais julgamentos influenciados por âncoras – números disponíveis que fornecem uma referência saliente (mesmo que não relevante) para o julgamento.[114] A ancoragem pode tanto levar a um excesso de negociação quanto a um aumento no hiato de expectativas.[115]

No contexto de uma negociação, igualmente, os resultados podem ser influenciados por âncoras fornecidas por ofertas ou demandas iniciais, limites de danos, aspirações do negociador, relatos da mídia de outros casos e informações sobre assentamentos privados. Consistente com essa expectativa, até mesmo advogados experientes tendem a fazer estimativas distorcidas das taxas de vitória do reclamante e do tamanho dos julgamentos.[116]

O desenvolvimento do estudo dos efeitos psicológicos e comportamentais sobre a tomada de decisão levou a importante avanço na compreensão da tomada de decisão dos agentes em um contexto de incerteza. A partir da *prospect theory* há um refinamento na abordagem neoclássica da decisão dos agentes em situações de incerteza. Conforme demonstraram Kahneman e Tversky, as preferências em relação ao risco variam dependendo se os agentes estão enfrentando um ganho ou uma perda em comparação a um ponto de referência. Quando se trata de uma decisão entre opções que apresentam ganhos, as pessoas tendem a ser avessas ao risco. No entanto, ao enfrentar opções que resultam em perdas, as pessoas tendem a buscar riscos. Além disso, as pessoas tendem a experimentar um maior impacto a perdas do que quanto a ganhos da mesma magnitude, o que é conhecido como aversão à perda.[117]

Tal refinamento teórico tem substancial repercussão sob o contexto de litígios e acordos, na medida em que os resultados são sempre

---

[114] ROBBENNOLT, Jennifer. Litigation and settlement. *In*: ZAMIR, Eyal; TEICHMAN, Doron (Org.). *The Oxford handbook of behavioral economics and the law*. Nova York: Oxford University Press, 2014. p. 627.

[115] GICO JR., Ivo Teixeira. *Análise econômica do processo civil*. Indaiatuba: Foco, 2020. p. 200.

[116] ROBBENNOLT, Jennifer. Litigation and settlement. *In*: ZAMIR, Eyal; TEICHMAN, Doron (Org.). *The Oxford handbook of behavioral economics and the law*. Nova York: Oxford University Press, 2014. p. 627.

[117] KAHNEMAN, Daniel; TVERSKY, Amos. Prospect theory: an analysis of decision under risk. *Econometrica*, Hoboken, v. 47, n. 2, p. 263-292, mar. 1979.

incertos e a decisão sobre acordar ou não passa por uma avaliação quanto aos riscos associados.

Robbennolt transpõe os pressupostos da *prospect theory* para o contexto do litígio, em que demandante/demandado enfrentam naturais molduras diferentes em relação ao caso. Os demandantes enfrentam a perspectiva de um ganho certo (se entrarem em acordo) ou de um ganho incerto (se forem a julgamento). No domínio dos ganhos de probabilidade moderada a alta, a partir da *prospect theory*, os reclamantes tendem a ser avessos ao risco e, portanto, preferirem o acordo. Os réus, por sua vez, enfrentam a perspectiva de uma perda certa (se houver acordo) ou de uma perda incerta (se forem a julgamento). No domínio das perdas de probabilidade moderada a alta, espera-se que os réus procurem riscos e, portanto, prefiram o julgamento.[118] Quando se trata de resultados de baixa probabilidade, as pessoas tendem a buscar riscos em direção a ganhos de baixa probabilidade e se mostram avessas a riscos e a perdas de baixa probabilidade. Isso significa que, no domínio dos casos com baixa probabilidade de vitória do reclamante – as chamadas demandas frívolas, por exemplo – os reclamantes, enfrentando ganhos, tendem a buscar o risco e preferem o julgamento, enquanto os réus, enfrentando perdas, são susceptíveis de se tornarem avessos ao risco e a preferirem um acordo.

Daniel Kahneman e Amos Tversky demonstraram que as pessoas valoram menos resultados que são meramente prováveis em comparação a resultados obtidos com certeza. Essa tendência, chamada de "efeito certeza", contribui para a aversão ao risco nas escolhas que envolvem ganhos certos e para a busca pelo risco nas escolhas que envolvem perdas certas. Além disso, foi observado que o chamado "efeito de enquadramento" (*framing effect*) leva a preferências inconsistentes dos agentes quando a mesma escolha é apresentada de formas diferentes.[119]

---

118 Robbennolt refere os estudos experimentais de Rachlinski (1996), Hogarth (1989) e van Koppen (1990), os quais demonstraram que os reclamantes diante de ganhos tendem a ser mais propensos a aceitar uma oferta de acordo neutra ao risco do que os réus que estão diante de perdas. Além disso, faz referência a estudos demonstrando que os Advogados (e juízes) também parecem ser suscetíveis a tais efeitos de enquadramento. (ROBBENNOLT, Jennifer. Litigation and settlement. *In*: ZAMIR, Eyal; TEICHMAN, Doron (Org.). *The Oxford handbook of behavioral economics and the law*. Nova York: Oxford University Press, 2014. p. 628).

119 KAHNEMAN, Daniel; TVERSKY, Amos. Prospect theory: an analysis of decision under risk. *Econometrica*, Hoboken, v. 47, n. 2, p. 263-292, mar. 1979.

Outros aspectos relacionados à forma como são *enquadradas* as ofertas de acordo dizem respeito ao fato de que os tomadores de decisão não avaliam simplesmente o valor esperado das opções isoladamente. Em vez disso, avaliam as ofertas no contexto de outras opções que estão, estavam ou poderiam estar sobre a mesa. Essa desvalorização de opções significa que as pessoas tendem a achar uma determinada opção menos atraente quando ela é avaliada no contexto de outras opções. Além disso, esse efeito de contraste pode ocorrer quando uma opção é semelhante, mas inferior a outras opções, e que, caso fosse considerada isoladamente, seria considerada vantajosa. Por outro lado, um efeito inverso ocorre quando a adição de uma opção extrema ao conjunto de opções em consideração faz com que outras opções pareçam mais moderadas e, portanto, mais atraentes.[120]

Além disso, o efeito do enquadramento das ofertas sugere que alterando-se a forma de apresentação da questão, há uma alteração na percepção das pessoas e, portanto, à sua conduta. Em um contexto de litígio, podemos imaginar que a forma como as partes percebem um acordo ou a maneira como as informações lhes são passadas pelo advogado pode afetar a sua reação e os próximos passos. Assim, se ao receber uma proposta pelo réu de tal maneira que pareça como um ganho, o autor pode se comportar de forma avessa ao risco e aceitar o valor proposto, certo, mas menor. Já se a proposta é apresentada de uma forma que pareça com uma perda, o autor pode se comportar de maneira mais propensa ao risco e decidir continuar o litígio. Tudo dependeria da maneira como a questão é apresentada e a percepção decorrente. Esse tipo de divergência pode afetar o comportamento das partes, a depender de sua posição processual, por exemplo, quando elas cobram e quando elas são cobradas. Em ações em que a parte está sendo cobrada ou punida, como por exemplo em ações penais, tributárias ou de cobrança, ela pode entender esse resultado como uma perda e se comportar de forma propensa ao risco. Por outro lado, se ela está cobrando algo, ela tende a comportar-se de forma avessa ao risco.[121]

Os vieses do otimismo e da autoconfirmação são apontados como relacionados à litigância.

---

[120] ROBBENNOLT, Jennifer. Litigation and settlement. *In*: ZAMIR, Eyal; TEICHMAN, Doron (Org.). *The Oxford handbook of behavioral economics and the law*. Nova York: Oxford University Press, 2014. p. 628-629.

[121] GICO JR., Ivo Teixeira. *Análise econômica do processo civil*. Indaiatuba: Foco, 2020. p. 206.

Em razão do excesso de confiança (viés do otimismo) as partes podem fazer com que uma parte vencida insista no seu caso, mesmo após cientificada das suas baixas probabilidades de êxito, pois seu caso "seria especial", pelo menos da sua perspectiva.[122] E, ainda, no contexto da relação cliente-advogado, tal viés pode impedir que o cliente siga as orientações técnicas de seu advogado, o que – somada a eventual assimetria informativa – pode incentivar o litígio ao invés do acordo.[123] Além disso, conforme sinalizam Fux & Bodart, o excessivo otimismo derivado do viés da autoconfirmação aumenta o preço de reserva do autor e diminui o preço de reserva do réu, o que pode eliminar a "zona de acordo".[124]

Em razão do viés da autoconfirmação, há uma tendência das pessoas em lembrar, confirmar ou pesquisar por informações que reafirmem suas próprias crenças ou hipóteses iniciais. Nesse contexto, pessoas tendem a se lembrar apenas do que lhes favorece ou do seu ponto de vista e a esquecer ou desprezar tudo o que não lhes favorece. Quanto maior a carga emocional ou a crença arraigada na hipótese, mais forte é a tendência à autoconfirmação. Tal tendência pode afetar a atualização de crenças quanto aos resultados do litígio, na medida em que cada parte pode considerar apenas os novos elementos do processo que fortalecem o seu argumento e desprezar ou atribuir peso excessivamente baixo às informações que enfraquecem o seu caso.[125]

Além disso, os tomadores de decisão avaliam as opções de maneira diferente, dependendo se estão tendendo a aceitar ou a rejeitar uma ou outra opção. Ao procurar uma opção para aceitar, as características positivas das opções são realçadas. Em contraste, ao pensar sobre quais opções rejeitar, o foco está nas desvantagens daquelas opções. Isso significa que em um determinado contexto, para o qual haja boas razões para aceitar ou rejeitar determinada opção, o agente será mais propenso a escolher aquela em que ele já esteja inclinado a optar, ou seja, dependendo da sua orientação inicial para a decisão.[126]

---

[122] GICO JR., Ivo Teixeira. *Análise econômica do processo civil*. Indaiatuba: Foco, 2020. p. 201.

[123] GICO JR., Ivo Teixeira. *Análise econômica do processo civil*. Indaiatuba: Foco, 2020. p. 202.

[124] FUX, Luiz; BODART, Bruno. *Processo civil e análise econômica*. 1. ed. Rio de Janeiro: Forense, 2019. p. 67.

[125] GICO JR., Ivo Teixeira. *Análise econômica do processo civil*. Indaiatuba: Foco, 2020. p. 202.

[126] ROBBENNOLT, Jennifer. Litigation and settlement. *In*: ZAMIR, Eyal; TEICHMAN, Doron (Org.). *The Oxford handbook of behavioral economics and the law*. Nova York: Oxford University Press, 2014. p. 634.

Robbennolt, nesse sentido, também faz referência a tendências das partes de fazerem previsão com base em "ilusões positivas", no sentido de que litigantes e seus advogados tendem a fazer previsões tendenciosas sobre como um juiz neutro decidiria seus casos – com os demandantes prevendo indenizações maiores e os réus prevendo indenizações significativamente menores. Da mesma forma, os lados opostos tendem a fazer estimativas tendenciosas dos valores justos para acordo relativamente aos seus casos. E, portanto, quanto maior a lacuna nas percepções, menos provável que um caso seja resolvido.[127]

O otimismo das partes influencia não apenas o insucesso do acordo, mas a duração das negociações, gerando o "efeito *deadline*". Havendo um limite para a duração das negociações, as partes otimistas tendem a protrair as tentativas de acordo até o último momento possível. Esse efeito gera desperdícios de tempo e é evidenciado mesmo em situações em que não é evidenciada incompletude de informações.[128]

São descritos, ainda, incentivos não monetários a serem considerados na interação entre os litigantes, que podem desejar receber uma explicação, um pedido de desculpas ou mesmo uma preocupação com a sua reputação através de um julgamento público. Os litigantes podem, ainda, estar interessados em efetuar reformas ou mudanças comportamentais nos adversários, a fim de prevenir danos futuros, ou mesmo desejar algum outro resultado simbólico. Robbennolt apresenta pesquisas que demonstram que as negociações de um acordo podem ser influenciadas pelo interesse de uma das partes em obter um pedido de desculpas, o que pode diminuir a probabilidade de que os reclamantes recorram aos Tribunais.[129] Em última análise, conforme pontua Robbennolt, os litigantes, equilibram suas decisões de acordo uma gama de objetivos variados e, às vezes, inconsistentes.[130]

---

127 ROBBENNOLT, Jennifer. Litigation and settlement. *In*: ZAMIR, Eyal; TEICHMAN, Doron (Org.). *The Oxford handbook of behavioral economics and the law*. Nova York: Oxford University Press, 2014. p. 626.

128 FUX, Luiz; BODART, Bruno. *Processo civil e análise econômica*. 1. ed. Rio de Janeiro: Forense, 2019. p. 68.

129 ROBBENNOLT, Jennifer. Litigation and settlement. *In*: ZAMIR, Eyal; TEICHMAN, Doron (Org.). *The Oxford handbook of behavioral economics and the law*. Nova York: Oxford University Press, 2014. p. 631.

130 ROBBENNOLT, Jennifer. Litigation and settlement. *In*: ZAMIR, Eyal; TEICHMAN, Doron (Org.). *The Oxford handbook of behavioral economics and the law*. Nova York: Oxford University Press, 2014. p. 629.

As decisões do acordo também podem ser influenciadas pelas visões do litigante sobre a justiça procedimental que eles experimentaram ou esperam experimentar. Além de querer experimentar um processo neutro e confiável, os litigantes se preocupam em ter uma voz no processo e em serem tratados com dignidade e respeito. Embora as partes e seus advogados provavelmente percebam que o outro lado estará focado em cuidar de seus próprios interesses, eles ainda querem que o outro lado ouça, seja respeitoso em suas interações e aja de boa-fé. De fato, quando os negociadores agem de maneira procedimentalmente justa, suas previsões sobre os resultados prováveis tendem a ser menos distantes e a encontrar um terreno comum mais rapidamente, sendo menos propensos a falhar em chegar a um acordo e estando mais satisfeitos com o resultado acordado.[131]

Além disso, os litigantes são motivados a minimizar a quantidade de arrependimento que podem vir a sofrer em decorrência de suas escolhas. Por consequência, a tendência a minimizar o arrependimento por uma oportunidade perdida afeta a forma como uma proposta é avaliada. Estudo empírico demonstrou que acordos foram mais prováveis de ocorrer em um sistema em que o resultado não seria conhecido em comparação com um sistema hipotético em que os resultados seriam conhecidos, o que leva à conclusão de que os litigantes consideram não apenas o valor da oferta na mesa e o valor previsto de qualquer resultado do julgamento, mas também os sentimentos associados às opções perdidas.[132] Ao mesmo tempo, esse desejo de minimizar o arrependimento também está associado a uma tendência de tomar decisões que visam manter as opções em aberto – isto é, fazer escolhas que evitem excluir outras opções – mesmo quando tais decisões perpetuam a incerteza e quando são dispendiosas. Além disso, tal efeito pode induzir um litigante

---

131 Conforme refere Robbennolt, estudo empírico desenvolvido por Lind et al. (1993) explorou as decisões de litigantes em casos envolvendo uma ampla gama de casos que foram enviados para arbitragem não vinculante. As partes poderiam aceitar a sentença do árbitro ou ir a julgamento. As decisões sobre aceitar ou não a sentença do árbitro foram mais fortemente associadas às percepções da justiça processual do processo de arbitragem do que com o conteúdo da sentença do árbitro (LIND, E.A; KULIK, K.T.; VERA PARK, M.V. Individual and corporate dispute resolution: using procedural fairness as a decision heuristic. *Administrative Science Quarterly*, n. 38, p. 224-251, 1993 *apud* ROBBENNOLT, Jennifer. Litigation and settlement. *In*: ZAMIR, Eyal; TEICHMAN, Doron (Org.). *The Oxford handbook of behavioral economics and the law*. Nova York: Oxford University Press, 2014. p. 630.

132 GUTHRIE, C. Better settle than sorry: the regret aversion theory of litigation behavior. *University of Illinois Law Review*, n. 67, p. 163-216, 1999 *apud* ROBBENNOLT, Jennifer. Litigation and settlement. *In*: ZAMIR, Eyal; TEICHMAN, Doron (Org.). *The Oxford handbook of behavioral economics and the law*. Nova York: Oxford University Press, 2014. p. 629.

a comparar qualquer proposta com as anteriormente rejeitadas, embora essas opções possam estar agora fora de questão.[133]

Conforme analisado nas seções anteriores, há uma variedade de táticas de barganhas estratégicas que podem distorcer a tomada de decisão. No entanto, além desses aspectos estratégicos da negociação, o só fato de os litigantes serem adversários introduz distorções de julgamento.[134] Os adversários tendem a presumir que seus interesses no acordo são necessariamente incompatíveis – isto é, que um ganho para um lado deve necessariamente ser uma perda para o outro, levando a uma desvalorização reativa da proposta. Também conhecido como "viés do bolo fixo mítico", esse viés pode levar as partes a enfatizar os aspectos distributivos da negociação sobre os aspectos integrativos e levá-los a perder oportunidades mutuamente aceitáveis de acordo.[135]

No que se refere à busca de informações e esforços na diminuição das assimetrias informativas, os estudos comportamentais sugerem que obter informações adicionais é caro em termos de tempo e dinheiro e nem sempre melhora a tomada de decisão. Isso porque os agentes nem sempre estão bem calibrados para decidir quais informações buscar. O viés da autoconfirmação pode fazer com que os tomadores de decisão busquem informações que confirmem suas crenças, enquanto ignoram evidências que as desconfirmem. A falha em coletar as informações apropriadas pode levar a previsões ruins e dificultar a avaliação precisa das opções. Há que se considerar, ainda, que informações obtidas pelas partes estão sujeitas à interpretação, estando, portanto, sujeitas a concepções tendenciosas a respeito das novas informações.[136] E, por fim, há uma tendência de atrasar as decisões até que as informações estejam disponíveis, mesmo que as informações buscadas não afetem realmente a decisão. Esperar por mais informações (ainda que as mesmas informações já apresentadas), segundo refere Robbennolt,

---

133 ROBBENNOLT, Jennifer. Litigation and settlement. *In*: ZAMIR, Eyal; TEICHMAN, Doron (Org.). *The Oxford handbook of behavioral economics and the law*. Nova York: Oxford University Press, 2014. p. 629-630.

134 ROBBENNOLT, Jennifer. Litigation and settlement. *In*: ZAMIR, Eyal; TEICHMAN, Doron (Org.). *The Oxford handbook of behavioral economics and the law*. Nova York: Oxford University Press, 2014. p. 631.

135 ROBBENNOLT, Jennifer. Litigation and settlement. *In*: ZAMIR, Eyal; TEICHMAN, Doron (Org.). *The Oxford handbook of behavioral economics and the law*. Nova York: Oxford University Press, 2014. p. 632.

136 ROBBENNOLT, Jennifer. Litigation and settlement. *In*: ZAMIR, Eyal; TEICHMAN, Doron (Org.). *The Oxford handbook of behavioral economics and the law*. Nova York: Oxford University Press, 2014. p. 633.

aparentemente geram valor adicional, fazendo com que as perspectivas do demandante no julgamento pareçam mais brilhantes e a oferta proposta menos atraente.[137]

Outro aspecto relacionado a componentes comportamentais relacionados ao litígio diz respeito à tendência das pessoas de serem fortemente recíprocas e pró-sociais. De fato, pode-se dizer que contribuir para a ordem social (obedecer à lei) é de interesse coletivo, mas, partindo-se da abordagem neoclássica, os indivíduos têm um incentivo a desrespeitar a lei, caso isso pareça mais vantajoso.[138] Evidências empíricas apresentadas pelos teóricos comportamentalistas, no entanto, demonstram que, em vez de serem egoístas, como é assumido no paradigma do *homo economicus*, as pessoas tendem a ser fortemente recíprocas, punindo transgressões e recompensando atos bondosos dos agentes com o qual interagem.[139]

Um trio específico de jogos experimentais – o jogo do dilema social, o jogo do ditador e o jogo do ultimato – demonstraram como as pessoas agem pró-socialmente. Experimentos relativos ao "dilema social" demonstram que uma grande parte dos jogadores no experimento normalmente escolherá cooperar e se sacrificar em benefício do

---

[137] ROBBENNOLT, Jennifer. Litigation and settlement. *In*: ZAMIR, Eyal; TEICHMAN, Doron (Org.). *The Oxford handbook of behavioral economics and the law*. Nova York: Oxford University Press, 2014. p. 633.

[138] GÄCHTER, Simon. Human prosocial motivation and the maintenance of social order. *In*: ZAMIR, Eyal; TEICHMAN, Doron (Org.). *The Oxford handbook of behavioral economics and the law*. Nova York: Oxford University Press, 2014. p. 28-29.

[139] GÄCHTER argumenta que, da perspectiva da ciência comportamental da cooperação, e em particular da reciprocidade, a ordem social tem três fatores importantes relacionados ao comportamento dos agentes: a força das normas internalizadas de comportamento pró-social, o comportamento de outras pessoas e a ameaça de punição ou a presença de outros incentivos para conter o egoísmo. O autor sintetiza suas conclusões, apontando que, de modo geral, as pessoas são motivadas por virtudes de caráter, como honestidade e confiabilidade, elas pensam que o *freerider* é moralmente censurável, elas sentem-se culpadas ao descobrir que outros contribuíram mais para o bem público do que elas próprias, elas sentem raiva dos *free riders* e elas experimentam prazer ao contribuir para o bem público. No entanto, todas as pesquisas mostram que as pessoas também olham com muita atenção para o comportamento dos outros para determinar o seu comportamento. Visto que um número considerável de pessoas é *freerider* e até mesmo muitos cooperadores condicionais têm um preconceito egoísta. A cooperação só pode ser sustentada sob a forte exigência de que apenas pessoas altamente inclinadas à cooperação sejam capazes de excluir os *freeriders, o que exige, de todo modo, que* a cooperação estável requer alguns incentivos, principalmente punição, onde muitas vezes uma ameaça confiável é suficiente para manter os *freeriders* à distância. (GÄCHTER, Simon. Human prosocial motivation and the maintenance of social order. *In*: ZAMIR, Eyal; TEICHMAN, Doron (Org.). *The Oxford handbook of behavioral economics and the law*. Nova York: Oxford University Press, 2014. p. 53-54).

grupo,[140] estabelecendo que as pessoas frequentemente agem de forma altruísta, no sentido de que optam por fazer um sacrifício material para beneficiar os outros.[141] Nos experimentos denominados "jogo de ultimato", um jogador, chamado de "proponente", recebe uma quantia em dinheiro e, em seguida, é informado de que pode dar qualquer quantia ao segundo jogador, que é chamado de "respondente". O respondente, por sua vez, pode aceitar a oferta ou rejeitá-la. Se o respondente decidir rejeitar, os dois jogadores não recebem nada. Se o *homo economicus* fosse convidado a fazer um jogo de ultimato, o proponente ofereceria a quantia mínima de dinheiro possível, sem oferecer absolutamente nada. Então, o respondente aceitaria qualquer valor simbólico, pois rejeitá-lo resultaria em nada receber. No entanto, os experimentos constatam que pessoas reais não agem da forma como o modelo de escolha racional prevê. Em vez disso, os estudos relacionados ao jogo do ultimato concluíram que a maioria dos proponentes oferece 40-50% da soma total, e cerca de metade de todos os respondentes rejeitam ofertas abaixo de 30%. Os jogos de ultimato demonstram, portanto, que as pessoas não se sacrificam apenas para beneficiar outras, eles também se sacrificarão para prejudicá-las.[142]

E um terceiro jogo experimental que lançou muita luz sobre o fenômeno da pró-socialidade é o chamado "jogo do ditador". No jogo do ditador, dois jogadores estão envolvidos, e o primeiro recebe uma quantia em dinheiro e é informado que pode escolher distribuir tudo, parte dele ou nada, para o segundo jogador. O segundo jogador então recebe tudo o que o ditador está disposto a compartilhar com ele, nem mais nem menos. Os estudos demonstraram que a maioria dos sujeitos solicitados a desempenhar o papel de ditador em um jogo ditador

---

140 STOUT, Lynn. Law and prosocial behavioral. *In*: ZAMIR, Eyal; TEICHMAN, Doron (Org.). *The Oxford handbook of behavioral economics and the law*. Nova York: Oxford University Press, 2014. p. 198.

141 Conforme discutem Dawes & Thaler, "It is certainly true that there is a "free rider problem". Not all people can be expected to contribute voluntarily to a good cause, and any voluntary system is likely to produce too little of the public good (or too much of the public good in the case of externalities). On the other hand, the strong free rider prediction is clearly wrong – not everyone free rides all the time. There is a big territory between universal free riding and universal contributing at the optimal rate. To understand the problem presented by public goods and other dilemas it is important to beging to explore some issues that are normally ignored in economics. (DAWES, Robyn; THALER, Richard. Anomalies cooperation. *Journal of Economic Perspective*, Nashville, v. 2, n. 3, p. 187-197, 1988).

142 STOUT, Lynn. Law and prosocial behavioral. *In*: ZAMIR, Eyal; TEICHMAN, Doron (Org.). *The Oxford handbook of behavioral economics and the law*. Nova York: Oxford University Press, 2014. p. 198.

anônimo escolheu compartilhar com o segundo jogador em média 20% a 32% de suas participações. Experimentos de jogos de ditador, portanto, confirmam o tipo de compartilhamento altruísta comumente visto em jogos de dilema social. O que é interessante e significativo sobre os jogos de ditador, no entanto, é que o valor que os ditadores decidem compartilhar normalmente é menor do que o valor que os proponentes oferecem nos jogos de ultimato. Essa descoberta sugere que os proponentes têm um motivo adicional, além do altruísmo, para compartilhar. Parece que os proponentes em jogos de ultimato antecipam que, se fizerem uma oferta baixa, seu respondente a rejeitará maldosamente. Essa descoberta demonstra não apenas que as pessoas se comportam de maneira altruísta e rancorosa, mas também mudam o seu próprio comportamento por antecipação.[143]

Fux & Bodart mencionam estudos relacionados ao papel das convenções sociais em um contexto de negociação, demonstrando que em um cenário de limitação de informações, as normas sociais embasariam a solução de repartir igualmente as chances de ganhar e, em um cenário de informação completa, a convenção social, nesse sentido, seria em favor da igualdade de benefícios esperados.[144]

Wolkart sistematiza os vieses cognitivos e alguns efeitos sobre a decisão de litigar, destacando otimismo natural das partes quanto às possibilidades de vitória; sentimento de injustiça com a decorrente vontade de punir o outro punindo a si mesmo com um processo desvantajoso; aversão ao risco do autor e procura do risco pelo réu e a importância inversa dos *sunk costs*.[145]

Apesar de a economia comportamental ser extremamente interessante e capaz de mudar a forma como modelamos o comportamento humano, por ora, ela ainda não é coesa, nem sistemática o suficiente para nos dar uma teoria sobre o comportamento humano que substitua a teoria da escolha racional. Na prática, não temos como saber *ex ante* se um determinado viés estará presente ou não, se o efeito de

---

143 STOUT, Lynn. Law and prosocial behavioral. *In*: ZAMIR, Eyal; TEICHMAN, Doron (Org.). *The Oxford handbook of behavioral economics and the law*. Nova York: Oxford University Press, 2014. p. 200.

144 FUX, Luiz; BODART, Bruno. *Processo civil e análise econômica*. 1. ed. Rio de Janeiro: Forense, 2019. p. 65-70.

145 WOLKART, Erik Navarro. *Análise econômica do processo civil*: como a economia, o direito e a psicologia podem vencer a tragédia da justiça. São Paulo: Thomson Reuters Brasil, 2019. p. 353.

um combinará ou anulará o outro.[146] De toda sorte, enfatizamos os vieses descritos anteriormente como relevantes do ponto de vista do desenvolvimento de mecanismos de resolução de conflitos, o que será explorado ao longo deste trabalho.

---

[146] GICO JR., Ivo Teixeira. *Análise econômica do processo civil*. Indaiatuba: Foco, 2020. p. 206.

CAPÍTULO 3

MECANISMOS *ONLINE* DE RESOLUÇÃO DE DISPUTAS NO COMÉRCIO ELETRÔNICO

Ainda com menor interesse dos estudiosos do Direito, mas que merece atenção em razão da tendência evidente de expansão da oferta remota de produtos e serviços ampliada pelas novas tecnologias e pela internet, as novas formas de resolução de litígios *online,* comumente denominadas ODR *(Online Dispute Resolution)* serão objeto de estudo neste capítulo. Apresentar-se-ão as principais experiências nacionais e internacionais sobre o tema, em um esforço de sistematização das diversas possibilidades e iniciativas já implementadas nesse setor.

3.1 Definindo *Online Dispute Resolution* (ODR)

O uso da tecnologia para viabilizar a prevenção e a composição de disputas se dá em dois sentidos: em um primeiro sentido, a tecnologia replica e aprimora procedimentos já existentes atualmente; e, em um segundo, a tecnologia possibilita uma alteração substancial desses procedimentos, criando novas possibilidades antes inviáveis sem o uso da tecnologia.

No âmbito dos mecanismos de composição de disputas, a tecnologia pode ser aplicada como mero espelho tecnológico, hipótese em que os mecanismos tradicionais são replicados por meio de tecnologias de informação e comunicação para encurtar distâncias, como a arbitragem sem audiências presenciais e a mediação por videoconferência, a automatização do trâmite judicial, a realização de atos processuais por meio da Internet ou da telefonia móvel, sem ambientes ou procedimentos novos;[147] ou seja, é utilizada como simples instrumento de comunicação. A tecnologia, sob essa perspectiva, permite a automação de tarefas, ou seja, tarefas mais complexas que orbitam em torno de um determinado mecanismo de resolução de disputas podem ser fracionadas ao máximo, até que se identifiquem aspectos específicos e rotineiros que possam ser automatizados.[148] Sistemas de processo eletrônico utilizados pelas cortes brasileiras, por exemplo, são versões eletrônicas de arquiteturas pensadas para serem físicas.[149]

Em outro sentido, o uso de tecnologia da informação e comunicação propicia o desenvolvimento e a criação de mecanismos de composição de disputas até então não existentes e impossíveis de serem transpostos para o meio físico. Tais mecanismos podem auxiliar na prevenção, no tratamento e na composição de controvérsias, seja promovendo a cooperação das partes, seja criando estruturas diferenciadas para a heterocomposição. Essas modificações podem incidir sobre a comunicação entre as partes, envolver o realce de certas informações ou a confecção de novos materiais para subsidiar suas decisões, induzir a determinadas reflexões ou decisões, estreitar ou alargar as ambições iniciais que levaram as partes a perseguir a composição ou a decisão final por um terceiro neutro. As tecnologias interativas utilizadas propiciam ambientes e procedimentos impossíveis de serem replicados pelos mecanismos tradicionais de resolução de disputas.[150] Segundo Dierle Nunes, a virada tecnológica no processo civil ocorre em três etapas de emprego da tecnologia, quais sejam: a virtualização (digitalização), a automação e a transformação, e persegue a construção de novas abordagens para a prevenção e resolução de conflitos.[151]

A incorporação de tecnologias desse tipo a mecanismos de composição de conflitos é comumente referida através do termo em inglês "*Online Dispute Resolution (ODR)*" ou do acrônimo também amplamente

---

147 ARBIX, Daniel. *Resolução online de controvérsias*. São Paulo: Intelecto, 2017. p. 60.

148 WOLKART, Erik Navarro. *Análise econômica do processo civil*: como a economia, o direito e a psicologia podem vencer a tragédia da justiça. São Paulo: Thomson Reuters Brasil, 2019. p. 724.

149 WOLKART, Erik Navarro. *Análise econômica do processo civil*: como a economia, o direito e a psicologia podem vencer a tragédia da justiça. São Paulo: Thomson Reuters Brasil, 2019. p. 726.

150 ARBIX, Daniel. *Resolução online de controvérsias*. São Paulo: Intelecto, 2017. p. 59.

151 NUNES, Dierle. Etapas de implementação de tecnologia no processo civil e ODRs. *In*: FUX, Luiz; ÁVILA, Henrique; CABRAL, Trícia Navarro Xavier (Org.). *Tecnologia e justiça multiportas*. Indaiatuba: Foco, 2021. p. 389.

utilizado "ODR". A expressão é traduzida para o português de diversas formas: "resolução on-line de controvérsias",[152] "meios eletrônicos de resolução de conflitos (MERC)".[153] Para além de uma indefinição terminológica, especialmente no contexto brasileiro, existe uma indefinição conceitual sobre o termo *Online Dispute Resolution (ODR)*, o que faz com que não haja consenso sobre o que se incluiria nesse conceito.[154]

Definições mais amplas, consideram as ODRs como qualquer procedimento que se utiliza *principalmente* da tecnologia da informação para resolução de disputas e incorpora todos os métodos usados para resolver conflitos conduzidos na internet através de plataformas *online*.[155]

O uso do termo tem suas origens a partir uso da tecnologia nos métodos alternativos de resolução de disputas (ADR), tais como o uso de e-mail para comunicação entre as partes e mediadores, audioconferência, videoconferência, mensagens instantâneas, ambientes *online* de comunicação, ou seja, qualquer uso de tecnologia para complementar, dar suporte ou administrar o processo de resolução de disputas.[156]

Nesse sentido, conceitualizações mais amplas entendem que a *Online Dispute Resolution* é o uso de qualquer tecnologia para complementar, suportar ou administrar a resolução de uma disputa[157] ou

---

152 ARBIX, Daniel. *Resolução online de controvérsias*. São Paulo: Intelecto, 2017 e AMORIM, Fernando Sérgio Tenório. A resolução online de litígios (ODR) de baixa intensidade: perspectivas para a ordem jurídica brasileira. *Pensar*, Fortaleza, v. 22, n. 2, p. 514-539, mai./ago. 2017.

153 GUERRA, Sérgio; SALINAS, Natasha. Resolução eletrônica de conflitos em agências reguladoras. *Revista Direito GV*, São Paulo, v. 16, n. 1, p. 1-36, 2020 e ROSA, Camila da; SPALER, Mayara Guibor. Experiências privadas de ODR no Brasil. *Revista Jurídica da Escola Superior da Advocacia da OAB-PR*, Curitiba, a. 3, n. 3, dez. 2018. Disponível em: http://revistajuridica.esa.oabpr.org.br/wp-content/uploads/2018/12/revista_esa_8_10.pdf. Acesso em 12 jul. 2021.

154 EBNER, Noam; ZELEZNIKOW, John. Fairness, Trust and security in Online Dispute Resolution. *Hamline University´s School of Law´s Journal of public Law and Policy*, Saint Paul, v. 36, n. 2, p. 143-160, 2015. p. 143-144.

155 CÓRTES, Pablo. *Online Dispute Resolution for consumers in the European Union*. Nova York: Routledge, 2010. p. 52-54.

156 RULE, Colin. *Online Dispute Resolution for business*: B2B, e-commerce, consumer, employment, insurance, and other commercial conflicts. São Francisco: Jossey-Bass, 2002. p. 43-54.

157 Nesse sentido: RULE, Colin. *Online Dispute Resolution for business*: B2B, e-commerce, consumer, employment, insurance, and other commercial conflicts. São Francisco: Jossey-Bass, 2002. p. 43-44; WANG, Faye Fangfei. *Online Dispute Resolution*: technology, management and legal practice from an international perspective. Oxford: Chandos, 2009. p. 25 e POBLET, Marta. *Mobile technologies for conflict management*: online Dispute Resolution, governance, participation. Nova York: Springer, 2011. p. 6.

qualquer procedimento que dependa principalmente de tecnologia da informação e comunicação para resolver disputas.[158]

A American Bar Association (ABA Task Force), em documento com recomendações sobre o comércio eletrônico e resolução *online* de disputas, traz uma definição ampla de ODR:

> ODR is a broad term that encompasses many forms of ADR and court proceedings that incorporate the use of the internet, websites, e-mail communications, streaming media and other information technology as part of the dispute resolution process. Parties may never meet face to face when participating in ODR. Rather, they might communicate solely *online*.[159]

Barnett & Treleann definem ODR como o uso de tecnologia para facilitar a resolução de disputas entre as partes, seja envolvendo negociação, mediação ou arbitragem, ou a combinação dos três mecanismos, de forma total ou parcialmente automatizada.[160]

Tais definições ampliativas sublinham a importância da automatização e modulação das comunicações entre as partes, sem excluir da definição de ODR mecanismos desprovidos dessas características, como mediações *online* ou arbitragens virtuais, por exemplo, ainda que sejam meros espelhos tecnológicos.

Tal como se observa no contexto dos contratos eletrônicos, ou contratos "por computador", em que se discute em que medida essa forma de contratar seria uma categoria peculiar e mereceria um tratamento jurídico diferenciado, tal debate também se mostra válido no contexto dos mecanismos *online* de resolução de disputas.

A definição de mecanismos *online* de resolução de disputas trazido por Daniel Arbix "focaliza o impacto dessas tecnologias sobre ambientes e procedimentos que envolvam ao menos duas partes, de forma que a sua dinâmica seja alterada, quer na autocomposição (barganha),

---

158 CÓRTES, Pablo. *Online Dispute Resolution for consumers in the European Union*. Nova York: Routledge, 2010. p. 54.

159 AMERICAN BAR ASSOCIATION. [S. l.]. *Recommended best practices for Online Dispute Resolution service providers*. 2002. Disponível em: https://www.americanbar.org/content/dam/aba/administrative/dispute_resolution/dispute_resolution/best_practices_final_102802.pdf. Acesso em 28 dez. 2020.

160 BARNETT, Jeremy; TRELEAVEN, Philip. Algorithmic dispute resolution: the automation of professional dispute resolution using IA and blockchain technologies. *The Computer Journal*, Nova York, v. 61, n. 3, p. 339-408, 2018. p. 400.

quer na heterocomposição (adjudicação)",[161] trazendo uma definição mais restritiva. O conceito trazido pelo autor não engloba a aplicação de tecnologia da informação e comunicação que somente substituam canais de comunicação tradicionais, mas mecanismos tecnológicos que ofereçam às partes ambientes e procedimentos ausentes em mecanismos convencionais de dirimir conflitos.[162] Nesse mesmo sentido, Paro *et al.* enfatizam que a tecnologia forneceu aos sujeitos envolvidos "novos poderes", criando novos ambientes, inexistentes no mundo físico, a partir dos crescentes tipos de comunicação *on-line* que foram se fazendo disponíveis.[163] Wolkart defende que a tecnologia é não só capaz de melhorar procedimentos existentes, "mas também de alterar substancialmente a forma como funciona um sistema".[164]

De fato, um paralelo – no que tange à definição de mecanismos *online* de resolução de disputas – pode ser feito com a classificação proposta por Cesar Santolim sobre os contratos eletrônicos. Seguindo tal classificação, os contratos realizados por computador poderiam ser classificados em três tipos: a) contratos que usam o computador como ferramenta de "simples comunicação" de uma vontade já antes aperfeiçoada, equiparando-se para todos os efeitos jurídicos, a outros meios de comunicação, tais como o telefone ou a telecópia; b) contratos instrumentados por computador "como local de encontro de vontade já aperfeiçoada", em que o computador é posto a serviço das partes, sem que o sistema seja de nenhuma delas. Ele é programado por terceiros, segundo critérios objetivos que garantam a igualdade de tutela dos interesses contrapostos dos contraentes; c) contratos em que o computador é "auxiliar no processo de formação da vontade", que seriam os contratos por computador *stricto sensu*, sendo aqueles em que o computador incide diretamente no processo de formação de vontade negocial. Não apenas no meio de comunicação, nem tampouco mero instrumento ou local de encontro de vontades, o computador funciona

---

161 ARBIX, Daniel. *Resolução online de controvérsias*. São Paulo: Intelecto, 2017. p. 58.

162 ARBIX, Daniel. *Resolução online de controvérsias*. São Paulo: Intelecto, 2017. p. 58.

163 PARO, Giácomo; MARQUES, Ricardo Dalmaso; DUARTE, Ricardo Quass. On-line Dispute Resolution (ODR) e o interesse processual. *In*: WOLKART, Erik Navarro *et al.* (Org.). *Direito, processo e tecnologia*. São Paulo: Thomson Reuters Brasil, 2020. p. 281-282.

164 WOLKART, Erik Navarro. *Análise econômica do processo civil*: como a economia, o direito e a psicologia podem vencer a tragédia da justiça. São Paulo: Thomson Reuters Brasil, 2019. p. 724.

como determinante na manifestação da parte.[165] Para efeito de definição do que sejam mecanismos de resolução de conflitos, o papel da tecnologia deve se desenhar de tal forma que não seja apenas um meio de comunicação ou instrumento de encontro das partes, mas como um fator determinante para a composição da disputa.

Lembre-se que, no âmbito contratual, o computador pode servir como mero recurso informativo, em que se socorrem as partes apenas para obter dados ou elementos que auxiliem na formação das vontades, sem que participe efetivamente da elaboração do pacto. Nesses casos, o computador tem a mesma função que sempre tiveram outros mecanismos (livros, consultores, fichas etc.), em nada se alterando as regras tradicionais acerca da formação dos contratos.[166] No âmbito da resolução de disputas, parece que, igualmente, devemos diferenciar o uso da tecnologia quando ela é mero recurso informativo para as partes, seja para realização de consultas a sistemas informativos e ferramentas eletrônicas de apoio, seja para mera comunicação.

Nesse sentido, Daniel Arbix exclui do conceito de *mecanismos online de resolução de disputas*: a) mecanismos de ADR que simplesmente se valham de tecnologias da informação para encurtar distâncias, sem ambientes e procedimentos de resolução de conflitos novos;[167] b) mecanismos de autotutela ou de recurso unilateral a terceiros, sem a participação da parte demandada, como garantias em depósito (*escrow*), pagamento diferido, estorno e bloqueio de cartão de crédito, entre outras;[168] c) esquemas de auxílio disponíveis a uma única parte em determinada disputa, como ferramentas de apoio à redação de pedidos de desculpa, à realização de júris simulados, mecanismos de assistência para elaboração, recepção e o encaminhamento ou publicação de reclamações *online*, *ombudsman*, *bulletin board* (quadro de avisos), hipóteses em que a atividade do mecanismo tecnológico não busca ativamente

165 SANTOLIM, Cesar Viterbo Matos. *Formação e eficácia probatória dos contratos por computador*. São Paulo: Saraiva, 1995. p. 24-25.

166 SANTOLIM, Cesar Viterbo Matos. *Formação e eficácia probatória dos contratos por computador*. São Paulo: Saraiva, 1995. p. 24.

167 Como, por exemplo, arbitragem sem audiências presenciais, mediação por videoconferência, telefone ou e-mail, automatização do trâmite judicial ou realização de atos processuais por meio da internet ou da telefonia móvel. (ARBIX, Daniel. *Resolução online de controvérsias*. São Paulo: Intelecto, 2017. p. 60).

168 Apesar dessas tecnologias modificarem a dinâmica do conflito em que as partes estão envolvidas, elas não afetam seu relacionamento, nem suas comunicações e não estruturam um ambiente de resolução de controvérsias. (ARBIX, Daniel. *Resolução online de controvérsias*. São Paulo: Intelecto, 2017. p. 60).

a participação da parte reclamada na resolução da contenda; d) mecanismos que ranqueiem ou certifiquem determinadas partes em razão dos conflitos reportados, sem monitoramento da resolução de conflitos específicos ou, caso exista algum monitoramento posterior, este se dê sem a presença da parte reclamante;[169] e) consultorias sobre ODR, dispositivos para avaliação de mecanismos de ODR e ferramentas tecnológicas desenvolvidas para assistir a órgãos judiciais ou neutros, como canais de distribuição de demandas ou *software* de administração de casos.[170]

Para fins de definição do que sejam *Online Dispute Resolution*, ou, em português, conforme traduzido pelo autor, "mecanismos de resolução *online* de controvérsias", filiamo-nos à conceituação proposta por Daniel Arbix:

> Em suma, ODR é a resolução de controvérsias em que *tecnologias da informação e comunicação possibilitam às partes em conflito ambientes e procedimentos ausentes em mecanismos tradicionais de resolução de disputas.* A aplicação de tecnologias para sua viabilização em mecanismos públicos ou privados traduz-se no conceito de "quarta parte" (...) essa quarta parte pode, entre outras ações, aportar informações, realizar cálculos complexos, propor soluções, avaliar propostas de maneira confidencial, modular a linguagem das partes. Pode, sobretudo, *influenciar as interações entre as partes em conflito e entre elas e eventuais neutros, alterando a chance de uma solução consensual ou os critérios de uma decisão impositiva* (grifo nosso).[171]

Segundo entende Dierle Nunes, os mecanismos *online* de resolução de disputas não podem ser entendidos simplesmente pela "reprodução dos meios existentes, mas um procedimento com novas potencialidades, desde que respeite os limites da normatividade e de nosso modelo democrático de processo".[172]

---

[169] Esta categoria diz respeito a certificadores de selos de qualidade, frequentemente utilizados no campo do comércio eletrônico, os quais mantêm um canal de publicação de reclamações e registram respostas dos reclamados, organizando estatísticas e promovendo sinalizações claras sobre a conduta das partes. (ARBIX, Daniel. *Resolução online de controvérsias*. São Paulo: Intelecto, 2017. p. 62).

[170] ARBIX, Daniel. *Resolução online de controvérsias*. São Paulo: Intelecto, 2017. p. 60-63.

[171] ARBIX, Daniel. *Resolução online de controvérsias*. São Paulo: Intelecto, 2017. p. 64-65.

[172] NUNES, Dierle. Etapas de implementação de tecnologia no processo civil e ODRs. *In*: FUX, Luiz; ÁVILA, Henrique; CABRAL, Trícia Navarro Xavier (Org.). *Tecnologia e justiça multiportas*. Indaiatuba: Foco, 2021. p. 395.

Dentro dessa perspectiva, o arranjo de diferentes mecanismos processuais, como negociação, mediação, arbitragem e mecanismos híbridos, podendo fornecer uma nova porta, com uso de tecnologias persuasivas, capaz de gerar novas experiências aos usuários e resolver problemas que os demais métodos consensuais não conseguiriam resolver.[173] O desafio, no entanto, parece ser escolher e desenvolver sistemas aptos e adequados a resolver esses conflitos, definindo o design dos diferentes tipos de ODR.[174] Na esteira do que conclui Sela, em ODR, o termo "processo" é um conceito composto pelo método de resolução de disputas (por exemplo, mediação ou arbitragem) e pelas propriedades da tecnologia usadas para entregá-lo (por exemplo, texto x vídeo; síncrono x assíncrono; automatizado x humano). Espera-se, nesse contexto, que diferentes combinações de tecnologia e método interajam, resultando em efeitos potencialmente divergentes sobre as experiências de resolução de disputas das partes.[175]

Importante destacar o pioneiro trabalho no Brasil tratando do tema de *Dispute Systems Design (DSD),*[176] em que, com base em uma visão sistêmica,[177] pressupõe que os diferentes métodos de resolução de disputas, com suas características e funcionalidades distintas, podem ser combinados, organizados, sequenciados e até fundidos em figuras híbridas, que deem vida a novos mecanismos processuais ou arranjos procedimentais complexos, enfatizando o papal de "designers" de processos ou sistemas. O tema não se restringe ao desenvolvimento de mecanismos de resolução de disputas com uso da tecnologia, mas pode

---

[173] FALECK, Diego. *Manual de design de sistemas de disputas*: criação de estratégias e processos eficazes para tratar conflitos. Rio de Janeiro: Lumen Juris, 2018. p. 179.

[174] CABRAL, Antônio do Passo. Processo e tecnologia: novas tendências. *In*: LUCON, Paulo *et al.* (Org.). *Direito, processo e tecnologia*. São Paulo: Thomson Reuters Brasil, 2020. p. 98.

[175] SELA, Ayelet. Can computers be fair? How automated and human-powered Online Dispute Resolution affect procedural justice in mediation and arbitration. *Ohio State Journal on Dispute Resolution*, Columbus, v. 33, n. 1, p. 91-148, 2018. p. 96.

[176] Tal perspectiva teórica pressupõe que os arranjos procedimentais devem ser construídos com a exata correspondência às necessidades da situação que ele objetiva tratar, além de conveniente e oportuno. O desenvolvimento de sistemas procedimentais deve observar as seguintes etapas: a) *iniciativa*, uma etapa de avaliação de conveniência e oportunidade da criação de um novo sistema; b) *diagnóstico* abrangente da situação conflituosa existente, do problema e do seu contexto; c) *pré-desenho do sistema*, com a definição de propósitos, objetivos e escopo do sistema e, por fim, d) *implementação e avaliação* do arranjo procedimental. (FALECK, Diego. *Manual de design de sistemas de disputas*: criação de estratégias e processos eficazes para tratar conflitos. Rio de Janeiro: Lumen Juris, 2018. p. 33-149).

[177] FALECK, Diego. *Manual de design de sistemas de disputas*: criação de estratégias e processos eficazes para tratar conflitos. Rio de Janeiro: Lumen Juris, 2018. p. 17.

ser uma importante ferramenta para o desenvolvimento de sistemas *online* de resolução de disputas.[178]

Nesse sentido, para fins da definição proposta, é crucial que as tecnologias empregadas modifiquem os ambientes e procedimentos empregados para dirimir controvérsias, atuando, nos termos cunhados por Katsh e Rifkin, como uma "quarta parte" em um determinado conflito. Os meios *online* de solução de conflitos, nesse sentido, não podem ser entendidos como uma simples transposição dos métodos tradicionais para a internet. As tecnologias computacionais de resolução de conflitos – na acepção aqui adotada – devem permitir que o mundo virtual seja qualitativamente diferente do mundo real.

O desenvolvimento de tecnologias que viabilizam a interação das partes em conflito e que – eventualmente, tornam essa interação mais eficiente do ponto de vista da resolução de controvérsias – abre amplo espaço para o *design* de plataformas e sistemas aptos a dirimir conflitos por meio da internet. A escolha de meios de comunicação e interação entre as partes de forma estratégica traz a possibilidade de desenhar novos ambientes que melhor adaptem-se às circunstâncias do conflito e melhor auxiliem a dinâmica das partes com vistas, principalmente, à sua composição.[179]

3.2 Impacto da tecnologia sobre o tratamento de disputas

As tecnologias da informação e comunicação podem atuar nos vários estágios do conflito, seja prevenindo ou influenciando-o, a fim de evitar sua escalada, garantindo o compartilhamento de informações, resolvendo desavenças de forma confidencial, de maneiras diferentes daquelas possíveis a seres humanos com objetivos idênticos.[180] Cumpre analisar o impacto da tecnologia sobre a resolução e a prevenção de disputas.

---

[178] FALECK, Diego. *Manual de design de sistemas de disputas*: criação de estratégias e processos eficazes para tratar conflitos. Rio de Janeiro: Lumen Juris, 2018. p. 176-179.

[179] PARO, Giácomo; MARQUES, Ricardo Dalmaso; DUARTE, Ricardo Quass. On-line Dispute Resolution (ODR) e o interesse processual. *In*: WOLKART, Erik Navarro *et al.* (Org.). *Direito, processo e tecnologia*. São Paulo: Thomson Reuters Brasil, 2020. p. 282.

[180] ARBIX, Daniel. *Resolução online de controvérsias*. São Paulo: Intelecto, 2017. p. 85-86.

3.2.1 Impacto da tecnologia sobre a resolução de disputas

De acordo com Katsh & Rabinovich-Einy, a resolução de disputas por meio do uso de tecnologia da informação e comunicação envolve três grandes mudanças práticas: a) mudança de um ambiente físico, com interação face a face, para um ambiente virtual; b) mudança de intervenção e tomada de decisão humana para processos suportados por software; e c) mudança de uma ênfase no valor da confidencialidade para uma ênfase na coleta, uso e reutilização de dados, a fim de evitar disputas. As mudanças se dão largamente sobre o aspecto da conveniência da utilização de mecanismos *online* e uma maior especialização desses instrumentos sobre as disputas tratadas.[181]

3.2.1.1 Interação virtual

A *primeira mudança* tem a ver com a disponibilização de serviços de resolução de disputas sem uma interação pessoal ou, em alguns casos, até mesmo sem uma comunicação de forma síncrona. A tradicional forma de resolução de disputas era inerentemente limitada pela necessidade de se reunir em um local físico em um determinado momento. Os custos de orquestrar tal operação criaram barreiras significativas de acesso a mecanismos para resolução de conflitos, representando – inclusive – uma barreira de acesso à justiça. Através do uso de mecanismos *online*, a facilidade com que as reclamações podem ser feitas virtualmente e a conveniência de se comunicar a partir do próprio computador ou telefone (seja uma parte na disputa ou um terceiro) reduziu drasticamente os custos relacionados ao tratamento de controvérsias. Em um contexto de resolução de disputas face a face, a capacidade humana e organizacional limita o número de disputas que podem ser tratadas. Através de processamento de dados e uso de tecnologias computacionais é possível o tratamento de um grande número de disputas de forma escalável e, como resultado, isso permite fornecer acesso à justiça em números nunca antes possíveis. A mudança da intervenção humana para o *software* permitiu, ainda, lidar com um número extremamente grande de disputas com rapidez e resultados a baixo custo. O uso dos dados por meio desses mecanismos digitais

---

181 KATSH, Ethan; RABINOVICH-EINY, Orna. *Digital justice*: technology and the internet of disputes. Nova York: Oxford University Press, 2017. p. 46-47.

também forneceu os meios para desenvolver e refinar tecnologias que podem identificar padrões nas fontes de disputas (por exemplo, políticas de remessa ambíguas dos vendedores) ou eficácia de várias estratégias disponíveis para a resolução de disputas (por exemplo, o estágio em que a resolução de disputas é oferecida pela primeira vez), que pode então ser empregada para prevenir disputas e melhorar os processos de resolução de controvérsias.[182]

Outros autores destacam aspectos relacionados à mudança da forma de interação das partes. Arbix destaca que mecanismos *online* de resolução diminuem custos para as partes, tanto os relativos ao próprio recurso de resolução de disputa, implicando desnecessidade de deslocamento das partes, facilitação na gestão da disputa, no compartilhamento de documentos e seus níveis de acesso, no monitoramento de prazos registro de comunicações, quanto no que se refere ao cumprimento do que neles foi acordado e decidido (*enforcement*), através da facilitação dos meios de pagamento.[183]

Benyekhlef & Gélinas destacam que as principais vantagens dos serviços *online* dizem respeito aos seus custos reduzidos, à facilidade de uso, agilidade e eficácia da comunicação, organização fácil e prática, tensão reduzida criada por encontros presenciais, rastreamento automático de datas e documentos, igualdade das partes perante o computador e o uso de avanços tecnológicos para melhorar o processo (por exemplo, videoconferência acessível, tradução automática, transcrição automática, salas de bate-papo em tempo real, negociação assistida e acesso facilitado a bancos de dados relevantes e ferramentas de tomada de decisão), além da adaptabilidade desses mecanismos às peculiaridades do conflito.[184]

Conforme destaca Fux, os mecanismos *online* de resolução de disputas viabilizam uma nova dinâmica fora da relação espaço-temporal convencional, a conferir dinamismo e economia de recursos, sendo, portanto, uma interessante alternativa para tratar lesões de menor

---

182 KATSH, Ethan; RABINOVICH-EINY, Orna. *Digital justice*: technology and the internet of disputes. Nova York: Oxford University Press, 2017. p. 47.

183 ARBIX, Daniel. *Resolução online de controvérsias*. São Paulo: Intelecto, 2017. p. 86.

184 BENYEKHLEF, Karim; GÉLINAS, Fabien. Online Dispute Resolution. *Lex Eletronica*, Montreal, v. 10, n. 2, p. 1-129, 2005. p. 87.

expressão que não acessavam os sistemas tradicionais de resolução de disputas, dado os altos custos dessas alternativas.[185]

Observe que a mudança na forma de interação não se dá simplesmente pelo espelhamento de práticas já utilizadas (mediações por videoconferência), em que é necessário o componente humano para agendamento de sessões, organização do procedimento, mas pela própria configuração e definição do ambiente de resolução de disputas. O uso de tecnologia da informação rompe na medida em que possibilita diversas formas de interação e comunicação entre as partes envolvidas e o processamento de dados relativos à disputa, elementos estes que podem alterar a dinâmica do conflito.

3.2.1.2 Intervenção assistida por *software*

A segunda mudança se dá no aspecto relativo à *expertise* e às capacidades desses mecanismos em lidar com disputas a eles submetidas. Atualmente vislumbra-se uma transição altamente significativa de aplicativos que se concentram na comunicação e conveniência para *softwares* que empregam algoritmos e exploram a inteligência artificial. Uma clara mudança da intervenção humana para uma intervenção assistida por *software* e a mudança de um processo que simplesmente facilita a comunicação para um processo que processa as informações geradas. O uso de algoritmos pode orientar os processos de tomada de decisão à medida que os usuários indicam escolhas e preferências em um processo interativo. Estes são úteis quando um problema pode ser resolvido seguindo um conjunto de regras.[186]

Arbix destaca que ferramentas interativas têm potencial de influenciar atitudes e comportamentos das partes, facilitando o alcance das metas desejadas por seus usuários. Esta facilitação pode decorrer de diversos mecanismos propiciados pelo *software* como: a fragmentação de tarefas complexas em múltiplas tarefas mais simples, a condução a processos planejados, o atendimento personalizado às necessidades dos usuários, o oferecimento de sugestões, o monitoramento de desempenho, por meio de notificações, indicadores de progresso, clareza quanto aos

---

185 FUX, Rodrigo. As inovações tecnológicas como (mais uma) onda renovatória de acesso à justiça. *In*: FUX, Luiz; ÁVILA, Henrique; CABRAL, Trícia Navarro Xavier (Org.). *Tecnologia e justiça multiportas*. Indaiatuba: Foco, 2021. p. 127.

186 KATSH, Ethan; RABINOVICH-EINY, Orna. *Digital justice*: technology and the internet of disputes. Nova York: Oxford University Press, 2017. p. 47-48.

próximos passos a serem tomados, supervisão de determinadas condutas e condicionamento das partes por meio de estímulos e recompensas. Além disso, as tecnologias de informação e comunicação podem espelhar elementos físicos, psicológicos e linguísticos que motivam e persuadem pessoas, sinalizando autoridade, sugerindo credibilidade e oferecendo recompensas verbais, sonoras ou imagéticas.[187]

Conforme destaca o referido autor, "atos de modular comunicações e reformular mensagens podem transformar os conflitos, permitindo às partes uma compreensão renovada dos interesses em jogo"[188] e incentivando as partes a melhores decisões. Arbix propõe o seguinte quadro, contendo as principais tecnologias persuasivas potencialmente utilizáveis em mecanismos de resolução de disputas:[189]

Quadro 1 – Tecnologias persuasivas

(continua)

Papel desempenhado pela tecnologia	**Formas de atuação**	**Exemplos**
Ferramenta	Redução (*Reduction*)	Divisão de uma tarefa em partes menores
	Condução (*Tunneling*)	Formulários fechados (com opções pré-determinadas)
	Customização (*Tailoring*)	Descontos para a compra de produtos similares aos já comprados pelo consumidor
	Sugestão (Suggestion)	Sinais de velocidade próximos a locais onde acidentes são frequentes
	Automonitoramento (*Self-monitoring*)	Informações a corredores sobre frequência cardíaca e número de passos dados
	Supervisão (*Surveilance*)	Câmeras de segurança facilmente visíveis

[187] ARBIX, Daniel. *Resolução online de controvérsias*. São Paulo: Intelecto, 2017. p. 91-93.

[188] ARBIX, Daniel. *Resolução online de controvérsias*. São Paulo: Intelecto, 2017. p. 95.

[189] Tabela elaborada por Arbix com base nos estudos de: FOGG, B. J. *Persuasive technology*: using computers to chance what we think and do. São Francisco: Morgan Kauffmann, 2003; REVES, Byron; READ, J. Leighton. *Total engagement*: using games and virtual worlds to change the way people work and businesses compete. Boston: Harvard Business Press, 2009; e THALER, Richard; SUSTEIN, Cass. *Nudge:* improving decisions about health, wealth and happiness. Londres: Yale University Press, 2008. (ARBIX, Daniel. *Resolução online de controvérsias*. São Paulo: Intelecto, 2017. p. 94).

(conclusão)

Papel desempenhado pela tecnologia	**Formas de atuação**	**Exemplos**
	Condicionamento (*Conditioning)*	Recompensas em videogames (pontos, estrelas)
Mídia	Simulação de causa e efeito (*Cause-and-Effect Simulations*)	Teste indicando a probabilidade de contração de HIV, conforme o comportamento futuro escolhido
	Simulação de experiências (*Environment Simulations*)	Treinamento de pilotos em simuladores de voo
	Objetos persuasivos (*Object Simulations*)	Carro adaptado para reagir com atraso ou de forma imprevista, simulando comandos de um motorista sob efeitos de álcool
Ator social	Física (*Physical*)	Uso de avatares em máquinas de fliperama, software etc.
	Psicológica (*Psychological*)	Mensagens com tom semelhante ao empregado pelo destinatário
	Linguagem (*Language*) (palavras, imagens, símbolos e sons)	Agradecimento ao preenchimento de um questionário de satisfação
	Dinâmica social (*Social dynamics*)	Caixas de diálogo para registro de software com opções de registro ou de "talvez depois".
	Papel social (*Social roles*)	Atendimento ao consumidor *online* por avatar "humanizado"

Fonte: ARBIX, Daniel.[190]

Fogg traz o conceito de "captology", o que seria a fusão das palavras em inglês "computer" e "psychology", e compreende o estudo de computadores como uma tecnologia persuasiva, concentrando-se na interação humano-computador (HCI), em contraposição ao conceito de comunicação mediada por computador (CMC). Especificamente, a "captology" investiga como as pessoas são motivadas ou persuadidas ao interagir com produtos de computação.[191]

Em sua função de ferramentas, o objetivo dos produtos de computação é tornar as atividades mais fáceis ou mais eficientes de se fazer (por exemplo, cálculos matemáticos ou manipulação de texto)

[190] ARBIX, Daniel. *Resolução online de controvérsias*. São Paulo: Intelecto, 2017. p. 94.

[191] FOGG, B. J. *Persuasive technology*: using computers to chance what we think and do. São Francisco: Morgan Kauffmann, 2003. p. 16.

ou fazer coisas que seriam virtualmente impossíveis sem tecnologia (como rastrear a localização de encomendas enviadas ou comparar uma impressão digital parcial com outras milhares). Ao atuar como ferramentas, os computadores podem influenciar e motivar as pessoas de maneiras específicas.[192]

Além disso, os computadores podem funcionar como mídia simbólica ou mídia sensorial. Estes funcionam como mídia simbólica quando usam símbolos para transmitir informações (por exemplo, textos, gráficos e ícones) e como mídia sensorial quando fornecem informações sensoriais – áudio, vídeo e (mais raramente) sensações de cheiro e toque. A realidade virtual e os ambientes virtuais se enquadram nesta categoria, assim como uma série de outras simulações de computador. Embora tanto a mídia simbólica quanto a sensorial possam influenciar as pessoas, a denominada "captology" se concentra principalmente nos computadores quando estes funcionam como mídia sensorial – especialmente com simulações de computador – porque, nessa função, os computadores têm recursos exclusivos para fornecer experiências interativas que motivam e persuadem.[193]

Uma terceira função da computação é descrita como o papel que os computadores desempenham como atores sociais ou entidades vivas. Quando as pessoas usam uma tecnologia interativa, muitas vezes respondem a ela como se fosse um ser vivo. Animais de estimação digitais, como "Tamagotchis", são um exemplo bem conhecido desse fenômeno. Em alguns aspectos, os proprietários de Tamagotchis interagiam com essas formas de vida digital como se eles realmente estivessem vivos. A popularidade dos Tamagotchis tornou evidente que as pessoas podem responder às tecnologias de computação como se fossem criaturas vivas. Há, ainda, muitas outras evidências de que as pessoas respondem aos computadores como atores sociais, como, por exemplo, quando os usuários de computador usam termos tais quais "sleep" (em inglês) se referindo ao fato de os computadores terem siso colocados para "dormir" ou "acordam" e, às vezes, até "morrem".

Fogg descreve estudo experimental realizado na Universidade de Stanford, mostrando que as pessoas realmente respondem socialmente à tecnologia de computador. Em uma série de experimentos, os alunos

---

192 FOGG, B. J. *Persuasive technology*: using computers to chance what we think and do. São Francisco: Morgan Kauffmann, 2003. p. 24-25.

193 FOGG, B. J. *Persuasive technology*: using computers to chance what we think and do. São Francisco: Morgan Kauffmann, 2003. p. 25-26.

foram colocados a realizar tarefas específicas no computador. Às vezes, os computadores aconselhavam a conclusão de uma parte da tarefa, às vezes elogiavam as pessoas por fazerem o trabalho e, outras vezes, pediam favores. Em todos os casos, os computadores usaram caixas de diálogo simples e nunca se referiram a si próprios como "eu" ou como uma entidade viva. No entanto, os alunos que participaram desses experimentos responderam aos computadores da mesma forma que responderiam a outro ser humano. Entre outras coisas, eles trataram seus computadores como companheiros de equipe, foram motivados por elogios dos computadores e retribuíram favores que os computadores fizeram por eles. Segundo descreve o autor, os participantes desses experimentos – alunos de engenharia – eram experientes em computador, ou seja, sabiam muito bem que os dispositivos de computação não se tratavam de entidades vivas. No entanto, mesmo esses preparados engenheiros responderam de maneiras que indicavam estarem usando normas sociais enquanto interagiam com os computadores.[194]

Nesse sentido, conforme sinaliza Arbix, mecanismos de resolução de controvérsias podem beneficiar-se enormemente da humanização das máquinas, na medida em que mensagens "delicadas" ou "simpáticas", sorrisos, olhos artificiais ternos ou que aparentam vigília, entre outros recursos, têm o potencial de transformar a dinâmica entre computadores e seres humanos. Através da modulação da comunicação com elementos computacionais é possível suscitar reciprocidade e convencer as partes a cooperarem em busca de uma solução para seus conflitos.[195] Some-se a isso o fato de mecanismos de resolução *online* de disputas simples e bem integrados a ambientes já conhecidos pelas partes poderem ser menos intimidantes e incentivarem comunicações mais abertas do que mecanismos tradicionais de resolução de controvérsias, principalmente os que têm ritos e linguagem formais, herméticos para muitas partes em conflito.[196]

Outras tecnologias de IA importantes para serviços jurídicos incluem processamento de linguagem natural (PNL), ou seja, a aplicação de técnicas computacionais para análise e síntese de linguagem natural

---

[194] FOGG, B. J. *Persuasive technology*: using computers to chance what we think and do. São Francisco: Morgan Kauffmann, 2003. p. 26-27.

[195] ARBIX, Daniel. *Resolução online de controvérsias*. São Paulo: Intelecto, 2017. p. 93.

[196] ARBIX, Daniel. *Resolução online de controvérsias*. São Paulo: Intelecto, 2017. p. 96.

e análise de sentimentos, que é o processo de identificar e categorizar computacionalmente as opiniões expressas em um texto.[197]

Nos últimos anos, no campo de processamento de dados, houve progressos consideráveis no desenvolvimento de sistemas capazes de aplicar uma determinada norma jurídica ou uma complexa rede de jurisprudência a um conjunto multidimensional de fatos. Esse tipo de sistema pode ser valioso para o desenvolvimento de mecanismos que usam automação para agilizar o processo de tomada de decisão. Tal tecnologia permite, de alguma forma, substitui a pessoa que toma a decisão ou fornece ajuda para tornar tal mais eficiente e consistente.[198] E isso pode ter repercussão tanto em sistemas de resolução de disputas heterocompositivos (com uso pelo Poder Judiciário ou no contexto de arbitragens), mas também no contexto da autocomposição, como ferramenta útil para o apoio à tomada de decisão pelas partes.

A tecnologia impacta o direito, segundo debate o autor, na mudança de institutos jurídicos, desde o âmbito propedêutico até o dimensionamento de uma nova racionalidade de sua implementação, o que seria o caso das plataformas de ODR *(Online Dispute Resolution)* e de outras práticas inovadoras. A coleta e análise de dados são elementos que afetarão conceitos, tradições, valores e os próprios processos, com alteração de lógica de resolução para a prevenção de disputas.[199]

3.2.1.3 Ênfase na coleta e uso dos dados

E, por terceiro, observa-se uma mudança de ênfase no valor da confidencialidade para uma ênfase na coleta, uso e reutilização de dados, a fim de evitar disputas. Tal aspecto está intimamente relacionado ao uso de tecnologia e processamento de dados para prevenção de disputas.[200] Nunes observa que a virada tecnológica no direito ocorre em três etapas de emprego da tecnologia, quais sejam: "a virtualização

---

[197] BARNETT, Jeremy; TRELEAVEN, Philip. Algorithmic dispute resolution: the automation of professional dispute resolution using IA and blockchain technologies. *The Computer Journal*, Nova York, v. 61, n. 3, p. 339-408, 2018. p. 402.

[198] BENYEKHLEF, Karim; GÉLINAS, Fabien. Online Dispute Resolution. *Lex Eletronica*, Montreal, v. 10, n. 2, p. 1-129, 2005. p. 94-95.

[199] BENYEKHLEF, Karim; GÉLINAS, Fabien. Online Dispute Resolution. *Lex Eletronica*, Montreal, v. 10, n. 2, p. 1-129, 2005. p. 388-389.

[200] KATSH, Ethan; RABINOVICH-EINY, Orna. *Digital justice*: technology and the internet of disputes. Nova York: Oxford University Press, 2017. p. 49.

(digitalização), a automação e a transformação, e persegue novas abordagens para a prevenção e resolução de conflitos".[201]

A documentação de dados em formato digital apresenta novos riscos para a privacidade e vai contra os pressupostos que moldaram os meios alternativos de resolução de controvérsias presenciais, onde a privacidade do processo foi considerada uma característica central e resultou em documentação mínima e na falta de transparência nos procedimentos e em seus resultados. Há uma preocupação de que algoritmos opacos com vieses embutidos irão prejudicar a justiça dos processos de resolução de disputas.[202] Apesar dos riscos à privacidade e à proteção de dados pessoais, fato é que o uso massificado desses dados tem potencial de trazer poderosos *insight* para formas mais eficientes de resolução e prevenção de conflitos. Certamente, esses aspectos distintivos das tecnologias para resolução de conflitos trazem uma ampla sorte de discussões relativas à discriminação algorítmica e à proteção da privacidade e de dados pessoais. O tema será aprofundado adiante.

3.2.2 Impacto da tecnologia sobre a prevenção de disputas

O desenvolvimento de tecnologias aplicadas à resolução de conflitos transformou *ferramentas de ODR* em *sistemas de ODR*. O papel da tecnologia, antes muito mais ligado ao auxílio de um terceiro imparcial na resolução de conflitos, esse chamado de "quarta parte", caminhou para o desenvolvimento de sistemas complexos que, por si só, são capazes de gerenciar e tratar conflitos. Os dados gerados pelos sistemas revelam padrões de disputas e fornecem oportunidades para facilitar e monitorar a interação das partes, tornando as disputas no futuro menos prováveis.[203]

A compreensão tradicional dos processos de resolução de disputas assenta-se na ideia de mecanismos acionados por uma parte prejudicada para resolver um conflito já existente. A prevenção de disputas,

[201] NUNES, Dierle. Etapas de implementação de tecnologia no processo civil e ODRs. *In*: FUX, Luiz; ÁVILA, Henrique; CABRAL, Trícia Navarro Xavier (Org.). *Tecnologia e justiça multiportas*. Indaiatuba: Foco, 2021. p. 389.

[202] NUNES, Dierle. Etapas de implementação de tecnologia no processo civil e ODRs. *In*: FUX, Luiz; ÁVILA, Henrique; CABRAL, Trícia Navarro Xavier (Org.). *Tecnologia e justiça multiportas*. Indaiatuba: Foco, 2021. p. 49.

[203] KATSH, Ethan; RABINOVICH-EINY, Orna. *Digital justice*: technology and the internet of disputes. Nova York: Oxford University Press, 2017. p. 35.

entretanto, torna-se possível através do rastreamento de padrões de disputas e de sua solução. Essas atividades podem ocorrer após a resolução do conflito com base em dados coletados como parte do esforço de resolução ou podem ocorrer antes mesmo que a parte prejudicada tenha conhecimento de um problema, do escopo do problema e de quem pode ser o responsável.[204]

Pode-se dizer que a atividade de prevenção de disputas já era realizada em um contexto não *online*, através da identificação de padrões por meio de profissionais familiarizados com o tema objeto da disputa, valendo-se da sua experiência pessoal na resolução de conflitos. A identificação de padrões de disputa, com uma origem comum pelo terceiro facilitador, torna possível a prevenção de conflitos, através do aconselhamento das partes. Apesar de tal atividade estar presente em contextos não *online*, a análise dos dados sobre disputas se dá de forma manual e limitada, ao contrário do que ocorre com ferramentas *online*.[205]

Com efeito, o fenômeno de *big data* multiplica a possibilidade de prevenção de disputas. A capacidade de pesquisar e verificar vários tipos de dados pode gerar *insights* importantes sobre a origem das disputas para diferentes grupos de litigantes nos vários ambientes, e tais *insights* coletados dos dados podem ser usados para o desenho de soluções eficazes, bem como para prevenção de disputas futuras. E mesmo nos casos em que as disputas não são evitadas, mas são tratadas por meio de mecanismos *online* de resolução de disputas, os *insights* colhidos dos esforços de resolução são realimentados na esfera da prevenção.[206]

Uma vez que os processos de ODR se dão de forma *online*, cada vez mais, valem-se dos recursos computacionais para coleta e uso de dados na prevenção de conflitos. As comunicações trocadas de forma *online* são gravadas automaticamente, deixando assim uma "trilha digital", que apresenta oportunidades para uso dos dados de novas maneiras. Isso também significa que uma grande quantidade de informação sobre padrões de disputa torna-se disponível, e os algoritmos agora podem analisar esses dados de forma rápida e eficiente, coletando padrões que um ser humano não seria capaz de discernir. Essas características

---

204 KATSH, Ethan; RABINOVICH-EINY, Orna. *Digital justice*: technology and the internet of disputes. Nova York: Oxford University Press, 2017. p. 35.

205 KATSH, Ethan; RABINOVICH-EINY, Orna. *Digital justice*: technology and the internet of disputes. Nova York: Oxford University Press, 2017. p. 51-52.

206 KATSH, Ethan; RABINOVICH-EINY, Orna. *Digital justice*: technology and the internet of disputes. Nova York: Oxford University Press, 2017. p. 52.

permitem um melhor controle de qualidade do funcionamento dos processos de resolução de disputas, bem como percepções sobre as fontes de várias disputas. Eles permitem esforços para fornecer prevenção de disputas *online* (*Online Dispute Prevention* – ODP), bem como resolução (*Online Dispute Resolution* – ODR).[207]

Além disso, a tecnologia da informação e comunicação aplicada a mecanismos de resolução de controvérsias agrega eficiência e persuasão à solução das demandas, e, ainda, um potencial de emissão de sinais reputacionais que podem ser úteis na prevenção de conflitos.[208]

Wollkart destaca o uso da inteligência de dados nos mecanismos utilizados pelo eBay e pelo Modria,[209] em que os dados utilizados pelas disputas anteriores são reutilizados para refinar diagnósticos, aumentar as possibilidades de acordo e, assim, prevenir a escalada de conflitos.[210] No sistema utilizado pelo eBay, conforme explica o autor, antes do usuário abrir qualquer disputa com o vendedor, o sistema apresenta todas as informações relativas à disputa em jogo, com todo *background* de saber quais são os conflitos mais recorrentes. As informações prestadas muitas vezes bastam para encerrar a disputa. Não sendo suficiente, a plataforma segue o procedimento desenhado, inserindo o vendedor na discussão, (*contenção da disputa). E*, por fim, em caso de insucesso, o eBay arbitra a controvérsia (*resolução de disputas*).[211]

Interessante abordagem do fenômeno é apresentada pelo mesmo autor quanto à mudança de perspectiva no tratamento de conflitos possibilitada pelo uso da tecnologia. Uma abordagem tradicional de resolução de conflitos (analógica) tem foco predominante na resolução de conflitos, com menor preocupação com a contenção e a prevenção das disputas, enquanto a abordagem digital privilegia a prevenção

---

[207] KATSH, Ethan; RULE, Colin. What we know and need to know about Online Dispute Resolution. *South Carolina Law Review*, Columbia, v. 67, p. 329-344, 2016. p. 330.

[208] ARBIX, Daniel. *Resolução online de controvérsias*. São Paulo: Intelecto, 2017. p. 85-99.

[209] Modria (Modular Online Dispute Resolution Implemention Assistance) é um software que pode ser alugado por qualquer empresa ou por cortes judiciais (TYLER TECHNOLOGIES. *Modria for Courts*. 2021. Disponível em: https://www.tylertech.com/products/modria. Acesso em 9 fev. 2021).

[210] WOLKART, Erik Navarro. *Análise econômica do processo civil*: como a economia, o direito e a psicologia podem vencer a tragédia da justiça. São Paulo: Thomson Reuters Brasil, 2019. p. 729-730.

[211] WOLKART, Erik Navarro. *Análise econômica do processo civil*: como a economia, o direito e a psicologia podem vencer a tragédia da justiça. São Paulo: Thomson Reuters Brasil, 2019. p. 734.

e a contenção de disputas em detrimento da resolução, conforme as representações gráficas elaboradas pelo autor.[212]

Figura 1 – Representação acerca do foco de abordagem dos conflitos

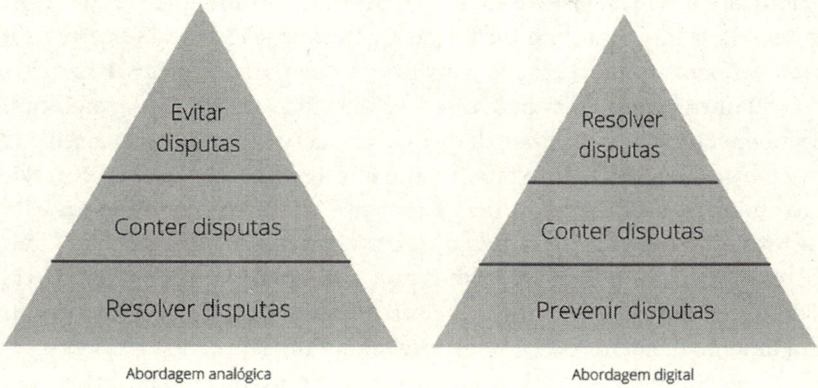

Fonte: WOLKART, Erik Navarro.[213]

Susskind chama a atenção para o uso de tecnologia para a contenção de disputas através de portais de informação, comunidades virtuais etc., como sendo uma mudança paradigmática para o Direito e sobre a maneira pela qual as pessoas procuram serviços jurídicos, despertando um mercado jurídico latente.[214] A tecnologia passa a ser utilizada prioritariamente para evitar e conter disputas do que propriamente para resolvê-las.[215]

Além disso, em sua análise futurista, o autor sinaliza uma mudança da forma como serão solucionados os problemas jurídicos, em direção a uma "gestão de riscos jurídicos", nos quais os problemas

---

212 WOLKART, Erik Navarro. *Análise econômica do processo civil*: como a economia, o direito e a psicologia podem vencer a tragédia da justiça. São Paulo: Thomson Reuters Brasil, 2019. p. 734-735.

213 Os diagramas apresentados por Wolkart (2019), conforme explica o autor, têm como base palestra presencial proferida pelo Professor Richard Susskind, na Escola de Direito de Harvard, em fevereiro de 2017. (WOLKART, Erik Navarro. *Análise econômica do processo civil*: como a economia, o direito e a psicologia podem vencer a tragédia da justiça. São Paulo: Thomson Reuters Brasil, 2019. p. 735).

214 SUSSKIND, Richard. *Tomorrow´s lawyers*: an introduction to your future. 2. ed. Nova York: Oxford University Press, 2017. p. 93-100.

215 WOLKART, Erik Navarro. *Análise econômica do processo civil*: como a economia, o direito e a psicologia podem vencer a tragédia da justiça. São Paulo: Thomson Reuters Brasil, 2019. p. 734.

jurídicos seriam dissolvidos antes de precisarem ser resolvidos. Isso estaria relacionado à mudança de serviço reativo dos advogados para uma postura proativa. A visão aqui é a de uma sociedade na qual os problemas jurídicos são contidos, impedidos de aumentar, pela contribuição prévia de *insights* jurídicos. Segundo argumenta o autor, com o uso da tecnologia da informação e comunicação, é cada vez mais é natural para muitas pessoas consultar a *web* para verificar seus direitos ou obrigações. À medida que a orientação jurídica *online* melhora, também aumentará a capacidade dos juristas de identificar e gerenciar riscos jurídicos. Esse é um movimento que, igualmente, desloca o movimento de resolução de disputas para a prevenção de disputas, que está se tornando mais visível a cada dia no mundo dos tribunais *online*. Uma força motriz por trás das reformas propostas para a implementação de "cortes *online*" é tentar mover os casos da resolução judicial para um tratamento mais precoce, geralmente mais amigável e menos oneroso.[216]

De modo a tornar mais concretas as mudanças sinalizadas pela doutrina acerca das repercussões do uso da tecnologia na resolução de conflitos e servir de base para a análise proposta adiante, de cotejo analítico com os pressupostos da análise econômica do litígio, explorar-se-ão algumas experiências em ODRs descritas na literatura de base consultada.

3.3 Mecanismos *online* de resolução de disputas no comércio eletrônico: uma proposta de sistematização

O desenvolvimento de mecanismos de ODR está muito ligado ao surgimento e crescimento do comércio eletrônico.[217] A principal razão apontada para a popularidade da utilização da alternativa *online* para lidar com as controvérsias decorrentes do comércio eletrônico diz respeito ao fato de que o acesso dos usuários à Internet não ser um problema, uma vez que as partes envolvidas já tinham contato virtual antes do

---

216 SUSSKIND, Richard. *Tomorrow's lawyers*: an introduction to your future. 2. ed. Nova York: Oxford University Press, 2017. p. 127.

217 Adotamos a conceituação proposta por Cláudia Lima Marques, que afirma que o denominado comércio eletrônico é o comércio entre fornecedores e consumidores realizado através de contratações à distância, que são conduzidos por meios eletrônicos (*e-mail etc.*), por internet (*online*) ou por meios de telecomunicação de massa (*telemarketing, TV, TV a cabo*), sem a presença física simultânea dos dois contratantes no mesmo lugar. (MARQUES, Cláudia Lima. *Contratos no código de defesa do consumidor*: o novo regime das relações contratuais. 9. ed. São Paulo: Thomson Reuters Brasil, 2019. p. 94-95).

surgimento da disputa e também tendo em vista as informações cruciais para sua disputa geralmente já estarem disponíveis eletronicamente.[218]

Nesse sentido, especialmente em face da relevância econômica crescente, as controvérsias a respeito do comércio na internet impuseram-se como item prioritário na agenda de órgãos de defesa do consumidor e de plataformas *online* de grandes empresas que aproximam compradores e vendedores, locadores e locatários, prestadores de serviços e contratantes, os chamados "marketplaces". Tais plataformas, que competem por clientes, precisam garantir um ambiente saudável de negócios à infraestrutura por eles oferecida.[219]

O comércio realizado por meios eletrônicos mostra-se como uma área de notável expansão, em face de consideráveis incentivos econômicos, tais como a redução de custos, o encurtamento do processo de distribuição e intermediação, a possibilidade de atuar diuturnamente, a superação das barreiras nacionais e o aumento da velocidade das transações.[220]

Por outro lado, apresenta diversos riscos em face da desterritorialização, da internacionalização das relações estabelecidas, da regulamentação aplicada no ciberespaço, das dificuldades em ter decisões executadas em jurisdições estrangeiras, do ritmo lento dos sistemas jurídicos, do custo dos processos judiciais e a incapacidade dos tribunais tradicionais de lidar de forma eficaz com os conflitos do uso da Internet.[221] De fato, a contratação à distância possibilitada pelo *e-commerce* introduz dois novos elementos nos contratos: o espaço e a virtualidade. O espaço como um fator de vulnerabilidade do consumidor/usuário, pois há uma despersonalização ainda maior do contrato, permitindo uma banalização de sua internacionalidade e a virtualidade como um elemento que altera o próprio contrato. A imaterialidade, nesse contexto, não é só o fazer prestacional e as condutas derivadas da boa-fé (informação, cooperação e cuidado), mas também se reflete em uma linguagem virtual e nos vícios,[222] compreendendo um processo

---

218 LODDER, Arno; ZELZNIKOW, John. Developing an Online Dispute Resolution environment: dialogue tools and negotiation support systems in a three-step model. *Harvard Negotiation Law Review*, Cambridge v. 10, p. 287-338, 2005. p. 298.

219 ARBIX, Daniel. *Resolução online de controvérsias*. São Paulo: Intelecto, 2017. p. 69.

220 LORENZETTI, Ricardo. *Comércio eletrônico*. São Paulo: Revista dos Tribunais, 2004. p. 92.

221 BENYEKHLEF, Karim; GÉLINAS, Fabien. Online Dispute Resolution. *Lex Eletronica*, Montreal, v. 10, n. 2, p. 1-129, 2005. p. 34.

222 MARQUES, Cláudia Lima. *Contratos no código de defesa do consumidor*: o novo regime das relações contratuais. 9. ed. São Paulo: Thomson Reuters Brasil, 2019. p. 94.

de desmaterialização e desterritorialização das relações de consumo na internet.[223]

Os mecanismos de resolução *online* de conflitos, nesse sentido, aparecem em um contexto de alternativa para esses desafios, visando promover a confiança dos usuários[224] e ultrapassar uma das maiores barreiras existentes para um maior desenvolvimento desse mercado, promovendo a prevenção e a resolução de disputas, cuja falha poderia levar à falta de confiança dos consumidores no *e-commerce*. Conforme assinala Marques, é compreensível a exigência dos usuários das plataformas de comércio eletrônico de que suas demandas sejam resolvidas com a mesma agilidade e eficiência com que contratam. Nesse ponto, resolver conflitos – especialmente demandas de consumidores – de forma eficiente é contribuir para o crescimento, a lucratividade e a confiança desse mercado.[225]

Conforme reiteradamente já sinalizado, diversas são as possibilidades de aplicação da tecnologia para a resolução de conflitos. Cada vez mais, os sistemas para gerenciamento e tratamento de controvérsias amoldam-se às necessidades conjecturais e às especificidades do conflito, visando trazer mais eficiência para a composição dos interesses das partes. Em face da diversidade dessas alternativas, que ultrapassam o contexto das disputas comerciais e os tradicionais métodos de resolução de disputas (tais como mediação, arbitragem, *dispute boards)*, faz-se necessário exame sobre as possibilidades de sistematização da matéria.

Dentro desse contexto, uma possível classificação dos mecanismos *online* poderia se dar entre aqueles destinados à (i) prevenção de conflitos, englobando métodos voltados à contenção das disputas, como sistemas de feedback, e certificações (ii) resolução de conflitos, englobando métodos em que a tecnologia seria aplicada no procedimento de resolução em si, seja métodos autocompositivos ou heterocompositivos.[226] Tal classificação, como aponta Dalmaso, no entanto, parece

---

[223] MARQUES, Cláudia Lima; MIRAGEM, Bruno. *O novo direito privado e a proteção dos vulneráveis*. São Paulo: Revista dos Tribunais, 2012. p. 148-162.

[224] WANG, Faye Fangfei. *Online Dispute Resolution*: technology, management and legal practice from an international perspective. Oxford: Chandos, 2009. p. 1.

[225] MARQUES, Ricardo Dalmaso. A resolução de disputas online (ODR): do comércio eletrônico ao seu efeito transformador sobre o conceito e a prática do acesso à justiça. *Revista de Direito e as Novas Tecnologias*, São Paulo, v. 5, p. 1-38, out./dez. 2019. p. 7.

[226] MARQUES, Ricardo Dalmaso. A resolução de disputas online (ODR): do comércio eletrônico ao seu efeito transformador sobre o conceito e a prática do acesso à justiça. *Revista de Direito e as Novas Tecnologias*, São Paulo, v. 5, p. 1-38, out./dez. 2019. p. 10.

ser – além de meramente conceitual – de difícil efetivação prática. Isso porque mecanismos de ODR utilizados em momento inicial e preliminar do conflito, ainda que estejam em uma via de "resolução", podem ser considerados "preventivos" de uma ação judicial, por exemplo.[227] Além disso, como se notará adiante, cada vez mais os sistemas de disputas consolidam conjuntamente práticas de prevenção e resolução de conflitos que se retroalimentam, dificultando uma análise estanque.

Outra possibilidade é a classificação dos mecanismos digitais de resolução de conflitos de acordo com métodos de resolução, como negociação, mediação e/ou arbitragem. Esta não parece ser, também, uma classificação de fácil aplicação. De fato, os mecanismos computacionais enriquecem os procedimentos, promovendo alterações substanciais, a ponto de ser difícil a classificação estanque.

Uma forma equiparável à negociação diz respeito ao mecanismo denominado "lance às cegas" (em inglês, *blind bidding*). Através desse mecanismo, as partes em disputa podem submeter ofertas de acordo a um computador e – se as ofertas estiverem dentro de um determinado intervalo por elas estabelecido –, ou seja, uma zona potencial de acordo, o *software* divide a diferença. Nesse processo, uma parte convida a outra a negociar uma solução usando a ferramenta de negociação automatizada. Se a outra parte consentir com o processo, então ambas as partes concordam em uma zona de acordo (uma porcentagem ou valor definido) para um possível acordo.[228]

Os lances às cegas são atraentes porque, se as partes não chegarem a um acordo, as ofertas nunca serão reveladas. A eficiência desse mecanismo é relacionada ao fato de que o computador transmite e recebe informações, as processa e faz distinções entre as informações públicas e privadas.[229] Utilizando-se da capacidade da máquina para calcular e comunicar, e para seguir uma regra programada de decisão, superam-se estratégias frequentemente empregadas em negociações que dificultam a obtenção de um acordo, apesar da existência de uma

---

[227] MARQUES, Ricardo Dalmaso. A resolução de disputas online (ODR): do comércio eletrônico ao seu efeito transformador sobre o conceito e a prática do acesso à justiça. *Revista de Direito e as Novas Tecnologias*, São Paulo, v. 5, p. 1-38, out./dez. 2019. p. 10.

[228] WANG, Faye Fangfei. *Online Dispute Resolution*: technology, management and legal practice from an international perspective. Oxford: Chandos, 2009. p. 48.

[229] POBLET, Marta. *Mobile technologies for conflict management*: online Dispute Resolution, governance, participation. Nova York: Springer, 2011. p. 6.

"zona de acordo possível".[230] Poder-se-ia argumentar que um terceiro humano poderia analisar as ofertas de maneira semelhante à maneira como um computador faria em um sistema de "lance às cegas", todavia, tal análise não se daria de forma tão eficiente e escalável, dado que existem problemas de ordem relacional e estratégias de barganha que ocorrem presencialmente e não através dessa sistemática.[231] A tecnologia de lance às cegas pode ser útil para resolução de conflitos mais simples, envolvendo valores e poucos pontos controvertidos.[232]

Considerando que, no caso de insucesso de acordo, as partes nunca saberão as informações privadas da outra parte quanto a seus lances (e, a partir daí, informações relacionadas à sua crença sobre a expectativa de ganhos), seria propriamente uma negociação? A execução automatizada de uma ordem ao computador estaria dentro do campo da negociação? Ou, ainda, tal mecanismo poderia ser considerado uma mediação, devido ao uso de um terceiro facilitador (computador)?

Outros mecanismos possibilitados pela tecnologia dizem respeito à utilização de "crowdsourcing",[233] *um* método de recrutamento e utilização de mão de obra *ad hoc* por meio de uma chamada aberta para a participação de usuários. O potencial de usar ferramentas de *crowdsourcing* é especialmente importante no âmbito da resolução *online* de disputas, porque a tecnologia permite a coordenação de grandes grupos de usuários.[234] Júris *online* vêm se popularizando tanto sob a forma de enquetes acerca da opinião popular sobre conflitos domésticos,

---

230 KATSH, Ethan; RABINOVICH-EINY, Orna. *Digital justice*: technology and the internet of disputes. Nova York: Oxford University Press, 2017. p. 35.

231 ARBIX, Daniel. *Resolução online de controvérsias*. São Paulo: Intelecto, 2017. p. 67.

232 KATSH, Ethan. Online Dispute Resolution. *In*: MOFFIT, Michael; BORDONE, Robert (Org.). *The handbook of dispute resolution*. São Francisco: Jossey-Bass, 2005. p. 430-431.

233 Morris & McDuff explanam que o termo "*crowdsourcing*" foi cunhado pela primeira vez por Jeff Howe, em um artigo publicado em junho de 2006 para a *Wired Magazine*. Seguindo a concepção original de Howe sobre o termo, "*crowdsourcing*" pode ser definido como um método para recrutar e organizar mão de obra *ad hoc* por meio de uma chamada aberta para a participação. Crucial para essa definição é a noção de uma força de trabalho extremamente fluida, desprovida das diretrizes gerenciais e contratuais inerentes a outros modelos de trabalho mais tradicionais, como a "terceirização". A multidão tem a liberdade de fazer o que quiser, quando quiser, e muitas vezes cabe aos designers encontrar maneiras inteligentes de recrutar e reter esse tipo de força de trabalho *ad hoc*. (MORRIS, Robert; MCDUFF, Daniel. Crowdsourcing techniques for affective computing. *In*: CALVO, Rafael *et al.* (Org.). *The Oxford handbook of affective computing*. Nova York: Oxford University Press, 2015. p. 581).

234 RULE, Colin; NAGARAJAN, Chittu. Crowdsourcing dispute resolution over mobile devices. *In:* POBLET, Marta (Org.). *Mobile technologies for conflict management*: online dispute resolution, governance, participation. Nova York: Springer, 2011. p. 98.

como, por exemplo, SideTaker[235] e Ujuj,[236] quanto na condição de porta-vozes de regras comunitárias aplicáveis a usuários de jogos *online*, como League of Legends.[237]

Mecanismos de ODR, em sua maioria, são desenvolvidos para o tratamento de controvérsias predeterminadas, para os quais os seus procedimentos são ajustados. Isso permite que custos, estrutura, recursos humanos e materiais sejam planejados de antemão.[238] Conforme sublinha Katsh & Rule, o conceito de "tribunal de múltiplas portas" é uma boa perspectiva para designers de sistemas de disputas *online*, porque os processos *online* têm potencial de oferecer uma gama quase infinita de "portas" personalizadas para quase todo tipo de disputa.[239]

Diante desse cenário, de complexas e variadas experiências, para a análise das iniciativas nas plataformas de comércio eletrônico, propõe-se uma sistematização desses mecanismos em função da natureza do provedor, se público ou privado. Conforme pontua Cortés, a natureza dos mecanismos *online* de resolução de disputas pode derivar do setor público ou privado, a depender do provedor.[240]

Tal categorização é refletida nos diferentes desafios relacionados ao provedor, este entendido até por alguns autores[241] como "quinta parte" envolvida na resolução da disputa. O terceiro geralmente é o facilitador humano, o mediador ou o árbitro. A "*quarta parte*" é a tecnologia empregada, enquanto a chamada "*quinta parte*" seria o provedor de serviços tecnológicos aplicados. O provedor, sendo aquele que disponibiliza a tecnologia, está presente em todos os mecanismos de ODR.

---

235 O Side Taker é um site que em que os usuários podem publicar controvérsias e interessados atuam como jurados (SIDE TAKER. *Home*, [S. d.]. Página inicial. Disponível em: https://www.sidetaker.com/. Acesso em 1 mar. 2021).

236 Ujuj é um mecanismo de resolução de disputas em que vídeos das partes são publicados e interessados atuam como jurados (UJUJ. *About*, [S. d.]. Disponível em: https://ujuj.com/about/. Acesso em 1 mar. 2021).

237 No sistema desenvolvido *League of Legends*, os jogadores cuja má conduta no jogo online for reportada são julgados por um júri composto por outros jogadores. As punições ocorrem no próprio jogo (ARBIX, Daniel. *Resolução online de controvérsias*. São Paulo: Intelecto, 2017. p. 247).

238 ARBIX, Daniel. *Resolução online de controvérsias*. São Paulo: Intelecto, 2017. p. 119-120.

239 KATSH, Ethan; RULE, Colin. What we know and need to know about Online Dispute Resolution. *South Carolina Law Review*, Columbia, v. 67, p. 329-344, 2016. p. 339.

240 CÓRTES, Pablo. *Online Dispute Resolution for consumers in the European Union*. Nova York: Routledge, 2010. p. 54.

241 Nesse sentido, BENYEKHLEF, Karim; GÉLINAS, Fabien. Online Dispute Resolution. *Lex Eletronica*, Montreal, v. 10, n. 2, p. 1-129, 2005 e WANG, Faye Fangfei. *Online Dispute Resolution*: technology, management and legal practice from an international perspective. Oxford: Chandos, 2009.

Uma parte importante da análise deve incidir sobre as consequências jurídicas de ser uma "quinta parte" e os deveres legais que isso acarreta, as exigências de fornecimento de informações em relação à quinta parte, a responsabilidade em relação a terceiros e/ou as partes em disputa e possíveis relações contratuais entre os provedores e outros agentes.[242]

Além disso, a divisão se justifica em face do diverso grau de evolução das experiências nesses dois setores. Como se viu, as iniciativas privadas são anteriores às iniciativas e ao uso de mecanismos digitais por entidades públicas e, portanto, pressupõe-se, um estágio mais maduro de desenvolvimento.

Nesse sentido, de acordo com o provedor dos serviços, os mecanismos *online* de resolução de disputas podem ser classificados em públicos, quando o provedor do serviço é entidade pública ou organização internacional, e em privados, quando os provedores são empresas que fornecem esses mecanismos para resolução de disputas relacionadas ao seu negócio.[243] Tal categorização foi utilizada por Benyekhlef & Gélinas,[244] dividindo mecanismos de resolução de disputas de acordo com a natureza do provedor, sendo mecanismos derivados do *setor público* aqueles fornecidos por agências governamentais e pelo sistema de justiça, e derivados do *setor privado* os que são fornecidos por agentes privados.[245] Conforme analisa Cabral, embora as funcionalidades das ODRs tenham sido projetadas para o setor privado, a sua utilização também tem sido incorporada ao setor público.[246]

Visando abordar os diversos mecanismos de resolução de disputas *online* existentes no âmbito do comércio eletrônico, incluiremos nessa seção os sistemas e mecanismos de ODR cujo provedor seja de natureza privada, ou seja, se a entidade responsável pela administração for entidade privada, com ou sem fins lucrativos. E mecanismos *online* de resolução de disputas cujo provedor tenha natureza pública,

---

242 WANG, Faye Fangfei. *Online Dispute Resolution*: technology, management and legal practice from an international perspective. Oxford: Chandos, 2009. p. 29-30.

243 CÓRTES, Pablo. *Online Dispute Resolution for consumers in the European Union*. Nova York: Routledge, 2010. p. 54.

244 BENYEKHLEF, Karim; GÉLINAS, Fabien. Online Dispute Resolution. *Lex Eletronica*, Montreal, v. 10, n. 2, p. 1-129, 2005.

245 BENYEKHLEF, Karim; GÉLINAS, Fabien. Online Dispute Resolution. *Lex Eletronica*, Montreal, v. 10, n. 2, p. 1-129, 2005. p. 15.

246 CABRAL, Trícia Navarro Xavier. Justiça multiportas e inovação. *In*: FUX, Luiz; ÁVILA, Henrique; CABRAL, Trícia Navarro Xavier (Org.). *Tecnologia e justiça multiportas*. Indaiauba: Foco, 2021. p. 269.

quando a entidade responsável pela sua administração for entidade pública, nacional ou internacional. Em ambos os casos, dado o corte metodológico proposto, quando as controvérsias tratadas disserem respeito aos conflitos decorrentes do comércio eletrônico.

Destaque-se que mecanismos de ODR junto às Cortes Judiciais e a outras entidades públicas estão se desenvolvendo em todo o mundo em contextos específicos, para os mais diversos tipos de disputas, e estão demonstrando como a tecnologia pode ser usada para aumentar a eficiência e expandir o acesso à Justiça.[247] No entanto, excluir-se-ão da análise – dado a multiplicidade de iniciativas que, no mais das vezes, desbordam do contexto do comércio eletrônico – as iniciativas relacionadas às Cortes de Justiça.

3.3.1 Mecanismos *online* de resolução de disputas no comércio eletrônico de iniciativa privada

Como referido, a utilização dos recursos *online* para a resolução de disputas tem sido continuamente mencionada como uma das bases para a construção da confiança no comércio eletrônico e, consequentemente, para o seu crescimento. De fato, a agilidade e eficiência propiciadas pelas contratações via internet teriam pouco valor sem os respectivos canais de endereçamento das disputas surgidas nesse contexto. A construção de um sistema de prevenção e solução efetiva de demandas de usuários é crucial para aumentar a sua eficiência, a manutenção de clientes e também a publicidade positiva que lhe é gerada. Métodos de solução de disputas alternativos ao Poder Judiciário, especialmente métodos digitais, conforme refere Marques, passaram a ser necessários para enrobustecer o acesso à Justiça aos consumidores.[248]

No contexto do comércio eletrônico, a experiência mais comumente referida[249] a respeito do sistema de resolução de disputas é o sistema desenvolvido pelo eBay. O sistema de iniciativa da empresa

---

[247] SCHMITZ, Amy. Expanding access to remedies through e-court initiatives. *Buffalo Law Review*, Buffalo, v. 67, n. 1, p. 89-163, jan. 2019. p. 89.

[248] MARQUES, Ricardo Dalmaso. A resolução de disputas online (ODR): do comércio eletrônico ao seu efeito transformador sobre o conceito e a prática do acesso à justiça. *Revista de Direito e as Novas Tecnologias*, São Paulo, v. 5, p. 1-38, out./dez. 2019. p. 7-10.

[249] Dentre outros textos, os trabalhos que examinam com maior profundidade: ARBIX, Daniel. *Resolução online de controvérsias*. São Paulo: Intelecto, 2017 e WOLKART, Erik Navarro. *Análise econômica do processo civil*: como a economia, o direito e a psicologia podem vencer a tragédia da justiça. São Paulo: Thomson Reuters Brasil, 2019.

gigante do comércio eletrônico foi estruturado de forma terceirizada pela empresa *SquareTrade*, em 2004, e atualmente reporta milhões de disputas resolvidas por ano. A plataforma foi pioneira ao trazer ao mundo on-line ambientes e técnicas de negociação e utilizar a grande quantidade de dados (*big data*) para estimular uma postura cooperativa entre compradores e vendedores. A sistemática proposta pelo eBay compreende métodos de prevenção e resolução das disputas, com ferramentas de negociação assistida, mediação e arbitragem, sempre com o uso da tecnologia para potencializar as chances de composição.[250] Os mecanismos de resolução de conflitos utilizados pela plataforma do eBay incorporam elementos que estimulam uma postura cooperativa entre as partes, conforme analisa Dalmaso, colocando baixos custos de transação, combatendo a assimetria informacional com rapidez e gerando incentivo por reputação.[251]

O sistema *SquareTrade* mostrou que disputas entre consumidores podem ser resolvidas de forma *online*, através de um sistema de negociação estruturado e orientado pela tecnologia. Por meio de simples comunicação automatizada, sem intervenção humana, foi possível às partes resolverem suas disputas. Na verdade, de acordo com a empresa, a maioria das disputas processadas pelo sistema são resolvidas antes que um mediador tivesse sido designado.[252]

A operação geral do mecanismos de resolução de disputas do eBay consiste em, num primeiro momento, apresentar informações para o consumidor insatisfeito antes mesmo do conflito eclodir.[253] Um banco de respostas com uma série de reclamações frequentes é apresentado aos usuários, visando rodeá-los com informação, buscando solucionar todas as suas dúvidas antes de incluir a outra parte.[254] Uma das preocupações do desenvolvedor do sistema de resolução de disputas

---

250 MARQUES, Ricardo Dalmaso. A resolução de disputas online (ODR): do comércio eletrônico ao seu efeito transformador sobre o conceito e a prática do acesso à justiça. *Revista de Direito e as Novas Tecnologias*, São Paulo, v. 5, p. 1-38, out./dez. 2019. p. 11.

251 WOLKART, Erik Navarro. *Análise econômica do processo civil*: como a economia, o direito e a psicologia podem vencer a tragédia da justiça. São Paulo: Thomson Reuters Brasil, 2019. p. 729.

252 BENYEKHLEF, Karim; GÉLINAS, Fabien. Online Dispute Resolution. *Lex Eletronica*, Montreal, v. 10, n. 2, p. 1-129, 2005. p. 99.

253 EBAY. *Costumer Service*, c1995a. Página de atendimento ao cliente. Disponível em: https://www.ebay.com/help/home. Acesso em 1 fev. 2021.

254 WOLKART, Erik Navarro. *Análise econômica do processo civil*: como a economia, o direito e a psicologia podem vencer a tragédia da justiça. São Paulo: Thomson Reuters Brasil, 2019. p. 728.

do eBay foi identificar problemas assim que eles ocorriam e começar o procedimento de endereçamento da controvérsia antes mesmo que os usuários soubessem que tinham um problema. Essa primeira etapa visa resolver a questão antes mesmo de envolver a outra parte, como no caso, por exemplo, do atraso de uma compra internacional. O sistema lembra ao usuário que esse tipo de compra tem prazo de entrega mais alongado, diminuindo a ansiedade do comprador e lembrando às partes dos termos contratuais aplicáveis.[255] Na hipótese da ocorrência de uma disputa entre os usuários, estes podem aderir à *negociação online*, que é fornecida pela empresa *SquareTrade*. O eBay encaminha-os para a plataforma por meio de um link em seu site. Nesse momento, as partes podem apresentar propostas e, de acordo com as informações trazidas, o sistema identifica áreas de acordo, sugerindo possíveis soluções para a questão. Todos os compradores e vendedores do eBay podem usar este serviço de resolução de disputas *online* de forma gratuita. A *SquareTrade* entra em contato com a parte adversa e, através de software de negociação automatizada, os disputantes tentam resolver a controvérsia diretamente.[256] Se necessário, os usuários podem solicitar a assistência de um mediador profissional pelo valor de quinze dólares.[257] Tal abordagem, que inicia com medidas preventivas ao conflito e vai evoluindo para a possibilidade de uso de métodos diversos para a composição da controvérsias, é denominada de *staircase approach*.[258]

Além dessas medidas e funcionalidades oferecidas pelo eBay, como forma de promover a confiança dos usuários, a plataforma fornece um sistema de classificação mútua entre os usuários, que permite verificar a reputação *online*,[259] a revisão das informações fornecidas pelos usuários sobre seus produtos, o reembolso integral das entregas

---

[255] BARTON, Benjamin; BIBAS, Stephanos. *Rebooting justice*: more technology, fewer lawyers and the future of law. Nova York: Encounter Books, 2017. p. 112-113.

[256] WANG, Faye Fangfei. *Online Dispute Resolution*: technology, management and legal practice from an international perspective. Oxford: Chandos, 2009. p. 66-67.

[257] EBAY. *Dispute Resolution Overview*, c1995b. Página de resolução de disputas. Disponível em: https://pages.ebay.com/services/buyandsell/disputeres.html#what. Acesso em 1 fev. 2021.

[258] BARTON, Benjamin; BIBAS, Stephanos. *Rebooting justice*: more technology, fewer lawyers and the future of law. Nova York: Encounter Books, 2017. p. 112.

[259] EBAY. *Feedback Forum*, c1995c. Fórum de usuários. Disponível em: https://pages.ebay.com/services/forum/feedback.html. Acesso em 1 fev. 2021.

não realizadas e auxiliar nas devoluções.[260] Trata-se de medidas que não são isoladamente enquadráveis como um mecanismo de resolução de disputas, mas relacionam-se diretamente com a forma como é desenhado o sistema, contribuindo com a prevenção e contenção de disputas.

O banco de dados substancial sobre os esforços das partes na resolução das disputas é apontado como um componente essencial no sistema *SquareTrade*. A empresa recolhe uma vasta quantidade de informações sobre os serviços que presta, a respeito do comportamento e da participação das partes no procedimento, reunindo informações extensas internamente, sem abrir mão completamente da confidencialidade. Por um lado, essas informações permanecem acessíveis à *SquareTrade*, ao mediador e às partes por até um ano, e poucas informações são compartilhadas publicamente. Na conclusão do processo de resolução de disputas, a *SquareTrade* registra "informações sobre o comportamento de resolução", que incluem registros que informam se uma parte participou do processo até a conclusão, se um acordo foi alcançado, se a parte aceitou ou rejeitou a recomendação de um mediador e se um o usuário esteve envolvido em vários casos deste tipo.[261]

O processo do eBay provou ser excepcionalmente bem-sucedido, lidando com até 60 milhões de disputas por ano e resolvendo aproximadamente 90% delas sem intervenção humana da parte da empresa. Os clientes, por outro lado, tiveram altos índices de satisfação, incluindo aqueles que "perderam" a disputa. O eBay descobriu que as partes envolvidas no processo eram mais propensas a retornar e a comprar outros itens pelo eBay.[262]

Semelhante estrutura de resolução de disputas é adotado pela empresa Alibaba. O sistema adotado por este também gigante de comércio eletrônico é baseado no espírito do eBay, em um primeiro estágio de negociação automatizada e, no caso de insucesso, as partes em disputa podem recorrer a um sistema de júri composto por usuários ou, como último recurso, a um representante de atendimento.[263]

---

260 BARNETT, Jeremy; TRELEAVEN, Philip. Algorithmic dispute resolution: the automation of professional dispute resolution using IA and blockchain technologies. *The Computer Journal*, Nova York, v. 61, n. 3, p. 339-408, 2018. p. 404.

261 WANG, Faye Fangfei. *Online Dispute Resolution*: technology, management and legal practice from an international perspective. Oxford: Chandos, 2009. p. 66.

262 BARTON, Benjamin; BIBAS, Stephanos. *Rebooting justice*: more technology, fewer lawyers and the future of law. Nova York: Encounter Books, 2017. p. 113.

263 KATSH, Ethan; RABINOVICH-EINY, Orna. *Digital justice*: technology and the internet of disputes. Nova York: Oxford University Press, 2017. p. 65.

Dentro da plataforma de negociação, o Alibaba disponibiliza recurso de tradução com uso de inteligência artificial, para o caso de disputas que tenham barreiras linguísticas.[264] Segundo dados trazidos por Katsh & Rabinovich-Einy, 99% das disputas são resolvidas por meio de negociações entre compradores e vendedores, sem intervenção dos representantes do Alibaba. Esta estatística é significativamente maior do que a do eBay e pode ser atribuída ao fato de a avaliação de reputação do comprador e do vendedor ser reduzida se a disputa exigir o envolvimento de um representante de atendimento ao cliente.[265]

Tanto o eBay quanto o Alibaba, diante dos mecanismos de reputação[266] desenvolvidos por essas empresas, depararam-se com disputas não relacionadas com o comércio eletrônico, mas decorrentes de feedbacks e reputação dos usuários.[267] Com isso, o eBay produziu, em 2008, um projeto piloto chamado "Tribunal Comunitário do eBay". Através desse sistema, os vendedores que recebem feedback negativo do comprador podem enviar sua reclamação a um painel selecionado

---

264 ALIBABA. *Help Center*, c1999. Central de ajuda do site. Disponível em: https://service.alibaba.com/page/knowledge?pageId=128&category=9207635&knowledge=1060234253&language=em. Acesso em 1 fev. 2021.

265 KATSH, Ethan; RABINOVICH-EINY, Orna. *Digital justice*: technology and the internet of disputes. Nova York: Oxford University Press, 2017. p. 65-66.

266 "A reputation system can be defined as a system that 'collects, distributes and aggregates feedback about participants' 'past behavior' or as a 'system that assigns reputations to participants'. Reputation systems use the bi-directional communication capabilities of the Internet. Reputation systems can also be found outside the context of online marketplaces where two or more people share an experience and rate each other on performance, character, conduct, appearance, and so on". (RIETJENS, Bob. Trust and reputation on eBay: towards a legal framework for feedback intermediaries. *Information & Communications Technology Law*, Londres, v. 15, n. 1, p. 55-78, 2006. p. 59).

267 "eBay operates a feedback reputation forum that provides its members with the opportunity to rate each other and leave comments on each other's performance. A member's profile shows the ratings and comments. To understand eBay's rating system it is important to realise that every eBay user has an eBay identity. Members create this identity when registering with eBay. Although it is possible to browse eBay's website without an eBay identity, one cannot place bids or offer goods without it. Usually members choose fantasy names as their member ID (e.g., 'purrdydog', 'shellylovesshopping', 'Knittingkittykitty'). It is unusual for users to use their full real name as their identity. eBay makes this fantasy ID public on its website. eBay sends sellers and buyers each other's real name and contact details. Member profiles also show other valuable information. For example, it displays separate data on the members' ratings in the past moth, the past six months and the last twelve months. The member profile also shows the positive ratings left by members as a percentage and the number of times an eBay member retracted a bid. O usuário, através desse Sistema de reputação, consegue pedir uma revisão do feedback que recebeu por parte da contraparte". (RIETJENS, Bob. Trust and reputation on eBay: towards a legal framework for feedback intermediaries. *Information & Communications Technology Law*, Londres, v. 15, n. 1, p. 55-78, 2006. p. 57).

de jurados. Tal medida representou uma das primeiras tentativas de usar o *crowdsourcing* na resolução de disputas, também permitindo que o eBay abordasse o desafio de lidar com a porcentagem relativamente pequena, mas ainda assim um número significativo de disputas, que exigiam apreciação humana. O Alibaba, mais recentemente, também adotou esse modelo para resolução de disputas envolvendo reputação, em uma escala muito maior.[268]

O Mercado Livre, por sua vez, empresa líder do comércio eletrônico na América Latina, reporta a resolução de milhões de disputas por ano,[269] também mediante o uso de mecanismos digitais de resolução de conflitos, provendo fases de diagnóstico, negociação e mediação.[270] A plataforma utiliza o serviço de "Compra Garantida" como mecanismo de prevenção de disputas, em que aos usuários é devolvido o dinheiro em caso de não recebimento da mercadoria em até 28 dias da compra e no caso de arrependimento ou defeito da mercadoria recebida, a depender do produto, no prazo de 7-30 dias do seu recebimento.[271] De forma semelhante com as plataformas antes mencionadas, o Mercado Livre também tem modelo de reputação que visa gerar confiança na rede e prevenção de conflitos, à medida que, através de pontuação, incentiva os vendedores a resolverem as reclamações de consumidores de forma rápida e efetiva. Uma vez que as reclamações dos compradores têm impacto significativo na pontuação dos vendedores, incluindo a sua inabilitação na plataforma,[272] o mecanismo gera incentivo substancial para o comprometimento destes na resolução do conflito. Adiante, a representação gráfica explana os fluxos semiautomatizados de resolução e prevenção de disputas disponibilizados dentro da plataforma de comércio eletrônico.

---

[268] KATSH, Ethan; RABINOVICH-EINY, Orna. *Digital justice*: technology and the internet of disputes. Nova York: Oxford University Press, 2017. p.70.

[269] O Mercado Livre tem alcançado a resolução de cerca de 8 milhões de disputas por ano. (CABRAL, Trícia Navarro Xavier. Justiça multiportas e inovação. *In*: FUX, Luiz; ÁVILA, Henrique; CABRAL, Trícia Navarro Xavier (Org.). *Tecnologia e justiça multiportas*. Indaiauba: Foco, 2021. p. 268).

[270] MARQUES, Ricardo Dalmaso. A resolução de disputas online (ODR): do comércio eletrônico ao seu efeito transformador sobre o conceito e a prática do acesso à justiça. *Revista de Direito e as Novas Tecnologias*, São Paulo, v. 5, p. 1-38, out./dez. 2019. p. 12.

[271] MERCADO LIVRE. *Compra Garantida*, c2016. Página de devolução de compras. Disponível em: https://www.mercadolivre.com.br/compra-garantida. Acesso em 1 fev. 2021.

[272] MARQUES, Ricardo Dalmaso. A resolução de disputas online (ODR): do comércio eletrônico ao seu efeito transformador sobre o conceito e a prática do acesso à justiça. *Revista de Direito e as Novas Tecnologias*, São Paulo, v. 5, p. 1-38, out./dez. 2019. p. 12.

Figura 2 – Representação gráfica do procedimento utilizado pela plataforma do Mercado Livre

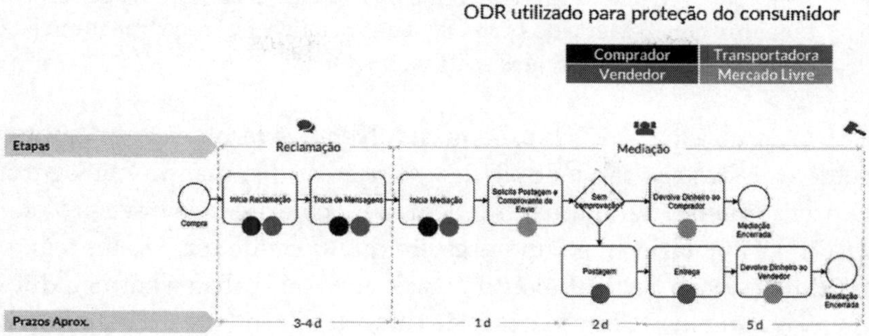

Fonte: MARQUES, Ricardo Dalmaso.[273]

Marques explana o procedimento ofertado aos usuários do Mercado Livre para resolução de suas disputas, o qual, segundo refere, dá conta da resolução amigável de 80% das reclamações registradas:

> (...) o usuário comprador deve registrar uma reclamação no aplicativo ou no site do Mercado Livre no prazo de 10 dias, em caso de recebimento de produto defeituoso ou diverso do anunciado, ou em 28 dias, em caso de não recebimento do produto. Esse prazo de 10 dias pode ser estendido para até 30 dias, a depender do nível do comprador na fidelização "Mercado Pontos". A partir desse registro, o Mercado Livre disponibiliza ferramenta tecnológica por meio da qual o usuário comprador entra em contato com o usuário vendedor para que eles tentem resolver o problema diretamente. Muitas vezes, este é o primeiro momento em que o usuário vendedor fica sabendo do problema relatado pelo usuário comprador, tendo a oportunidade de resolvê-lo de imediato. Se o problema não for resolvido, passa-se à segunda etapa, em que o usuário comprador solicita ajuda ao Mercado Livre (selecionado a opção "Pedir ajuda do Mercado Livre") para que enderece a reclamação, oportunidade em que o Mercado Livre analisa tanto a reclamação do usuário comprador quanto a resposta do usuário vendedor, e, após, apresenta uma resolução, que poderá consistir, por exemplo, (a) na devolução integral do valor pago ao usuário comprador, (b) no repasse do preço ao vendedor, ou, (c)

[273] MARQUES, Ricardo Dalmaso. A resolução de disputas online (ODR): do comércio eletrônico ao seu efeito transformador sobre o conceito e a prática do acesso à justiça. *Revista de Direito e as Novas Tecnologias*, São Paulo, v. 5, p. 1-38, out./dez. 2019. p. 12.

em alguns casos específicos (v.g., extravio do produto), no reembolso ao usuário comprador e no pagamento ao usuário vendedor, hipótese em que o Mercado Livre arcará com o prejuízo em termos gerais. De acordo com o Mercado Livre, 80% das reclamações registradas em sua plataforma são resolvidas amigavelmente.[274]

Como experiência brasileira envolvendo a resolução de disputas comerciais destaca-se o módulo de resolução de disputas do PagSeguro. O procedimento denominado "Disputa"[275] compreende o serviço oferecido aos usuários nas hipóteses em que o vendedor não entrega o produto/serviço pago através do PagSeguro ou realiza a entrega diferente do combinado no momento da compra pela internet. A plataforma inicia um canal de comunicação entre comprador e vendedor (negociação automatizada) e, caso não haja acordo, o usuário pode solicitar a "Moderação",[276] momento a partir do qual a equipe presta auxílio ao usuário para resolução da controvérsia e toma decisão com caráter não vinculante.[277] Trata-se de mecanismo fornecido pela plataforma que intermedia o pagamento de produtos e serviços e que pode ser utilizado por todos os compradores cadastrados no PagSeguro, com o e-mail utilizado na compra.[278]

De uma perspectiva geral, Dalmaso verifica que os mecanismos *online* de tratamento de disputas, no âmbito do comércio eletrônico, consistem na criação de ambientes *online* semelhantes aos meios físicos de negociação, mediação e arbitragem, e na utilização dos dados e elementos existentes sobre os litigantes – no caso, de compradores e vendedores – para incentivar as partes a uma solução consensual. Destaca o autor que os dados das transações passam a ser utilizados de forma relevante para, a partir de algoritmos, proporem soluções de acordo, ou para se chegar a resultados que os usuários possam considerar apropriados. Outra funcionalidade dessas plataformas, que está ligada à prevenção de conflito, são os meios de pagamento existentes – como

---

274 MARQUES, Ricardo Dalmaso. A resolução de disputas online (ODR): do comércio eletrônico ao seu efeito transformador sobre o conceito e a prática do acesso à justiça. *Revista de Direito e as Novas Tecnologias*, São Paulo, v. 5, p. 1-38, out./dez. 2019. p. 13.

275 PAGSEGURO. *O que é uma Disputa?*, c2020b. Página de dúvidas. Disponível em: https://faq.pagseguro.uol.com.br/duvida/o-que-e-disputa/59. Acesso em 01 mar. 2021.

276 PAGSEGURO. *O que é Moderação?*, c2020a. Página de dúvidas. Disponível em: https://faq.pagseguro.uol.com.br/duvida/o-que-e-moderacao/55. Acesso em 01 mar. 2021.

277 ARBIX, Daniel. *Resolução online de controvérsias*. São Paulo: Intelecto, 2017. p. 252.

278 PAGSEGURO. *O que é Moderação?*, c2020a. Página de dúvidas. Disponível em: https://faq.pagseguro.uol.com.br/duvida/o-que-e-moderacao/55. Acesso em 01 mar. 2021.

nos casos do eBay e do Mercado Livre, por meio do PayPal e Mercado Pago, respectivamente – que têm sido indicados como cruciais para esse fim, como um mecanismo de garantia da execução do decidido.

Katsh & Rabinovich-Einy referem que, no contexto do comércio eletrônico, a mudança de um ambiente presencial para um ambiente *online* tornou o ODR uma via imprescindível para abordar disputas em grande escala e de baixo valor monetário, o que foi essencial para sustentar a atividade comercial *online*. A escala com que os processos automatizados podem operar tem permitido que grandes entidades como eBay, Airbnb e Alibaba lidem com muitos milhões de disputas por ano. A substituição da intervenção humana por algoritmos, no entanto, ainda gera muitas preocupações sobre o seu design e operação.[279] A coleta, o uso e a reutilização de dados, a fim de evitar disputas, são utilizados amplamente pelas empresas, de modo que elas aprendem com esses dados sobre as fontes de disputas.[280] Tal aprendizado, possibilitado pelo uso dos dados, está ajudando as empresas de comércio eletrônico a avaliar o que torna as transações bem-sucedidas e o que dá origem ao fracasso, a estruturar melhor as transações e a divulgar informações aos usuários, identificar treinamentos e mentorias a que precisam recorrer e a incentivar os usuários a colaborarem e a cumprirem seus acordos, propiciando também uma experiência melhor, mais confiável e menos arriscada ao usuário.[281]

Observa-se, nesse contexto, que os sistemas *online* de resolução de disputas no âmbito do comércio eletrônico têm os seguintes aspectos distintivos: uma ênfase na negociação automatizada, proporcionando canais de comunicação entre vendedores e compradores em momento inicial da disputa, diluindo as chances de escalada do conflito. Vislumbra-se, ainda, que os mecanismos ofertados no âmbito do comércio eletrônico reproduzem de forma ainda semelhante a negociação e a mediação, com sensíveis diferenças daquelas experimentadas no contexto *offline*.

---

[279] O tópico será aprofundado em sessões posteriores.

[280] Confome pontuam Katsh & Rabinovich-Einy, "ao mesmo tempo, no entanto, os dados dos usuários estão sendo usados para atribuir pontuações avaliativas aos consumidores, que podem ser discriminatórias e imprecisas, e raramente são divulgadas aos consumidores, com pouco espaço para serem contestadas e corrigidas. Além disso, as atividades relacionadas à prevenção de disputas são conduzidas discretamente e não estão sujeitas a nenhum tipo de princípios ou diretrizes que assegurem sua justiça e responsabilidade". (KATSH, Ethan; RABINOVICH-EINY, Orna. *Digital justice*: technology and the internet of disputes. Nova York: Oxford University Press, 2017. p. 80. Tradução livre).

[281] KATSH, Ethan; RABINOVICH-EINY, Orna. *Digital justice*: technology and the internet of disputes. Nova York: Oxford University Press, 2017. p. 79-80.

Além disso, a existência de mecanismos de garantia de pagamento e devolução de valores é uma funcionalidade particular dos sistemas de resolução de disputas *online* envolvendo as transações comerciais, sendo considerado o fator crucial para a efetividade dos mecanismos, na medida que garantem a execução dos acordos e decisões realizadas nesse meio.

Como forma de prevenir conflitos, a estratégia aliada aos sistemas de resolução de disputas é a existência de mecanismos reputacionais, com indicação pública do comportamento anterior do usuário na plataforma. Além disso, há um forte esforço, através do uso de dados, para a prevenção de disputas, seja por meio de fornecimento de suporte no momento certo (antes de escalado o conflito), seja por meio de informações aos usuários, a partir de recursos como "Perguntas frequentes", e para o aprimoramento dessas plataformas por seus desenvolvedores.

3.3.2 Mecanismos *online* de resolução de disputas no comércio eletrônico de iniciativa pública

Neste tópico serão abordadas iniciativas públicas de mecanismos de resolução de disputas que tratam de demandas relacionadas ao comércio eletrônico. Os expressivos números alcançados de transações comerciais *online*[282] trazem preocupações com os processos e canais de resolução das disputas disponibilizados aos consumidores e vêm sendo considerados como uma questão de política pública no contexto de acesso adequado dos consumidores à justiça.[283] No âmbito dos órgãos de defesa ao consumidor, o debate sobre a efetividade dos direitos reside nos altos custos e atrasos relacionados a procedimentos judiciais ajuizados pelos consumidores e na preocupação em desenvolver mecanismos extrajudiciais de resolução de disputas. Destaca-se a

---

[282] Pesquisas com consumidores dos EUA em 2015 indicaram que os americanos gastavam quase U$ 350 bilhões anualmente online e 79% dos americanos indicaram que fazem compras online. Além disso, cerca de metade dos americanos relatou fazer compras online usando seus telefones celulares, e muitos indicaram que suas compras foram feitas em sites de mídia social como Facebook ou Twitter. (...) Ao mesmo tempo, sites de comércio eletrônico como Amazon e eBay têm reunido clientes fiéis, fornecendo meios online para resolver disputas de compra rapidamente (SCHMITZ, Amy. Expanding access to remedies through e-court initiatives. *Buffalo Law Review*, Buffalo, v. 67, n. 1, p. 89-163, jan. 2019. p. 91).

[283] MARQUES, Ricardo Dalmaso. A resolução de disputas online (ODR): do comércio eletrônico ao seu efeito transformador sobre o conceito e a prática do acesso à justiça. *Revista de Direito e as Novas Tecnologias*, São Paulo, v. 5, p. 1-38, out./dez. 2019. p. 20.

preocupação comum em vários países[284] na efetivação do direito do consumidor, especialmente através de alternativas de desjudicialização, seja através da criação de agências setoriais, seja através de soluções extrajudiciais – "out of court dispute resolution".[285]

E, na medida em que os cidadãos se envolvem cada vez mais em transações transfronteiriças, impulsionadas pelo alcance das novas tecnologias de comunicação, as autoridades nacionais de defesa do consumidor continuam a perder terreno para a proteção dos seus cidadãos.[286]

3.3.2.1 Órgãos de proteção ao consumidor

No Brasil, a plataforma *online* para resolução de disputas de consumo chamada de *Consumidor.gov* vem ganhando relevância internacional em face dos expressivos resultados. De iniciativa da Secretaria Nacional do Consumidor – SENACON, órgão vinculado ao Ministério da Justiça, a plataforma criada no ano de 2014 permite a interlocução direta entre consumidores e empresas para solução consensual de conflitos de consumo de forma gratuita. A plataforma *Consumidor.gov.br* proporciona um mecanismo de negociação *online* no qual os consumidores podem resolver disputas com os fornecedores por meio da troca de mensagens eletrônicas. Conforme descrito no próprio sítio eletrônico da plataforma, o *Consumidor.gov.br* "é um serviço público e gratuito que permite a interlocução direta entre consumidores e empresas para solução alternativa de conflitos de consumo pela internet".[287]

A utilização da plataforma não prejudica o acesso aos consumidores a outras alternativas para resolução de disputa, tal como os canais tradicionais dos Procons Estaduais e Municipais, Defensorias Públicas,

---

[284] Referência ao estudo de Hans -W Micklitz e Geneviève Saumier em que os autores analisaram relatórios de 37 países a respeito dos diferentes modelos de proteção do direito do consumidor, especialmente as alternativas referentes à efetividade da proteção. Os países analisados foram: Argentina, Austrália, Bélgica, Brasil, Bulgária, Canadá (Québec), Chile, Croácia, República Tcheca, França, Finlândia, Grécia, Hungria, Índia, Itália, Japão, Holanda, Nova Zelândia, Noruega, Paraguai, Polônia, Portugal, Romênia, Sérvia, Eslovênia, África do Sul, Espanha, Suécia, Turquia, Inglaterra, Uruguai, Estados Unidos, Venezuela e Vietnã (MICKLITZ, Hans-W.; SAUMIER, Geneviève. *Enforcement and effectiveness of consumer law.* Nova York: Springer, 2018. p. 3-36).

[285] MICKLITZ, Hans-W.; SAUMIER, Geneviève. *Enforcement and effectiveness of consumer law.* Nova York: Springer, 2018. p. 3-36.

[286] SCHMITZ, Amy; RULE, Colin. The new handshake: where we are now. *International Journal on Dispute Resolution,* Haia, v. 3, n. 2, 2016. p. 94.

[287] CONSUMIDOR.GOV.BR. *Sobre o serviço,* c2013. Seção de sobre do site. Disponível em: https://www.consumidor.gov.br/pages/conteudo/sobre-servico. Acesso em 1º maio 2021.

Ministério Público e Juizados Especiais Cíveis, sendo, portanto, a grande diferença entre os caminhos tradicionais o fato de o atendimento ser totalmente *online* e possibilitar o contato direto entre consumidores e empresas, em um ambiente totalmente público e transparente para ambas as partes,[288] com mínima intervenção do Poder Público nas tratativas individuais.

A participação das empresas é voluntária e só é permitida àquelas que aderirem formalmente ao serviço, mediante assinatura de termo no qual se comprometem a conhecer, analisar e investir todos os esforços possíveis para a solução dos problemas apresentados. O consumidor, por sua vez, deve identificar-se e se comprometer a apresentar todos os dados e informações relativas à reclamação formulada. O desempenho das empresas participantes pode ser monitorado por meio da plataforma, de modo público e, ainda, por meio da aba "Relato do Consumidor", onde é possível ler o conteúdo das reclamações, as respostas das empresas e o comentário final dos consumidores. Os relatos dos consumidores frente às empresas reclamadas podem ser acessados, com possibilidade de pesquisa por palavras-chave, segmento de mercado, fornecedor, área, assunto, problema, período, classificação (*resolvida/não resolvida/não avaliada*) e/ou nota de satisfação. São disponibilizados, ainda, dados abertos, sobre os quais se baseiam os indicadores da plataforma, o que permite aos interessados a elaboração de inúmeras análises e cruzamentos não contemplados pelas consultas disponíveis na plataforma. Os números divulgados pelo órgão que administra a plataforma informam o número de 1041 empresas credenciadas,[289] 2,9 milhões de usuários cadastrados, tendo, até o mês de julho de 2021, 4,3 milhões reclamações finalizadas.[290]

---

[288] CONSUMIDOR.GOV.BR. *Sobre o serviço*, c2013. Seção de sobre do site. Disponível em: https://www.consumidor.gov.br/pages/conteudo/sobre-servico. Acesso em 1º maio 2021.

[289] Conforme observação do Relatório da SENACON, "o ano de 2020 foi marcado pelo maior número de adesões já ocorrido na plataforma desde o seu lançamento: foram 358 novas empresas cadastradas, em face da Portaria nº 15, de 27 de março de 2020, que tornou obrigatória a participação de alguns grupos de empresas no *Consumidor.gov.br*, em decorrência da pandemia de Covid-19, tornando possível a prevenção do agravamento de conflitos de consumo que eventualmente não pudessem ser superados de forma adequada em razão da imposição do isolamento social. (SENACON. *Boletim Consumidor.gov.br 2020*, 2020. Boletim. Disponível em: https://www.consumidor.gov.br/pages/publicacao/externo/. Acesso em 01 mai. 2021).

[290] SENACON. *Consumidor.gov. Infográficos*, 2021b. Página de indicadores. Disponível em: https://www.consumidor.gov.br/pages/indicador/infografico/abrir. Acesso em 14 jul. 2021.

O registro de reclamações por meio do *Consumidor.gov.br* ocorre da seguinte forma: o consumidor verifica se a empresa contra a qual quer reclamar está cadastrada no site. Em caso positivo, registra a sua reclamação e, a partir daí, inicia-se a contagem do prazo de 10 dias para manifestação da empresa. Durante esse prazo, a empresa tem a oportunidade de interagir por meio de troca de mensagens privadas com o consumidor, antes da postagem pública de sua resposta final. Após a manifestação da empresa, é garantida ao consumidor a chance de comentar a resposta recebida, classificar a demanda como "Resolvida" ou "Não Resolvida", e ainda indicar o grau de satisfação com o atendimento recebido.[291] Caso a empresa não esteja cadastrada, não é possível o uso da plataforma.

Conforme dados informados pela plataforma, os setores mais reclamados, desde a sua criação até o final do ano de 2020, foram de: Bancos, Financeiras e Administradoras de Cartão (26,8%), Operadoras de telecomunicação (Telefonia, Internet, TV por assinatura) (26,6%), Comércio eletrônico (10%), Transporte aéreo (5,5), Banco de dados e Cadastro de consumidores (4,4%), Empresas de Intermediação de Serviços/Negócios (4,1%), Energia elétrica (3,4%), Empresas de Pagamento Eletrônico (3,3%) e Operadoras de Planos de Saúde e Administradora de Benefícios (0,6%).[292] Em 2021, no período compreendido entre janeiro a maio, 8,52% das demandas foram decorrentes do "Comércio Eletrônico", sendo a terceira categoria mais reclamada, ficando somente atrás dos "Bancos e Financeiras" (25,07%) e das "Operadoras de Telecomunicações" (22,2%). São, portanto, relevantes as demandas relacionadas ao comércio eletrônico dentro da plataforma.

Vale ressaltar que parcela significativa da sua demanda é decorrente das transações comerciais realizadas na internet:[293] ou seja, parece que há uma equivalência dos meios de contratação *online* com os de solução *online*.

---

291 SENACON. *Boletim Consumidor.gov.br 2020*, 2020. Boletim. Disponível em: https://www.consumidor.gov.br/pages/publicacao/externo/. Acesso em 01 mai. 2021.

292 SENACON. *Boletim Consumidor.gov.br 2020*, 2020. Boletim. Disponível em: https://www.consumidor.gov.br/pages/publicacao/externo/. Acesso em 01 mai. 2021.

293 A partir da análise dos dados consolidados disponibilizados pela plataforma, observamos que no ano de 2021, no período compreendido entre janeiro e maio deste ano, 42,85% das reclamações envolviam contratações realizadas via internet. (SENACON. *Consumidor.gov. Dados abertos*, 2021b. Disponível em: https://www.consumidor.gov.br/pages/dadosabertos/externo/. Acesso em 28 jun. 2021).

As métricas de efetividade da plataforma foram colocadas da seguinte forma, no ano de 2020, "o índice médio de solução das empresas no *Consumidor.gov.br* foi de 78,4%, e o prazo médio de resposta foi de 8 dias".[294] No entanto, uma nota metodológica contida no site indica que o índice "apresenta as empresas que obtiveram os melhores índices de solução das reclamações, de acordo com a avaliação dos próprios consumidores. Caso o consumidor não avalie, sua reclamação é contabilizada como "Resolvida".[295] Ou seja, o índice de solução não necessariamente representa o índice de demandas consideradas pelos consumidores como "Resolvidas".

A partir da análise dos dados abertos disponibilizados,[296] observamos, no entanto, que no período compreendido entre janeiro e maio de 2021, 29% das reclamações foram consideradas como "Resolvidas", 22% das reclamações foram consideradas "Não Resolvidas" e 48% das demandas não foram avaliadas. No que diz respeito às demandas categorizadas como de "Comércio Eletrônico", 35,3% delas foram consideradas "Resolvidas", 22,34% consideradas "Não Resolvidas" e 42,37% das demandas não foram avaliadas pelo consumidor. Apesar dos índices de resolutividade serem significativos, a métrica de efetividade disponibilizada pelo Relatório da SENACON talvez não represente o índice de resolução das demandas submetidas à plataforma.

Ainda, a plataforma divulga os índices de resolução das empresas e as notas atribuídas pelos consumidores, criando um sistema de reputação e gerando incentivos para que as empresas solucionem as demandas recebidas através da plataforma. O incentivo em razão da preservação da reputação, característico dos mecanismos de ODR utilizados pelos provedores privados, é aqui utilizado também entre empresas, para que compitam entre si quanto à qualidade e à eficiência no atendimento ao consumidor e na resolução das demandas.[297]

Os dados relativos a reclamações categorizadas como "Comércio Eletrônico" no primeiro quinquemestre de 2021 apresentaram uma "Nota

---

294 SENACON. *Boletim Consumidor.gov.br 2020*, 2020. Boletim. Disponível em: https://www.consumidor.gov.br/pages/publicacao/externo/. Acesso em 01 mai. 2021.

295 SENACON. *Indicadores*, c2013. Disponível em: https://www.consumidor.gov.br/pages/indicador/geral/abrir. Acesso em 01 mai. 2021.

296 SENACON. *Consumidor.gov. Dados abertos*, 2021b. Disponível em: https://www.consumidor.gov.br/pages/dadosabertos/externo/. Acesso em 28 jun. 2021.

297 MARQUES, Ricardo Dalmaso. A resolução de disputas online (ODR): do comércio eletrônico ao seu efeito transformador sobre o conceito e a prática do acesso à justiça. *Revista de Direito e as Novas Tecnologias*, São Paulo, v. 5, p. 1-38, out./dez. 2019. p. 14.

do Consumidor"[298] média de 2,77 e um tempo médio de resposta de 10,4 dias. Tais valores ficaram um pouco aquém dos indicadores gerais, quando considerados o contexto global das reclamações recebidas pela plataforma que, no mesmo período, apresentaram uma "Nota do Consumidor" média de 2,94 e tempo médio de resposta de 6,47 dias.

Apesar de não ser – como já dito – objeto de pesquisa deste trabalho, registra-se o espraiamento desse tipo de solução de disputas junto às Cortes de Justiça, sendo uma das ações estratégicas da SENACON voltadas ao incentivo e aperfeiçoamento de métodos autocompositivos de solução de conflitos de consumo. O acordo de cooperação técnica firmado entre o Ministério da Justiça e Segurança Pública com o Conselho Nacional de Justiça (CNJ) pretende permitir uma ampla integração da plataforma com o Processo Judicial Eletrônico (PJe), sistema utilizado por vários Tribunais de Justiça do país. Essa integração foi lançada em outubro de 2019 e está sendo desenvolvida como projeto-piloto no Tribunal de Justiça do Distrito Federal e Territórios (TJDFT) e no Tribunal Regional Federal (TRF) 1ª Região, com perspectiva de, no ano de 2021, ser expandida para os demais tribunais. O objetivo da medida de integração é possibilitar ao cidadão que busca diretamente o Poder Judiciário que este possa ter uma solução mais célere via *Consumidor.gov*.br.[299]

Além do convênio com o Poder Judiciário, a Fundação Procon São Paulo anunciou iniciativa semelhante, estabelecendo a sua integração técnica com o *Consumidor.gov.br* para utilização dos mecanismos de resolução de disputas, antes da apreciação da reclamação do consumidor no âmbito administrativo.[300]

No contexto da América Latina, a experiência de resolução de disputas *online* diz respeito à plataforma mexicana de resolução de disputa totalmente *online* mantida pela Procuraduría Federal del Consumidor

---

[298] De acordo com a Nota Metodológica constante no sítio eletrônico da plataforma *Consumidor.gov*, o "Índice de Satisfação" – que é traduzido nas planilhas de dados abertos da plataforma como "Nota do Consumidor" – representa as notas de satisfação atribuídas pelos consumidores em uma escala de 1 a 5, sendo consideradas apenas as reclamações avaliadas pelos consumidores (SENACON. *Consumidor.gov. Indicadores*, 2021a. Página de indicadores. Disponível em: https://www.consumidor.gov.br/pages/indicador/geral/abrir. Acesso em 28 jun. 2021).

[299] SENACON. *Boletim Consumidor.gov.br 2020*, 2020. Boletim. Disponível em: https://www.consumidor.gov.br/pages/publicacao/externo/. Acesso em 01 mai. 2021.

[300] MARQUES, Ricardo Dalmaso. A resolução de disputas online (ODR): do comércio eletrônico ao seu efeito transformador sobre o conceito e a prática do acesso à justiça. *Revista de Direito e as Novas Tecnologias*, São Paulo, v. 5, p. 1-38, out./dez. 2019. p. 19.

(PROFECO), a plataforma Concilianet.[301] A Concilianet fornece serviço de mediação *online* para consumidores que têm reclamações contra empresas registradas no seu site.

Conforme informações constantes no sítio eletrônico, trata-se de um módulo *online* de resolução de litígios, no qual se realizam audiências de mediação via Internet com os fornecedores de bens e serviços que tenham um acordo de colaboração com a Procuraduría Federal del Consumidor. Para utilização do serviço, o consumidor/usuário deve fazer o cadastro na plataforma e submeter a sua demanda dentro do sistema em "Registro do consumidor". É necessário, para comprovação da identidade das partes e da demanda, que a parte informe dados pessoais e documentos de identificação oficiais. Além disso, é possibilitado às partes o anexo de documentos nos quais fundamenta a reclamação ou prova sua afirmação. Por fim, o consumidor aguarda o retorno do PROFECO, em prazo não superior a 10 dias úteis, para a realização da audiência de conciliação onde estarão presentes um representante da empresa reclamada, o conciliador e o consumidor.[302]

O Concilianet começou como um programa piloto em 2008, com dois fornecedores participantes, e passou para uma pequena implantação com cinco fornecedores em 2009. Em 2012, o Concilianet se expandiu para uma implementação nacional com vinte e seis fornecedores participantes.[303] Entre junho de 2008 a agosto de 2012, o sistema resolveu 96% das 7.000 reclamações apresentadas, com tempo de duração média do procedimento de 25 dias. Além disso, 93% dos consumidores que usaram o sistema relataram que confiam no sistema.[304] Diferentemente da plataforma *Consumidor.gov.br*, não são disponibilizados dados públicos sobre o uso da plataforma e os indicadores de efetividade.

---

301 ALBOROZ, María Mercedes. Online Dispute Resolution (ODR) para el comercio electrónico em clave brasileña. *Revista de Direito UnB*, Brasília, v. 3, n. 1, p. 25-51, set./dez. 2019. p. 37.

302 CONCILIANET. *¿Qué es Concilianet?*, c2020. Seção de sobre do site. Disponível em: https://concilianet.profeco.gob.mx/Concilianet/comoconciliar.jsp. Acesso em 24 mai. 2021.

303 DUCA, Louis D.; RULE, Colin; LOEBL, Zbynek. Facilitating expansion of cross-border e-commerce: developing a global Online Dispute Resolution system (lessons derived from existing ODR systems – work of the United Nations Commission on International Trade Law). *Pen State Journal of Law & International Affairs*, University Park, v. 1, n. 1, p. 242-289, 2012. p. 66.

304 SCHMITZ, Amy J. There's an "app" for that: developing online dispute resolution to empower economic development. *Notre Dame Journal of Law, Ethics & Public Policy*, South Bend, v. 32, n. 1, p. 1-45, 2018. p. 29.

3.3.2.2 Organizações internacionais

No contexto da União Europeia, os debates sobre a regulamentação da utilização de meios eletrônicos em procedimentos extrajudiciais de resolução de litígios decorrente do comércio eletrônico culminaram com a promulgação do Regulamento sobre Resolução de Litígios Online para Litígios de Consumidores[305] (Regulamento ODR) em 2013. Os principais objetivos do Regulamento ODR é promover o objetivo geral do Tratados da UE de atingir um alto nível de proteção do consumidor, impulsionar o crescimento e a confiança no mercado digital e superar as barreiras que atualmente inibem comerciantes e consumidores desde transações online, em particular transações transfronteiriças.[306]

A plataforma passou a funcionar em 15 de fevereiro de 2016 e é regida complementarmente pelo Regulamento de Execução da Comissão Europeia nº 2015/1051,[307] que traz regras adicionais sobre as funções da plataforma, estabelece exigências sobre formulário eletrônico para submissão de queixas e da cooperação entre os envolvidos.[308] O procedimento para resolver uma demanda através da plataforma ODR compreende três etapas principais: primeiro, o consumidor apresenta uma reclamação, em seguida, o comerciante tem que reagir a ela e ambas as partes precisam chegar a um acordo sobre uma entidade de ADR competente para resolver o litígio; a partir desse consenso, a entidade ADR fica responsável pela administração do procedimento. Os consumidores que desejarem apresentar uma reclamação à plataforma ODR devem preencher o formulário de reclamação eletrônico fornecido no site da plataforma EU ODR, indicando seus dados pessoais, apresentando

---

305 UNIÃO EUROPEIA. Parlamento Europeu. *Regulamento (UE) 2013/524 do Parlamento Europeu e do Conselho de 21 de maio de 2013 sobre resolução de litígios de consumo online, que altera o Regulamento (CE) nº 2006/2004 e a Diretiva 2009/22/CE*. Estrasburgo: Parlamento Europeu, 21 mai. 2013. Disponível em: https://eur-lex.europa.eu/legal-content/EN/TXT/?uri=celex%3A32013R0524. Acesso em 30 abr. 2021.

306 SCHMIDT-KESSEN, María José; NOGUEIRA, Rodrigo; CANTERO, Marta. Success or failure? Effectiveness of consumer ODR platforms in Brazil and in the EU. *Copenhagen Business School Law Research Paper Series*, Copenhage, n. 19-17, p. 1-23, abr. 2019. p. 9.

307 UNIÃO EUROPEIA. Parlamento Europeu. *Regulamento de Execução (UE) 2015/1051 da Comissão de 1 de julho de 2015 relativo às modalidades do exercício das funções da plataforma de resolução online de litígios, do formulário eletrônico de queixa e da cooperação entre os pontos de contato previstas no Regulamento (UE) nº 524/2013 do Parlamento Europeu e do Conselho sobre a resolução de litígios de consumo online*. Bruxelas: Parlamento Europeu, 1 jul. 2015. Disponível em: https://eur-lex.europa.eu/legal-content/PT/TXT/PDF/?uri=CELEX:32015R1051&from=EN. Acesso em 30 abr. 2021.

308 CARVALHO, Jorge Morais; PINTO-FERREIRA, João Pedro; CARVALHO, Joana Campos. *Manual de resolução alternativa de litígios de consumo*. Coimbra: Almedina, 2019. p. 211-212.

informações sobre o fornecedor, sobre o bem ou serviço a que se refere a reclamação, como o bem ou o serviço foi adquirido, acompanhado de uma descrição da reclamação. Para tal, o consumidor não precisa se registrar ou criar uma conta na plataforma ODR.[309]

A partir da submissão da controvérsia, o demandando – geralmente o fornecedor, apesar de a plataforma possibilitar que os fornecedores demandem os consumidores – é informado da necessidade de as partes chegarem a um acordo quanto à entidade de resolução de disputas que submeterão a disputa. Se o demandante tiver indicado uma ou mais entidades competentes ou se a plataforma de ODR, tendo em conta elementos indicados no formulário, identificar uma ou mais entidades competentes, essa informação é transmitida ao demandado, que pode fazer sua escolha. Esta regra, no entanto, pode ser flexibilizada, caso em que o demandado se encontrar vinculado por lei nacional a resolver o litígio junto a uma determinada entidade ou junto à entidade indicada exclusivamente pelo consumidor.[310]

A plataforma então remete um convite ao demandado para que este declare, no prazo de 10 dias, se adere ao procedimento em alguma das entidades escolhidas pelo demandante ou se está obrigado a recorrer a alguma entidade específica da ADR. A resposta é enviada pela plataforma de ODR ao consumidor com as informações sobre a entidade escolhida pelo comerciante, acompanhada de um convite para acordar sobre a entidade a administrar a disputa.

A entidade que administrará o conflito deve informar às partes sobre o seu aceite ou recusa na disputa, bem como encaminhar informações adicionais às partes antes do início do procedimento. A plataforma fornece-lhes mais informações sobre a entidade de ADR, informações sobre possíveis taxas cabíveis, a duração média do procedimento e se o procedimento é vinculante ou não.[311] As partes têm 30 dias para chegar a um acordo sobre a entidade escolhida. Passados os 30 dias sem acordo ou no caso de a entidade não aceitar a disputa, o processo é encerrado. Nesses casos, o usuário pode contatar um "Conselheiro

[309] SCHMIDT-KESSEN, María José; NOGUEIRA, Rodrigo; CANTERO, Marta. Success or failure? Effectiveness of consumer ODR platforms in Brazil and in the EU. *Copenhagen Business School Law Research Paper Series*, Copenhage, n. 19-17, p. 1-23, abr. 2019. p. 10.

[310] CARVALHO, Jorge Morais; PINTO-FERREIRA, João Pedro; CARVALHO, Joana Campos. *Manual de resolução alternativa de litígios de consumo.* Coimbra: Almedina, 2019. p. 220-221.

[311] SCHMIDT-KESSEN, María José; NOGUEIRA, Rodrigo; CANTERO, Marta. Success or failure? Effectiveness of consumer ODR platforms in Brazil and in the EU. *Copenhagen Business School Law Research Paper Series*, Copenhage, n. 19-17, p. 1-23, abr. 2019. p. 10.

do ODR", que são pessoas integradas à plataforma para apoio às partes.[312] Conforme determina o próprio Regulamento de ODR (art. 7º-1) cada Estado-membro deve estabelecer um ponto de contato com a plataforma, com, no mínimo, dois conselheiros de ODR.

Se as partes concordam quanto à entidade a administrar a disputa, esta passa a conduzir o procedimento de acordo com as regras as quais as partes decidiram se submeter. A partir desse momento, e até a conclusão do procedimento, a utilização da plataforma deixa de ser obrigatória, ficando a critério da entidade se conduz o procedimento através deste meio ou de outros meios convencionados.[313] Independentemente da utilização da plataforma como ferramenta de gestão, o procedimento deve ser concluído no prazo fixado pelo Regulamento de, no máximo, 90 dias, a contar da data em que a entidade de ADR tiver recebido o processo completo de queixa, prazo que pode ser prorrogado no caso de litígios complexos. Importa destacar que o comparecimento pessoal das partes somente pode ser exigido pelas entidades administradoras das disputas na hipótese cumulativa de a) as regras processuais previrem essa hipótese; e b) as partes derem o seu consentimento para tanto.[314]

O resultado dos procedimentos pode ser variado, desde resoluções autocompositivas ou procedimentos heterocompositivos, vinculantes ou não, a depender da entidade a que se submeteram e do procedimento escolhido. Aplicam-se aos procedimentos de ADR as regras europeias e nacionais. Assim, por exemplo, à mediação são aplicáveis as regras nacionais e a Diretiva nº 2008/52/CE e, à arbitragem, a lei de arbitragem de cada Estado-membro, nomeadamente em relação às regras relativas à sentença arbitral.[315]

A plataforma ODR da União Europeia processa exclusivamente reclamações que surgem de vendas *online* ou contratos de serviço *online* entre consumidores e comerciantes estabelecidos em países do bloco,

---

312 CARVALHO, Jorge Morais; PINTO-FERREIRA, João Pedro; CARVALHO, Joana Campos. *Manual de resolução alternativa de litígios de consumo.* Coimbra: Almedina, 2019. p. 222.

313 CARVALHO, Jorge Morais; PINTO-FERREIRA, João Pedro; CARVALHO, Joana Campos. *Manual de resolução alternativa de litígios de consumo.* Coimbra: Almedina, 2019. p. 223.

314 CARVALHO, Jorge Morais; PINTO-FERREIRA, João Pedro; CARVALHO, Joana Campos. *Manual de resolução alternativa de litígios de consumo.* Coimbra: Almedina, 2019. p. 223.

315 CARVALHO, Jorge Morais; PINTO-FERREIRA, João Pedro; CARVALHO, Joana Campos. *Manual de resolução alternativa de litígios de consumo.* Coimbra: Almedina, 2019. p. 224.

podendo as partes contratantes estar no mesmo ou em diferentes Estados-Membro da União Europeia.[316]

Uma diferença significativa entre o procedimento estabelecido pelo *Consumidor.gov.br* e pela plataforma europeia diz respeito à interação desta com entidades de resolução alternativa de litígios (ADR) nacionais, as Câmara Privadas. Enquanto na plataforma *Consumidor.gov.br* é possível o contato e a negociação direta entre consumidores e comerciantes, na EU ODR há a necessidade de contratação pelas partes de intermediário que forneça serviços de mediação, operação que é mediada pela plataforma de ODR da União Europeia.

No que se refere aos dados quanto à efetividade, o primeiro relatório da Comissão da UE mostra que cerca de 85% das reclamações apresentadas foram encerradas automaticamente após 30 dias, que é o prazo em que os consumidores e comerciantes devem ter acordado um órgão de ADR para resolver o litígio. Através de uma pesquisa subsequente com os consumidores cuja reclamação foi automaticamente encerrada, a Comissão apurou que em cerca de 40% dos casos os consumidores foram contatados diretamente pelo comerciante para resolver o litígio bilateralmente, sem intervenção de ADR. Apenas 2% das queixas foram apresentadas a um organismo de ADR, metade das quais foram indeferidas por motivos processuais. Isso leva à conclusão de que apenas 1% de todas as reclamações foram resolvidas por meio de um órgão de ADR. No segundo ano de operação, as estatísticas não mudaram significativamente. Mais uma vez, apenas 2% do total de reclamações apresentadas na plataforma de ODR chegaram a um órgão de ADR, enquanto 81% das reclamações foram encerradas automaticamente após o prazo de 30 dias. Entre as reclamações encerradas automaticamente, cerca de 37% dos consumidores foram contatados diretamente pelo comerciante para dirimir a disputa bilateralmente. Em 13% dos casos, os comerciantes indicaram que não queriam se envolver no processo fornecido pela plataforma de ODR e afirmaram que preferiam fazer um acordo com o consumidor. Em 4% dos casos, as partes simplesmente desistiram do procedimento.[317]

---

[316] SCHMIDT-KESSEN, María José; NOGUEIRA, Rodrigo; CANTERO, Marta. Success or failure? Effectiveness of consumer ODR platforms in Brazil and in the EU. *Copenhagen Business School Law Research Paper Series*, Copenhage, n. 19-17, p. 1-23, abr. 2019. p. 11.

[317] SCHMIDT-KESSEN, María José; NOGUEIRA, Rodrigo; CANTERO, Marta. Success or failure? Effectiveness of consumer ODR platforms in Brazil and in the EU. *Copenhagen Business School Law Research Paper Series*, Copenhage, n. 19-17, p. 1-23, abr. 2019. p. 11.

O Regulamento ODR estabelece obrigação aos comerciantes e "marketplaces" estabelecidos na UE de manterem facilmente acessível link eletrônico para a plataforma ODR em seus sites, bem como o seu endereço de e-mail, o que é necessário para a apresentação de reclamações. Mais importante, os comerciantes devem informar os consumidores sobre a existência da plataforma EU ODR para resolver disputas relacionadas à transação. No entanto, a Comissão da UE constatou que, dos 19.580 comerciantes *online* da UE, apenas 28% das empresas apresentaram um link para a plataforma ODR em seus sites e, em 58% desses casos, o link foi encontrado na seção de "Termos e Condições" dos comerciantes.[318]

Apesar dos procedimentos estabelecidos pelo *Consumidor.gov.br* e a plataforma de ODR da UE não serem diretamente comparáveis, uma vez que têm níveis diferentes de envolvimento de terceiros no acordo, Schmidt-Kessen *et al.* sugerem que a forma simplificada de acesso e de comunicação direta possibilitada pela plataforma brasileira mostra-se, de um modo geral, mais eficaz no tratamento das disputas a ela submetida. O fato de que o ODR da UE "saltar" a primeira fase de negociação assistida pode reduzir significativamente sua eficácia.[319] O quadro adiante faz um comparativo entre as duas plataformas:

---

318 SCHMIDT-KESSEN, María José; NOGUEIRA, Rodrigo; CANTERO, Marta. Success or failure? Effectiveness of consumer ODR platforms in Brazil and in the EU. *Copenhagen Business School Law Research Paper Series*, Copenhage, n. 19-17, p. 1-23, abr. 2019. p. 13.

319 SCHMIDT-KESSEN, María José; NOGUEIRA, Rodrigo; CANTERO, Marta. Success or failure? Effectiveness of consumer ODR platforms in Brazil and in the EU. *Copenhagen Business School Law Research Paper Series*, Copenhage, n. 19-17, p. 1-23, abr. 2019. p. 5.

Quadro 2 – Quadro comparativo entre a plataforma *Consumidor.gov.br* e EU ODR

ODR Platform Comparison Data	Consumidor.gov.br	EU ODR
Number of complaints submitted	834 284	60 000
Number of complaints with unknown outcome	0.54%	83%
Complaints related to online transactions	31.2%	100%
Geographic region where most complaints are submitted	Southeast Region	Germany, UK
Industry sectors with most complaints	Consumer databases, telecoms, consumer banking	Clothing & footwear, airline tickets, ICT

Fonte: SCHMIDT-KESSEN, María José; NOGUEIRA, Rodrigo; CANTERO, Marta.[320]

Outra experiência internacional que não propriamente originou um mecanismo formal para a submissão de disputas, mas foi a oportunidade de debater-se internacionalmente a respeito de um mecanismos global *online* para o endereçamento de disputas decorrentes do comércio eletrônico, foi o trabalho da Comissão da ONU sobre o

[320] SCHMIDT-KESSEN, María José; NOGUEIRA, Rodrigo; CANTERO, Marta. Success or failure? Effectiveness of consumer ODR platforms in Brazil and in the EU. *Copenhagen Business School Law Research Paper Series*, Copenhage, n. 19-17, p. 1-23, abr. 2019. p. 22.

Direito do Comércio Internacional (UNCITRAL).[321] No período de 2010 a 2016, o Grupo de Trabalho III realizou pesquisas e debates na área de resolução de disputas *online* relacionadas a transações de comércio eletrônico transfronteiriças, incluindo disputas comerciais empresariais ou consumeristas".[322]

O projeto foi anunciado em 15 de novembro de 2011 na reunião do Grupo de Trabalho III da UNCITRAL, em Viena, com as seguintes tarefas principais: a) verificação e teste das funções propostas de infraestrutura da plataforma de ODR transfronteiriça e informação sobre os serviços a prestar pela equipe de serviço; b) esclarecimento dos custos envolvidos para os provedores de ODR com a administração de disputas internacionais; c) avaliação de necessidade e/ou conveniência de algum tipo de estrutura de coordenação das partes interessadas participantes do ODR; d) contatos e discussões com canais de pagamento; e) contatos e discussões com grandes vendedores online e associações de vendedores online. A abordagem inicial era para o desenvolvimento de um sistema ODR transfronteiriço com a participação dos principais players do mercado e ir se expandindo para incluir provedores de ODR, centros de consumo, bem como novos tipos de disputas. A ideia era iniciar um trabalho de consolidação da base de um sistema de ODR global, com a participação dos principais stakeholders do comércio eletrônico.[323]

Uma das premissas do debate que envolveu o Grupo de Trabalho era de que o tipo de transações *online* de baixo valor e alto volume tornavam de pouco valor prático o acesso aos tribunais, a ensejar o desenvolvimento de uma solução tecnológica para tais demandas.[324] Além disso, debateu-se que os custos de tempo e recursos financeiros para traçar distinções e privilégios entre consumidores e fornecedores tornariam proibitivo o funcionamento da plataforma, razão pela qual

---

321 BARTON, Benjamin; BIBAS, Stephanos. *Rebooting justice*: more technology, fewer lawyers and the future of law. Nova York: Encounter Books, 2017. p. 166.

322 BRAND, Ronald. Party autonomy and access to justice in the UNCITRAL Online Dispute Resolution Project. *Loyola University Chicago International Law Review*, Chicago, v. 10, n. 1, p. 11-36, 2012. p. 11.

323 DUCA, Louis D.; RULE, Colin; LOEBL, Zbynek. Facilitating expansion of cross-border e-commerce: developing a global Online Dispute Resolution system (lessons derived from existing ODR systems – work of the United Nations Commission on International Trade Law). *Pen State Journal of Law & International Affairs*, University Park, v. 1, n. 1, p. 242-289, 2012. p. 80.

324 BRAND, Ronald. Party autonomy and access to justice in the UNCITRAL Online Dispute Resolution Project. *Loyola University Chicago International Law Review*, Chicago, v. 10, n. 1, p. 11-36, 2012. p. 31.

evitou-se a distinção de classes especiais de partes no processo de ODR, não havendo nenhuma categoria especial ou limitações de escopo baseadas na diferenciação das partes.[325]

A partir dos encontros, foi proposto um rascunho de Regras de Procedimento para a iniciativa. Essas regras se concentraram em uma fase inicial de negociação, seguida por uma fase de mediação facilitativa e, por fim, a possiblidade de uma arbitragem vinculante. O Grupo de Trabalho debateu posteriormente se a segunda e a terceira fases deveriam ser separadas ou relacionadas. Ao final da sessão, o Grupo de Trabalho solicitou que a Secretaria preparasse uma nova minuta das regras procedimentais, considerando as opiniões expressadas em Nova Iorque e uma documentação para sua próxima sessão, abordando: (a) diretrizes para neutros; (b) padrões mínimos para provedores de ODR; (c) princípios jurídicos substantivos para a resolução de disputas; e (d) um mecanismo de execução transfronteiriço das decisões.[326] Após diversas sessões, finalmente, na 33ª sessão em Nova Iorque, entre 29 de fevereiro e 4 de março de 2016, o trabalho foi finalizado com a edição de documento[327] com elementos e princípio em caráter de recomendação para os processos de ODR.[328]

O documento – "Technical Notes on Online Dispute Resolution of the United Nations Commission on International Trade Law" definiu os estágios recomendados de um processo de ODR. A descrição do procedimento se divide em três etapas: negociação, mediação facilitativa e uma chamado "terceiro estágio", que seria o final. Segundo a recomendação, o processo de ODR começa quando um reclamante envia uma reivindicação por meio da plataforma de ODR ao administrador do

---

325 BRAND, Ronald. Party autonomy and access to justice in the UNCITRAL Online Dispute Resolution Project. *Loyola University Chicago International Law Review*, Chicago, v. 10, n. 1, p. 11-36, 2012. p. 17.

326 BRAND, Ronald. Party autonomy and access to justice in the UNCITRAL Online Dispute Resolution Project. *Loyola University Chicago International Law Review*, Chicago, v. 10, n. 1, p. 11-36, 2012. p. 14.

327 ORGANIZAÇÃO DAS NAÇÕES UNIDAS. UNCITRAL. *Technical Notes on Online Dispute Resolution of the United Nations Commission on International Trade Law*. Nova York: Assembleia Geral das Nações Unidas, 13 dez. 2016. Disponível em: https://uncitral.un.org/sites/uncitral.un.org/files/media-documents/uncitral/en/v1700382_english_technical_notes_on_odr.pdf. Acesso em 01 jun. 2021.

328 ORGANIZAÇÃO DAS NAÇÕES UNIDAS. UNCITRAL. *Technical Notes on Online Dispute Resolution of the United Nations Commission on International Trade Law*. Nova York: Assembleia Geral das Nações Unidas, 13 dez. 2016. Disponível em: https://uncitral.un.org/sites/uncitral.un.org/files/media-documents/uncitral/en/v1700382_english_technical_notes_on_odr.pdf. Acesso em 01 jun. 2021.

ODR. O administrador do ODR informa ao respondente da existência da reclamação e ao reclamante da resposta. A primeira fase do processo – que seria uma negociação habilitada por tecnologia – possibilita ao reclamante e ao demandado negociarem diretamente um com o outro por meio da plataforma ODR. Se a negociação for inexitosa, o processo pode passar para um segundo estágio de mediação facilitativa. Nessa fase do processo, o administrador do ODR deve nomear um terceiro neutro, que se comunica com as partes na tentativa de chegar a um acordo. Se a mediação não gerar um acordo, uma terceira e última fase do processo começa, onde o administrador do ODR pode informar às partes possíveis opções de caminhos a seguir.[329] A possibilidade de utilização de arbitragem foi suprimida.

Apesar do esforço na elaboração do documento e da mobilização do Grupo de Trabalho, a inciativa não culminou com um mecanismo formal de resolução de disputas no âmbito da UNCITRAL, restringindo-se o trabalho a ser descritivo e com caráter de recomendação.

Uma das principais polêmicas relacionadas a um mecanismo internacional diz respeito às diferenças dos sistemas jurídicos e as diferentes abordagens para a questão geral da autonomia das partes[330] e a possibilidade de uma fase de arbitragem. Para que o sistema funcione de forma eficaz, ele deve funcionar por meio do consentimento das partes e livre de restrições da legislação nacional. A dificuldade evidenciada é que os comerciantes teriam poucos incentivos para participar de um sistema de resolução de disputas que diferisse para cada comprador com base nas leis nacionais de origem do comprador.[331]

Através do estudo empreendido, vislumbrou-se que as experiências em ODR por provedores públicos ainda são incipientes, com iniciativas mais recentes do que aquelas desenvolvidas pelos provedores privados. No Brasil, a iniciativa do *Consumidor.gov.br* tem ganhado

---

[329] ORGANIZAÇÃO DAS NAÇÕES UNIDAS. UNCITRAL. *Technical Notes on Online Dispute Resolution of the United Nations Commission on International Trade Law*. Nova York: Assembleia Geral das Nações Unidas, 13 dez. 2016. Disponível em: https://uncitral.un.org/sites/uncitral.un.org/files/media-documents/uncitral/en/v1700382_english_technical_notes_on_odr.pdf. Acesso em 01 jun. 2021.

[330] BRAND, Ronald. Party autonomy and access to justice in the UNCITRAL Online Dispute Resolution Project. *Loyola University Chicago International Law Review*, Chicago, v. 10, n. 1, p. 11-36, 2012. p. 28.

[331] BRAND, Ronald. Party autonomy and access to justice in the UNCITRAL Online Dispute Resolution Project. *Loyola University Chicago International Law Review*, Chicago, v. 10, n. 1, p. 11-36, 2012. p. 16.

relevância internacional diante do crescente número de usuários e índices substanciais de resolutividade das demandas.

CAPÍTULO 4

REPERCUSSÃO DOS MECANISMOS *ONLINE* DE RESOLUÇÃO DE DISPUTAS SOBRE O TRATAMENTO DE CONFLITOS: PERSPECTIVAS DA ANÁLISE ECONÔMICA DO DIREITO

A partir da análise dos mecanismos *online* de resolução de disputas relacionados ao comércio eletrônico antes empreendida, suas diferentes peculiaridades e o contexto geral delineado a respeito das ODRs, objetiva-se neste capítulo verificar como o uso da tecnologia impacta a prevenção e a resolução de disputas. A abordagem dar-se-á em cotejo com o marco teórico da Análise Econômica do litígio, bem como com os achados e a sistematização do capítulo anterior, tendo como objetivo específico traçar considerações sobre como os mecanismos *online* de resolução de disputas (ODRs) alteram a estrutura de incentivos colocados aos agentes em conflito e de que maneira, eventualmente, esses mecanismos repercutem sobre a resolução e a prevenção de disputas. Além disso, ao final, serão abordados os desafios e críticas relacionados aos mecanismos *online* de resolução de disputas discutidos na literatura de referência.

4.1 Impacto da tecnologia sobre a resolução e a prevenção de disputas

Conforme menciona Schmidt-Kessen *et al.*, parece intuitivo que os mecanismos de ODR devem gerar eficiências tanto para o bem-estar do usuário, devido a uma maior taxa de resolução de disputas de consumo a um custo menor, quanto para o bem-estar em geral (devido à redução de custos para o sistema judicial civil como um todo). No entanto, por trás dessa intuição geral, são escassos os estudos sobre a complementaridade de ADR/ODR e tribunais civis na geração de efeitos de bem-estar, bem como estudos de como o ADR/ODR deve ser projetado para fornecer os incentivos desejados.[332]

Apesar dos números significativos das demandas em sistemas mais maduros como o desenvolvido pelo eBay, plataformas de iniciativa pública e privadas para o adequado endereçamento de disputas pela internet também são desenvolvidas, porém, ainda com pouca adesão pelos usuários. A Análise Econômica do Direito pode fornecer uma perspectiva útil a respeito da estrutura de incentivos colocada aos diferentes agentes quando envolvidos em uma disputa, assim como os elementos que podem contribuir com melhor desenho das plataformas que têm o potencial de facilitar e mediar conflitos.

A partir dos pressupostos trazidos, a respeito dos fatores que influenciam a decisão das partes no que se refere à composição dos litígios, propor-se-á um cotejo analítico entre esses elementos e as características e funcionalidades das ODRs examinadas. Complementarmente, serão apontados achados examinando o impacto dos sistemas de ODRs sobre a resolução de disputas.

4.1.1 Redução dos custos de transação

Como principal vantagem apontada na adoção de mecanismos *online* de resolução de disputas, está a redução de custos para o usuário, tanto no que diz respeito ao emprego desses mecanismos, quanto no que tange ao cumprimento do que neles foi acordado ou decidido (*enforcement*).[333] Com efeito, os mecanismos *online* de resolução de disputas tiram proveio das potencialidades das tecnologias da informação e comunicação, recurso que, segundo analisa Katsh, potencialmente estende o que podemos fazer, onde e quando podemos fazer. Quando se está *online*, é possível se envolver em atividades à distância que antes exigiam a presença física; pode-se fazer rapidamente coisas – se não instantaneamente – que poderiam ser inconvenientes ou impossíveis de serem feitas *offline*, além das capacidades de processamento de

---

[332] SCHMIDT-KESSEN, María José; NOGUEIRA, Rodrigo; CANTERO, Marta. Success or failure? Effectiveness of consumer ODR platforms in Brazil and in the EU. *Copenhagen Business School Law Research Paper Series*, Copenhage, n. 19-17, p. 1-23, abr. 2019.

[333] ARBIX, Daniel. *Resolução online de controvérsias*. São Paulo: Intelecto, 2017. p. 86.

informações que vão além das capacidades humanas.[334] Tal ampliação de capacidades propiciada pela tecnologia impacta o contexto de resolução de disputas.

Pode-se dizer que, do ponto de vista do usuário, a aplicação da tecnologia aos meios de resolução de conflitos propicia uma redução drástica dos custos de transação, na medida em que mecanismos de ODR reduzem custos, tangíveis e intangíveis, em múltiplas frentes.[335] Segundo pontua Wolkart, ao despencar custos transacionais, a tecnologia viabiliza a utilização de modelos mais sofisticados para solução de conflitos.[336] Em primeiro lugar, encolhe distâncias e gastos; em segundo lugar, dilui as barreiras emocionais, linguísticas e culturais; em terceiro, diminui incertezas e fortalece o cumprimento das decisões; e, em quarto, ao reformular constantemente o seu funcionamento, de modo a recepcionar as partes em conflito em ambientes controlados, facilita a comunicação e a tomada de decisão.[337] Os mecanismos *online* de resolução de disputas, neste contexto, têm o potencial de remover, ou pelo menos reduzir, muitas das barreiras de acessos aos meios de resolução de disputas, e isso, por tornarem os procedimentos mais simples, fáceis e baratos.[338]

O custo é um fator-chave nas decisões dos consumidores de buscar ou renunciar a reivindicações que têm contra os comerciantes. Além disso, os consumidores devem equilibrar os custos de ações judiciais contra a magnitude de suas reivindicações, que normalmente são de baixo valor, e ponderar seus custos e benefícios pela probabilidade de sucesso.[339]

Conforme enumeram Katsh & Rabinovich-Einy, as barreiras mais óbvias de acesso aos Tribunais são as barreiras financeiras, decorrentes da necessidade de arcar com os custos do procedimento e com a contratação de um advogado. Além desse custo, há custos relacionados

---

334 KATSH, Ethan. Online Dispute Resolution: some lessons from the e-commerce revolution. *Northern Kentucky Law Review*, Highland Heights, v. 28, n. 4, p. 810-821, 2001. p. 816-817.

335 ARBIX, Daniel. *Resolução online de controvérsias*. São Paulo: Intelecto, 2017. p. 168.

336 WOLKART, Erik Navarro. *Análise econômica do processo civil*: como a economia, o direito e a psicologia podem vencer a tragédia da justiça. São Paulo: Thomson Reuters Brasil, 2019. p. 741.

337 ARBIX, Daniel. *Resolução online de controvérsias*. São Paulo: Intelecto, 2017. p. 168.

338 KATSH, Ethan; RABINOVICH-EINY, Orna. *Digital justice*: technology and the internet of disputes. Nova York: Oxford University Press, 2017. p. 40.

339 SCHMITZ, Amy. "Drive-thru" arbitration in the digital age: empowering consumers through binding ODR. *Baylor Law Review*, Waco, v. 62, n. 1, p. 178-244, 2010. p. 223.

ao tempo e à energia que as partes têm para se dedicar ao litígio, o que inclui o custo de oportunidade, o custo de deslocamento para comparecimento a atos judiciais ou para reunir-se com o seu advogado e traçar estratégias sobre o caso.[340]

Com a mudança na forma de interação entre as partes, do meio físico para o meio virtual, ampliam-se os modos de comunicação e o processamento de dados relativos à disputa. Os custos relacionados à organização das interações no meio físico reduzem significativamente as barreiras de acesso a mecanismos para resolução de conflitos. O uso de tecnologia de informação e comunicação na resolução de disputas é crucial para reduzir custos, na medida em que, conforme descrevem Paro *et. al.*, oferece soluções mais acessíveis e até ecológicas se comparadas ao mero acesso ao Poder Judiciário na forma como existente no Brasil atualmente.[341] Dado que as disputas relacionadas ao comércio eletrônico são geralmente demandas de baixo valor econômico, as alternativas *online* de resolução de disputas, por serem alternativas mais baratas, permitem um amplo acesso a usuários que teriam custos proibitivos de acesso a outros meios, ainda que por alternativas extrajudiciais. O custo, por exemplo, de submeter uma reclamação ao PROCON, que incluem custos de deslocamento e de tempo, podem ser proibitivos para o endereçamento de alguns casos, o que seria minimizado diante de alternativas *online*.

Apesar de ainda pouco aprofundamento empírico e objetivo acerca do tema no Brasil, observou-se, no contexto norte-americano, conforme referência trazida por Buzzi, que a mediação virtual apresenta uma economia financeira de 30% a 60% em relação à tradicional,

---

340 KATSH, Ethan; RABINOVICH-EINY, Orna. *Digital justice*: technology and the internet of disputes. Nova York: Oxford University Press, 2017. p. 40, p. 41-42.

341 Conforme explanam Paro *et al.*, "Segundo dados do CNJ, temos mais de 80 milhões de processos correndo no Brasil. O custo disso é absurdo, pois alguns estudos sugerem que os custo de cada processo por ano gira em torno de 2 mil reais para os cofres públicos (a Justiça Federal tem um custo que joga a média para cima, e o Juizado Especial joga a média para baixo). E a média de duração dos processos costuma ser de três a quatro anos (dependendo do estado da federação) para os juizados especiais e cerca de quatro a cinco anos para a Justiça comum, sendo a fase de execução da sentença (talvez mais uma jabuticaba) o maior gargalo, com quase sete anos em média para a solução do problema". (PARO, Giácomo; MARQUES, Ricardo Dalmaso; DUARTE, Ricardo Quass. On-line Dispute Resolution (ODR) e o interesse processual. *In*: WOLKART, Erik Navarro *et al.* (Org.). *Direito, processo e tecnologia*. São Paulo: Thomson Reuters Brasil, 2020. p. 288).

bem como maior agilidade em relação aos procedimentos consensuais presenciais.[342]

Cortés indica a economia de tempo[343] propiciada pelos meios *online* de resolução de disputas, na medida em que o uso da Internet torna os procedimentos mais ágeis, dada a flexibilidade proporcionada pelas comunicações assíncronas, reduzindo o inconveniente de reuniões com horário agendado.[344] Ainda que não se possa fazer um comparativo fidedigno da duração das reclamações e demandas derivadas do "Comércio Eletrônico" na plataforma *Consumidor.gov.br* e no Poder Judiciário, a média de 10,4 dias de duração do procedimento *online* supera em muito a média de duração de um processo de conhecimento do Juizado Especial Cível, que é de 1 ano e seis meses,[345] ou mesmo da própria marcação de audiências de conciliação no prazo legal de 15 dias (art. 16 da Lei nº 9.099/95). O tempo de resposta é reduzido, gerando, ainda, em razão da aproximação das partes em momento recente do conflito, oportunidades de prevenção e contenção da disputa, o que evita a sua escalada.[346]

Além disso, o uso de mecanismos *online* de resolução de disputas facilita a autorrepresentação. Em razão do formato e da simplicidade procedimental, dispensam a necessidade de representação por meio de advogado, além de, também, dada a formatação procedimental, permitir execuções dos acordos e decisões de forma rápida e simples, resultando em menores custos financeiros e de tempo.[347] Conforme

---

[342] BUZZI, Marco Aurélio Gastaldi. Sistema de justiça multiportas: a garantia do acesso ao judiciário em tempos de pandemia da covid-19. *In*: FUX, Luiz; ÁVILA, Henrique; CABRAL, Trícia Navarro Xavier (Org.). *Tecnologia e justiça multiportas*. Indaiatuba: Editora, 2021. p. 74.

[343] De acordo com a análise realizada por Roberge & Fraser, dentre as plataformas de ODR existentes no mercado, vários intervalos de prazos são fornecidos para resolver disputas, que variam de 24h a um máximo de 185 dias (ROBERGE, Jean-Françoise; FRASER, Véronique. Access to commercial justice: a roadmap for Online Dispute Resolution. *Ohio State Journal on Dispute Resolution*, Columbus, v. 35, n. 1, p. 1-62, 2019. p. 40).

[344] CÓRTES, Pablo. *Online Dispute Resolution for consumers in the European Union*. Nova York: Routledge, 2010. p. 56.

[345] CONSELHO NACIONAL DE JUSTIÇA (Brasil). *Justiça em números digital*. Brasília, 2019. Disponível em: https://paineis.cnj.jus.br/QvAJAXZfc/opendoc.htm?document=qvw_l%2FPainelCNJ.qvw&host=QVS%40neodimio03&anonymous=true&sheet=shResumoDespFT. Acesso em 1 jun. 2021.

[346] CUEVA, Ricardo Villas Bôas. Integração dos meios de resolução de conflitos online (ODR) aos sistemas de justiça. *In*: FUX, Luiz; ÁVILA, Henrique; CABRAL, Trícia Navarro Xavier (Org.). *Tecnologia e justiça multiportas*. Indaiatuba: Foco, 2021. p. 45.

[347] CÓRTES, Pablo. *Online Dispute Resolution for consumers in the European Union*. Nova York: Routledge, 2010. p. 57.

analisa Zeleznikow, os sistemas de ODR podem ser particularmente úteis para litigantes auto representados, uma vez que se beneficiam não apenas da obtenção de conselhos úteis, mas também de se tornarem mais bem informados sobre os procedimentos e resultados potenciais para questões em disputa, especialmente nos sistemas que utilizam-se de inteligência artificial para apoio de decisão.[348]

Há também barreiras geográficas, psicológicas, linguísticas e culturais de acesso a meios de resolução de disputas. As barreiras geográficas resultam da indisponibilidade de serviços jurídicos em certas localidades[349] e, no caso específico do comércio eletrônico, há ainda barreiras geográficas decorrentes da distância em que são operadas as transações, as quais, em alguns casos, ultrapassam até mesmo fronteiras nacionais.

As barreiras psicológicas envolvem os custos não financeiros associados à necessidade de passar por um processo demorado, muitas vezes intrusivo, além das barreiras linguísticas e culturais, que tornam os procedimentos judiciais complexos e, potencialmente, intimidantes. Para além da barreira decorrente de língua estrangeira, a linguagem jurídica tem um custo que influencia a decisão dos litigantes.[350]

Tais dificuldades podem ser superadas e beneficiadas pelo uso de tecnologias que permitam traduções fidedignas de documentos, sítios eletrônicos, ou mesmo tradução de conversas em tempo real.[351] As barreiras culturais podem ser superadas através do uso de comunicações assíncronas e programas de tradução, permitindo processos e comunicações multilíngues em horários que se encaixam na programação das partes.[352] O caráter impessoal do tratamento do conflito em ambiente virtual pode igualmente contribuir para mitigação de preconceitos, nem sempre conscientes, como raça, gênero, orientação

---

348 ZELEZNIKOW, John. Artificial intelligence and Online Dispute Resolution enhance efficiency and effectiveness in courts. *International Journal for Court Administration*, Williamsburg, v. 8, n. 2, p. 30-45, mai. 2017. p. 43.

349 KATSH, Ethan; RABINOVICH-EINY, Orna. *Digital justice*: technology and the internet of disputes. Nova York: Oxford University Press, 2017. p. 41.

350 KATSH, Ethan; RABINOVICH-EINY, Orna. *Digital justice*: technology and the internet of disputes. Nova York: Oxford University Press, 2017. p. 41-42.

351 VASCONCELOS, Ronaldo; CARNAÚBA, César Augusto. Custos de transação do processo e Online Dispute Resolution: um sistema multiportas 4.0 economicamente eficiente. *In*: LUCON, Paulo *et al.* (Org.). *Direito, processo e tecnologia*. São Paulo: Thomson Reuters Brasil, 2020. p. 624.

352 SCHMITZ, Amy. Expanding access to remedies through e-court initiatives. *Buffalo Law Review*, Buffalo, v. 67, n. 1, p. 89-163, jan. 2019. p. 96.

sexual, classe social, entre outros que potencialmente são mais oriundos de intervenções humanas.[353]

A configuração da comunicação entre as partes também pode superar ou mitigar as barreiras emocionais. A resolução de conflitos através de comunicação assíncrona, conforme destaca Katsh, traz uma conveniência maior ao procedimento, por permitir que as partes estejam preparadas para produzir sua melhor resposta sem que sejam facilmente intimidadas. Além disso, o que nem sempre ocorre em trocas verbais, permite que pensem mais profundamente antes de realmente enviar suas mensagens, superando em alguma medida aspectos psicológicos existente em outros meios de resolução de disputas. Tal linha de comunicação é mais custosa nos procedimentos jurídicos *offline* mais formais, e são uma alternativa facilitada e dinâmica nas modalidades *online*.[354]

A comunicação assíncrona trata-se de uma funcionalidade que pode ser utilizada e adequada a partir das particularidades do conflito. Nesse sentido, Poblet & Casanovas referem estudos analisando o efeito das emoções nos diferentes tipos de comunicação virtual, destacando que não há consenso sobre o tema.[355] De um lado, há estudos empíricos demonstrando que a comunicação assíncrona leva a maior troca de informações privadas e voltadas objetivamente à resolução do conflito, com o uso de um estilo mais amigável; e as comunicações síncronas, por outro lado, resultariam em interações menos amigáveis e mais competitivas.

No entanto, há estudos demonstrando que as mediações realizadas por meio de "chat" *online* – com comunicação síncrona – levaram a mais soluções mutuamente vantajosas do que aquelas realizadas por meio de comunicações através de e-mail. Ainda, há referências no sentido de que interações síncronas realizadas com pequenas conversas iniciais ("Small Talk") tiveram uma taxa de acordo quatro vezes maior do que nas interações em que não foi possível um contato inicial amigável (No

---

353 CUEVA, Ricardo Villas Bôas. Integração dos meios de resolução de conflitos online (ODR) aos sistemas de justiça. *In*: FUX, Luiz; ÁVILA, Henrique; CABRAL, Trícia Navarro Xavier (Org.). *Tecnologia e justiça multiportas*. Indaiatuba: Foco, 2021. p. 45.

354 CÓRTES, Pablo. *Online Dispute Resolution for consumers in the European Union*. Nova York: Routledge, 2010. p. 56.

355 No mesmo sentido, destacam Roberge & Fraser: "Regarding the impact of the synchronicity factor in online communications, studies have led to mixed results, finding that synchronous and asynchronous communications both have benefits and drawbacks". (ROBERGE, Jean-Françoise; FRASER, Véronique. Access to commercial justice: a roadmap for Online Dispute Resolution. *Ohio State Journal on Dispute Resolution*, Columbus, v. 35, n. 1, p. 1-62, 2019. p. 55).

Small Talk) entre as partes.[356] As pesquisas empíricas apresentadas nesse sentido mostram-se contraditórias.

Fato é que o uso da tecnologia como mediadora das interações das partes pode trazer uma redução das barreiras e custos emocionais relacionados ao conflito, seja por meio da disponibilização de uma forma de comunicação mais adequada, seja pela possibilidade do computador reenquadrar as manifestações das partes, ou mesmo proporcionar mecanismos que permitam às partes lidarem com as emoções de diferentes formas, seja pelo uso de "emojis"[357] ou com uso de escala que propicie a identificação do grau de emoção experimentado no conflito.[358] Através de meios virtuais, a comunicação torna-se mais estruturada e objetiva, o que facilita a resolução de disputas.[359]

Dentre os sistemas de resolução de disputas analisados no comércio eletrônico, há o privilégio por comunicações assíncronas, que geram possivelmente uma maior conveniência no arranjo da negociação ou mediação, mas que talvez não tenha solução ótima para o endereçamento das emoções relacionadas às controvérsias. Parece, no entanto, que, quanto às disputas de comércio eletrônico, tal preocupação seja dispensável, por ser menos presentes aspectos emocionais significativos.

Outro aspecto relacionado aos custos diz respeito à insegurança jurídica experimentada pelos agentes. Os mecanismos *online* de resolução de disputas – tal como os ditos mecanismos "alternativos" – têm a vantagem do controle das partes sobre os processos[360] e os resultados. Em mecanismos autocompositivos, tal perspectiva reflete-se na possibilidade de as partes realizarem somente acordos mutuamente aceitáveis, além da decisão – de qualquer delas – acerca de ingressar, manter-se ou sair do procedimento. No que diz respeito a procedimentos

---

[356] POBLET, Marta; CASANOVAS, Pompeu. Emotions in ODR. *International Review of Law Computers & Technology*, Londres, v. 21, n. 2, p. 145-155, 2007. p. 150-151.

[357] SCHMITZ, Amy. Expanding access to remedies through e-court initiatives. *Buffalo Law Review*, Buffalo, v. 67, n. 1, p. 89-163, jan. 2019. p. 97.

[358] POBLET, Marta; CASANOVAS, Pompeu. Emotions in ODR. *International Review of Law Computers & Technology*, Londres, v. 21, n. 2, p. 145-155, 2007. p. 150-152.

[359] CUEVA, Ricardo Villas Bôas. Integração dos meios de resolução de conflitos online (ODR) aos sistemas de justiça. *In*: FUX, Luiz; ÁVILA, Henrique; CABRAL, Trícia Navarro Xavier (Org.). *Tecnologia e justiça multiportas*. Indaiatuba: Foco, 2021. p. 46.

[360] Conforme destacam Roberge & Fraser, estudos empíricos demonstram que as partes têm mais controle sobre o tempo e os custos quando resolvem uma disputa *online*, uma vez que elas têm mais controle sobre quando e onde elas utilizam a plataforma (ROBERGE, Jean-Françoise; FRASER, Véronique. Access to commercial justice: a roadmap for Online Dispute Resolution. *Ohio State Journal on Dispute Resolution*, Columbus, v. 35, n. 1, p. 1-62, 2019. p. 37-38).

heterocompositivos, as partes podem selecionar um terceiro neutro e o processo mais conveniente.[361]

A flexibilidade procedimental, que é enrobustecida por meio de ferramentas tecnológicas, permite a existência de mecanismos que qualificam o procedimento, criando um ambiente de resultados previsíveis, com a indicação clara dos processos e procedimentos e, eventualmente, facultando aos usuários a escolha do procedimento que deseja aderir. Isso promove um ambiente de mais certeza, diminuindo os custos relacionados à insegurança jurídica. Tal aspecto é bem destacado na plataforma da União Europeia (EU ODR), na medida em que é possível a escolha entre as diversas instituições de ADR e seus diferentes procedimentos. Nas demais plataformas, a liberdade de escolha se dá com a adesão ao procedimento e o controle sobre o resultado. Destaque-se, além disso, o fato de esses ambientes serem mais amigáveis em termos de *design*, contribuindo para a compreensão das etapas procedimentais, o que é mais complexo quando se pensam alternativas mais formais de resolução de disputas, com procedimentos mais solenes.

Ainda, destaque-se a redução dos custos de informação como um todo, tanto para identificar mecanismos de ODR aptos a solucionar a disputa, quanto para participar de seus procedimentos. Conforme o *design* desses mecanismos, assimetrias informacionais podem ser mitigadas por meio de incentivos ao compartilhamento de informações ou de compilação e agregação de dados em favor das partes. Ademais, o registro das comunicações habilita o desenvolvimento de instrumentos de *feedback* e de previsão de conflitos futuros.[362] Com o objetivo de aumentar a previsibilidade do processo do ponto de vista do usuário, algumas plataformas ODR fornecem uma visão geral dos serviços de resolução de disputas oferecidos, mostrando cada etapa do processo e quanto tempo é necessário para concluir cada uma delas.[363]

Todas as plataformas analisadas na seção anterior têm minimamente estabelecido um procedimento a ser seguido pelos usuários, o qual lhes é informado antes mesmo de sua adesão. Além disso, há um prazo máximo a ser observado para as comunicações e encerramento

---

[361] CÓRTES, Pablo. *Online Dispute Resolution for consumers in the European Union*. Nova York: Routledge, 2010. p. 57.

[362] ARBIX, Daniel. *Resolução online de controvérsias*. São Paulo: Intelecto, 2017. p. 86-87;

[363] ROBERGE, Jean-Françoise; FRASER, Véronique. Access to commercial justice: a roadmap for Online Dispute Resolution. *Ohio State Journal on Dispute Resolution*, Columbus, v. 35, n. 1, p. 1-62, 2019. p. 20.

das interações. Há, portanto, certa segurança sobre os termos do procedimento, além do consentimento e da adesão dos usuários ao esquema proposto.

Ademais, aspecto singular relativo à redução de custos para os usuários diz respeito à possibilidade de adequação dos ambientes digitais às necessidades das partes, alinhado com a espécie de conflito e peculiaridades das demandas. No caso do comércio eletrônico, a forma *online* de resolução das disputas equipara-se à forma inicial de interação entre as partes, que, em termos gerais, tende a ser uma ferramenta mais apropriada para resolver disputas, dada a equivalência dos meios.[364] Estudos têm apontado que os consumidores buscam, na resolução de disputas, comunicação, transparência, eficiência e uma solução justa no menor tempo possível.[365] A alternativa *online* para o tratamento das disputas, nesse sentido, tem potencial de se adaptar a essas necessidades, diminuindo os custos relacionados à sua resolução.

Com efeito, as ferramentas tecnológicas proporcionam funcionalidades únicas que facilitam a organização da gestão de disputas, o compartilhamento de documentos entre as partes e neutros, o controle de versões de documentos e seus níveis de acesso, o monitoramento de prazos, a administração de pendências, o registro das comunicações e a facilidade em efetuar pagamentos.[366]

Veja que as diferentes plataformas possibilitam interações de acordo com as necessidades para adequada gestão dos conflitos. O eBay, por exemplo, em face do número de interações e disputas na plataforma, desenhou um sistema de comunicação direta entre os usuários, com fluxos semiautomatizados e mínima intervenção de representantes da plataforma. Conforme destaca Rule, apesar do eBay ser considerado um terceiro imparcial com condições de proporcionar serviços de mediação na plataforma, o tamanho da operação não permitiria uma interação pessoal de representantes da empresa.[367] Além disso, diante de uma característica particular da interação dos usuários e o eBay – que é o contato inicial deste com as partes, mesmo antes de elas saberem

---

[364] CÓRTES, Pablo. *Online Dispute Resolution for consumers in the European Union*. Nova York: Routledge, 2010. p. 57.

[365] RULE, Colin. Designing a global online dispute resolution system: lessons learned from eBay. *University of St. Thomas Law Journal*, Saint Paul, v. 13, n. 2, p. 354-369, 2017. p. 356.

[366] ARBIX, Daniel. *Resolução online de controvérsias*. São Paulo: Intelecto, 2017. p. 86.

[367] RULE, Colin. Designing a global online dispute resolution system: lessons learned from eBay. *University of St. Thomas Law Journal*, Saint Paul, v. 13, n. 2, p. 354-369, 2017. p. 356.

que teriam um conflito – permitiu que a empresa adotasse medidas preventivas. Por exemplo, se um comprador fez uma compra e o item não chegou em três ou quatro dias, o eBay ingressa na interação entre as partes e comunica o tempo médio de entrega entre as localidades, que pode ser de sete dias, por exemplo. Tal interação permite a diminuição da ansiedade do comprador e ainda alertaria para informações contratuais, prevenindo controvérsias. De certa forma, a plataforma consegue resolver o problema antes mesmo de se tornar uma disputa.[368]

Destaque-se, além disso, o potencial que a tecnologia tem na redução dos custos de execução e implementação das decisões e/ou acordos realizados nas plataformas e sistemas digitais. Conforme assinala Arbix, os mecanismos *online* podem até mesmo se mostrar mais eficientes do que mecanismos simples de resolução de disputas, na medida em que facilitam a execução das decisões tomadas pelos envolvidos ou pelo julgador por eles eleito.[369] Mecanismos de ODR podem apoiar-se em mecanismos de autotutela ou na ação de terceiros garantidores, tais como depósito (escrow), pagamento diferido etc.[370] Algumas plataformas de ODR funcionam com um sistema de custódia que permite a execução imediata das decisões das partes e dos árbitros por meio de plataformas *online* de serviços de pagamento, como PayPal, e por meio de contratos inteligentes usando tecnologia de *blockchain*,[371] como Kleros.[372] No contexto da execução civil, a utilização dos chamados "smart contracts" tem potencial de reduzir drasticamente custos de execução e de conformidade do comportamento das partes aos termos contratuais, especialmente em contextos em que há incerteza do

---

368 RULE, Colin. Designing a global online dispute resolution system: lessons learned from eBay. *University of St. Thomas Law Journal*, Saint Paul, v. 13, n. 2, p. 354-369, 2017. p. 357.

369 RULE, Colin. Designing a global online dispute resolution system: lessons learned from eBay. *University of St. Thomas Law Journal*, Saint Paul, v. 13, n. 2, p. 354-369, 2017. p. 88.

370 ARBIX, Daniel. *Resolução online de controvérsias*. São Paulo: Intelecto, 2017. p. 89.

371 Conforme destacam Roberge & Fraser, "There is surely room for improvement. In the near future, blockchain technology may develop in ODR platforms to enforce decisions through escrow of collateral and smart contracts, which would allow the amount to be automatically divided and transferred in accordance with the decision made". (ROBERGE, Jean-Françoise; FRASER, Véronique. Access to commercial justice: a roadmap for Online Dispute Resolution. *Ohio State Journal on Dispute Resolution*, Columbus, v. 35, n. 1, p. 1-62, 2019. p. 48).

372 ROBERGE, Jean-Françoise; FRASER, Véronique. Access to commercial justice: a roadmap for Online Dispute Resolution. *Ohio State Journal on Dispute Resolution*, Columbus, v. 35, n. 1, p. 1-62, 2019. p. 47.

adimplemento.[373] No contexto do comércio eletrônico, a utilização de garantia de pagamento é crucial para a execução dos acordos e decisões realizadas nas plataformas.[374]

Conforme delineado, um dos efeitos sentidos pela introdução de tecnologias aos mecanismos de resolução de disputas é a *redução dos custos para os usuários*. Tal redução propiciada pelas ODRs no comércio eletrônico tem o potencial de gerar um incremento na inclusão de consumidores/usuários que não buscariam a tutela de seus direitos pelos meios tradicionais até então disponíveis, dados os custos proibitivos de outras esferas. Com efeito, a redução dos custos das transações nesses ambientes (aqui, reprisa-se toda a variedade de custos, financeiros, de tempo, emocionais, informacionais, de execução etc.) propiciados pela tecnologia, podem representar a ampliação de acesso à Justiça e vazão a queixas que jamais seriam endereçadas ao Poder Judiciário ou mecanismos alternativos de resolução de disputas.

Fatores como baixo custo, alta velocidade de resolução das disputas, compatibilidade de alternativas *online* com o comércio eletrônico e flexibilidade procedimental e de horário são determinantes para a escolha dos usuários por mecanismos *online* de solução de disputas.[375]

Quando se pensa em custos de transação, no entanto, especial atenção deve ser dada aos custos dos provedores dos serviços, sejam eles públicos ou privados, na disponibilização de sistemas de resolução de disputas. Conforme sinalizado por Katsh, um dos desafios para a implementação de ODRs diz respeito ao fato do desenvolvimento de software ser complexo, demorado e custoso.[376] De fato, o desenvolvimento e a manutenção de mecanismos tecnológicos para a resolução de disputas tem custos que, apesar de mitigados em face da economia de escala,[377] não parecem ser irrelevantes.

---

373 YARSHELL, Flávio Luiz; RODRIGUES, Viviane Siqueira. Contratos inteligentes e execução civil: diálogo possível e útil? *In*: FUX, Luiz; ÁVILA, Henrique; CABRAL, Trícia Navarro Xavier (Org.). *Tecnologia e Justiça Multiportas*. Indaiatuba: Foco, 2021. p. 421-422.

374 ARBIX, Daniel. *Resolução online de controvérsias*. São Paulo: Intelecto, 2017. p. 89.

375 BUZZI, Marco Aurélio Gastaldi. Sistema de justiça multiportas: a garantia do acesso ao judiciário em tempos de pandemia da covid-19. *In*: FUX, Luiz; ÁVILA, Henrique; CABRAL, Trícia Navarro Xavier (Org.). *Tecnologia e justiça multiportas*. Indaiatuba: Editora, 2021. p. 74.

376 KATSH, Ethan. Online Dispute Resolution: some implications for the emergence of law in cyberspace. *International Review of Law, Computers and Technology*, Londres, v. 21, n. 2, p. 97-107, jun. 2007. p. 105.

377 Conforme destaca Arbix, a automação proporcionada pelo uso de tecnologia pode gerar economias de escala tanto no lado da oferta quanto do lado da demanda. A oferta de

De um lado, para o provedor de serviços de ODR, os ganhos de escala proporcionados é fator a incentivá-lo a adotar mecanismos tecnológicos para a resolução de disputas, além do interesse em evitar e solucionar disputas dentro de sua própria plataforma e promover a confiança dos usuários;[378] de outro, os custos com o desenvolvimento de tecnologia, investimento em inovação e os riscos relacionados não são desprezíveis, logo, o interesse em proporcionar aos usuários tal ferramenta pode esbarrar nesses custos.

Conforme relata Colin Rule acerca de sua experiência como desenvolvedor da plataforma eBay, um dos desafios encontrado por ele foi explicar aos executivos e tomadores de decisão da empresa o benefício do investimento em um sistema de resolução de disputas *online*, algo que, até então, não era tão evidente.[379] Nesse sentido, vislumbra-se, de um lado, benefícios relacionados à confiança do usuário na plataforma e satisfação dos clientes e, por outro, custos relacionados a investimentos, pesquisas, riscos no desenvolvimento de mecanismos convenientes, seguros e adequados para o endereçamento de conflitos, os quais são – em maior ou menor medida – onerosos. Nesse aspecto, importa observar que os incentivos colocados aos provedores privados para o desenvolvimento de plataformas de resolução de conflitos junto aos sites de e-commerce podem ser insuficientes.

Outro aspecto a ser considerado com a redução dos custos de transação diz respeito ao aumento das interações. Conforme sinalizado por alguns autores neste tema das novas tecnologias associadas ao processo judicial e aos sistemas de resolução de disputas, ao diminuir os custos de transação das interações sociais de forma geral, a introdução de tecnologia pode apresentar efeito colateral relacionado ao aumento

---

mecanismos *online* de resolução de disputas pode ser eficiente se, através do estabelecimento de um mecanismo de ODR, seus custos de funcionamento forem muito baixos, permitindo que um número progressivamente maior de conflitos seja solucionado a custos acessíveis e decrescentes. Em relação à demanda, se o valor percebido pelos usuários de mecanismos de ODR aumentar à medida que sua utilização agregada crescer, haverá ganhos de escala. Esses benefícios, presentes em plataformas de *software*, se somados à reversão de mecanismos reputacionais confiáveis que podem ser extraídos em decorrência da interação massificada, podem ser acentuados. (ARBIX, Daniel. *Resolução online de controvérsias*. São Paulo: Intelecto, 2017. p. 87).

378 WOLKART, Erik Navarro. *Análise econômica do processo civil*: como a economia, o direito e a psicologia podem vencer a tragédia da justiça. São Paulo: Thomson Reuters Brasil, 2019. p. 744.

379 RULE, Colin. Quantifying the economic benefits of effective redress: large e-commerce data sets and the cost-benefit for investing in dispute resolution. *University of Arkansas at Little Rock Law Review*, Little Rock, v. 34, n. 4, p. 767-778, 2012.

dessas interações. No curso do processo, advogados que levavam horas para redigir uma petição, hoje podem fazê-lo de forma simples e rápida, com pesquisa *online* de doutrina e jurisprudência, além de ser possível distribuir uma petição inicial ou interpor um recurso de forma eletrônica, sem a necessidade de deslocamento físico. Os custos relacionados à realização de atos processuais cai e, naturalmente, praticam-se mais atos do que antes.[380] Nesse sentido, com a possibilidade de registrar reclamações *online*, diminuem-se as barreiras tradicionais enfrentadas pelos reclamantes, o que contribui para o aumento do número de reclamações diante dos custos mais baixos de tempo e dinheiro necessários para submeter legítimas disputas.[381]

Ainda, outro fator a ser delineado decorre da complexidade tecnológica que, ao exigir habilidades adicionais aos usuários, pode ser fator impeditivo de utilização desses meios – ainda não tão usuais – de resolução de disputas. Conforme refere Paro *et al.*, estudos empíricos demonstram que mecanismos de composição extrajudicial são subutilizados e pouco procurados, dentre os motivos, está a falta de informação aos cidadãos, as debilidades do ensino jurídico, os incentivos dados a advogados para instruírem seus clientes a buscarem o contencioso e o intento dos próprios clientes de buscarem indenizações em vez de uma solução consensual.[382] Destaque-se, igualmente, as questões relacionadas à exclusão digital e o aceso à internet por grupos vulneráveis, como idosos, analfabetos, etc.

Note-se que apesar dos baixos custos de transação, as alternativas *online* ainda são pouco procuradas se comparadas com as alternativas judiciais. Outros incentivos e elementos devem ser analisados e desenvolvidos.

---

380 WOLKART, Erik Navarro. *Análise econômica do processo civil*: como a economia, o direito e a psicologia podem vencer a tragédia da justiça. São Paulo: Thomson Reuters Brasil, 2019.

381 RABINOVICH-EINY, Orna. Going public: diminishing privacy in dispute resolution in the internet age. *Virginia Journal of Law and Technology*, Charlottesville, v. 7, n. 2, p. 1-55, 2002. p. 46-47.

382 PARO, Giácomo; MARQUES, Ricardo Dalmaso; DUARTE, Ricardo Quass. On-line Dispute Resolution (ODR) e o interesse processual. *In*: WOLKART, Erik Navarro *et al.* (Org.). *Direito, processo e tecnologia*. São Paulo: Thomson Reuters Brasil, 2020. p. 305.

4.1.2 Efeitos sobre a expectativa de resultado e assimetria informacional

Conforme antes delineado, a expectativa da parte litigante sobre determinadas disputas e as informações privadas e compartilhadas influenciam os agentes na sua decisão a respeito dos rumos do litígio. Uma das razões pelas quais os casos podem prosseguir para o julgamento é o fato de que os dois lados fizeram previsões diferentes sobre o que acontecerá – previsões divergentes que diminuem ou eliminam o intervalo de negociação – e podem ser resultantes da falta de informação, de uma preparação inadequada, falta de acesso aos fatos relevantes ou regras legais e contratuais, ou comunicação deficiente entre as partes. Com efeito, aspecto relevante para a autocomposição das disputas, conforme traçado em tópico específico, é o alinhamento das partes sobre suas expectativas de resultado e o nível de compartilhamento de informações relevantes.

Uma das principais virtudes dos mecanismos *online* de resolução de disputas é a ampliação dos canais de comunicação a baixo custo, virtude essa que é própria das tecnologias da informação e comunicação. Nesse sentido, um dos pilares das plataformas *online* de comércio eletrônico e de proteção ao consumidor é a disponibilização de canais de comunicação que facilitam a troca de informações entre as partes e, portanto, promovem o consenso.

O canal de comunicação direto entre os usuários, com fluxos semiautomatizados, melhora a troca de informações e, portanto, amplia as chances de composição das disputas. Tal se observa nas plataformas de e-commerce e na plataforma *Consumidor.gov.br.* A intervenção da plataforma é, na maioria dos casos, estratégica e mínima. Nesse sentido, de fato, observa-se que as comunicações possibilitadas pelos mecanismos de ODR têm o potencial de diminuições de assimetrias relacionadas aos fatos e circunstâncias privadas das partes, uma vez que o compartilhamento dessas informações é realizado a baixo custo. Outros trabalhos já sinalizam essa perspectiva, demonstrando que as ODRs têm como um dos seus focos principais a diminuição de assimetria de informação entre compradores e vendedores, ao se fornecer elementos sobre o funcionamento do "marketplace", sobre as maneiras de solucionar os conflitos decorrentes das transações realizadas na plataforma, além de fornecer mecanismos de comunicação entre os usuários, em alguns casos, de forma assistida, e através do uso de fluxos semiautomatizados.[383]

A estrutura de ODR do eBay adota um método de tratamento escalonado de disputas que se inicia com o diagnóstico do problema e o fornecimento de informações relevantes sobre as questões legais/contratuais envolvidas antes mesmo das tratativas diretas entre comprador e vendedor. Conforme se percebe, o objetivo é a redução de assimetria informativa dos usuários, para que, à medida que evoluam dentro da plataforma, as partes estejam cada vez mais informadas – e aptas – para o endereçamento da controvérsia. Cada etapa atua como um filtro, com o objetivo de minimizar o fluxo de caixas que chegaram ao final.[384]

Conforme anota Paro *et al.*, com o uso da tecnologia para criação de um ambiente de comunicação e fornecimento de informações a compradores e vendedores sobre as circunstâncias, seus direitos e deveres, as plataformas têm reportado índices de solução, só na fase de negociação assistida, entre 75% e 90%. Os demais casos, não resolvidos diretamente entre os usuários, podem ser solucionados por mediação, arbitragem ou por um *dispute board,* de acordo com termos e condições aceitos pelos usuários ou mesmo submetidos ao Poder Judiciário.[385]

Além disso, as ferramentas tecnológicas, especialmente através do uso de inteligência artificial, aumentam a capacidade preditiva de resultados e, com isso, têm o potencial de incrementar o alinhamento das partes quanto às suas expectativas. Através do uso de dados, torna-se possível proceder análise automatizada de documentos e uma previsão mais precisa de riscos e resultados das ações judiciais.[386] Experiências já existentes de sistemas preditivos, por exemplo, são capazes de antecipar a possibilidade de sucesso de um processo de disputa de titularidade de patente nos EUA com precisão maior que a alcançada por advogados

[383] MARQUES, Ricardo Dalmaso. A resolução de disputas online (ODR): do comércio eletrônico ao seu efeito transformados sobre o conceito e a prática do acesso à justiça. *Revista de Direito e as Novas Tecnologias,* São Paulo, v. 5, p. 1-38, out./dez. 2019. p. 11.

[384] MARQUES, Ricardo Dalmaso. A resolução de disputas online (ODR): do comércio eletrônico ao seu efeito transformados sobre o conceito e a prática do acesso à justiça. *Revista de Direito e as Novas Tecnologias,* São Paulo, v. 5, p. 1-38, out./dez. 2019. p. 11.

[385] PARO, Giácomo; MARQUES, Ricardo Dalmaso; DUARTE, Ricardo Quass. On-line Dispute Resolution (ODR) e o interesse processual. *In*: WOLKART, Erik Navarro *et al.* (Org.). *Direito, processo e tecnologia*. São Paulo: Thomson Reuters Brasil, 2020. p. 300.

[386] WOLKART, Erik Navarro. *Análise econômica do processo civil*: como a economia, o direito e a psicologia podem vencer a tragédia da justiça. São Paulo: Thomson Reuters Brasil, 2019. p. 748.

experts no tema.[387] Tais tecnologias têm o potencial de ir adiante, inclusive, chegando a um nível de precisão de "mapear o posicionamento de um juiz específico em relação a uma questão predominante de direito, adentrando detalhes como quais leis e precedentes o juiz mais cita".[388]

Conforme analisa Wolkart, como consequência das tecnologias preditivas para o comportamento cooperativo das partes, teríamos a diminuição do viés do otimismo na avaliação de resultado, evitando a propositura de demandas frívolas e o aumento das possibilidades de acordo, uma vez que o valor de reserva torna-se passível de cálculo preciso.[389] No Brasil, conforme destaca o autor, essa técnica de análise estatística do comportamento das Cortes e juízes tem sido traduzida pelo termo Jurimetria.[390] A Jurimetria,[391] nesse sentido, desloca o centro do interesse da pesquisa em Direito para o plano concreto, dados os três pilares operacionais no qual se funda: jurídico, estatístico e computacional.[392]

Nesse mesmo sentido, Lucon destaca que as tecnologias preditivas, baseadas em inteligência artificial, fornecem ferramentas que podem

---

387 O sistema "Lex Machina", desenvolvido nos EUA, segundo relata Wolkart, é capaz de antecipar a possibilidade de sucesso de um processo de disputa de titularidade de patente com precisão maior que a alcançada por advogados experts no tema (WOLKART, Erik Navarro. *Análise econômica do processo civil*: como a economia, o direito e a psicologia podem vencer a tragédia da justiça. São Paulo: Thomson Reuters Brasil, 2019. p. 749).

388 Wolkart cita o sistema desenvolvido por ex-alunos de Stanford, com apoio da Harvard Law School Library chamado Ravel Law com tal capacidade de análise (WOLKART, Erik Navarro. *Análise econômica do processo civil*: como a economia, o direito e a psicologia podem vencer a tragédia da justiça. São Paulo: Thomson Reuters Brasil, 2019. p. 751-753).

389 WOLKART, Erik Navarro. *Análise econômica do processo civil*: como a economia, o direito e a psicologia podem vencer a tragédia da justiça. São Paulo: Thomson Reuters Brasil, 2019. p. 749.

390 WOLKART, Erik Navarro. *Análise econômica do processo civil*: como a economia, o direito e a psicologia podem vencer a tragédia da justiça. São Paulo: Thomson Reuters Brasil, 2019. p. 749.

391 Nunes define Jurimetria "como a disciplina do conhecimento que utiliza a metodologia estatística para investigar o funcionamento de uma ordem jurídica". (NUNES, Marcelo Guedes. *Jurimetria*: como a estatística pode reinventar o direito. 2. ed. São Paulo: Thomson Reuters Brasil, 2019. p. 108-111).

392 Conforme explana Nunes, "ao tomar o plano concreto como referência principal, a Jurimetria exige a adoção de uma nova metodologia. O plano abstrato do Direito é composto de normas singulares que têm pretensão de resolver sozinhas um universo de casos ao qual seu sentido remete. Já o plano concreto é composto por milhares de normas, como sentenças, acórdãos ou contratos, voltados para resolução de conflitos específicos (...) A metodologia mais apropriada para viabilizar a investigação de centenas de milhares de decisões do plano concreto, permitindo a descrição das características dessas populações e viabilizando a inferência sobre possíveis associações e comportamentos futuros, é a estatística (NUNES, Marcelo Guedes. *Jurimetria*: como a estatística pode reinventar o direito. 2. ed. São Paulo: Thomson Reuters Brasil, 2019. p. 108-110).

contribuir para o incentivo à autocomposição, na medida em que permite às partes estarem mais bem informadas sobre os exatos contornos das disputas, além de diminuir o número de demandas aventureiras.

> Por exemplo, é mais provável que uma parte assine um acordo se dispuser de informações concretas sobre suas chances de ganhar ou perder uma ação judicial. Essas informações podem ser facilmente obtidas por meio de algoritmos que, ao compilarem diversas sentenças e julgamentos, são capazes de prever o desfecho de uma ação judicial por meio da análise dos fatos relevantes, bem como dos argumentos deduzidos por cada parte. Algoritmos dessa natureza servem, portanto, de estímulo à autocomposição e também à rápida solução de controvérsias, o que contribui para aumentar a publicidade e a transparência no judiciário Algoritmos podem prever o resultado de uma disputa, ainda que de forma aproximada, tendem a diminuir o número de demandas aventureiras que se aproveitam da incerteza do sistema judiciário como uma oportunidade para evitar o cumprimento de suas obrigações. Em síntese, as práticas de conciliação e mediação, quando orientadas pela noção de resultados possíveis gerados pela inteligência artificial otimizam o acesso à justiça, pois permite uma solução mais adequada e oportuna para o conflito, bem como têm potencial para amenizar o sistema judiciário, reduzindo a quantidade de reclamações arquivadas.[393]

O potencial a ser extraído através do uso da análise de dados, tecnologias preditivas e aplicação a sistemas de resolução de disputas ainda pode ser expandido. Conforme reflete Abreu, a interoperabilidade dos sistemas judiciais e de soluções extrajudicias, como o *Consumidor.gov.br*, com o sistema judicial eletrônico – PJE, pode permitir

---

[393] "For example, a party is more likely to sign a settlement if it disposes of concrete information regarding its chances of winning or losing a lawsuit. This information can easily be obtained through algorithms that, by compilating several rulings and judgements, are capable to predict the outcome of a lawsuit by analyzing the relevant facts as well as the arguments deduced by each party. Algorithms of this nature, thus, serve as a stimulus to auto composition as well as to quickly settling disputed, which contribute to increase publicity and transparency in the judicial branch. (...) Algorithms that can predict the result of a dispute, albeit in an approximate manner, tend to decrease the number of adventurous claims that take advantage of the uncertainty of the court system as an opportunity to avoid the fulfillment of one´s obligations. In synthesis, the practices of conciliation and mediation, when orientated by the notion of possible outcomes created by artificial intelligence optimize the access to justice, because it allows for a more adequate and timely solution to the conflict, as well as has the potential to alleviate the court system by reducing the amount of claims filed". (LUCON, Paulo Henrique dos Santos. Procedural law and artificial intelligence. *In*: LUCON, Paulo Henrique *et al.* (Org.). *Direito, processo e tecnologia*. São Paulo: Thomson Reuters, 2020. p. 546).

o compartilhamento de um maior volume de informações, com a identificação de temas já decididos em precedentes de repercussão geral, identificação de demandas similares, com respostas mais eficientes nas demandas de interesse do consumidor.[394]

Zeleznikow argumenta que o desenvolvimento de tecnologias preditivas que dão suporte a decisões deve levar ao aprimoramento do campo de resolução de disputas, uma vez que estando os usuários cientes do resultado provável do litígio (seu BATNA), estes serão incentivados a evitar custos e estresse emocional de procedimentos legais,[395] aumentando a probabilidade de os usuários se envolverem em mecanismos alternativos de resolução de disputas.[396] A partir da pesquisa empreendida, não vislumbrou-se a aplicação deste tipo de tecnologia em mecanismos *online* de resolução de disputas no comércio, pelo menos do ponto de vista formal e procedimental.[397] Na análise desenvolvida por Roberge & Fraser, os autores não encontraram provedores que utilizassem as tecnologias avançadas da inteligência artificial com o objetivo de fornecer informações jurídicas ao público, exceto pelo fornecimento de buscadores ou *chatbots*, que são uma forma simplificada de interface inteligente".[398]

No contexto do comércio eletrônico, as práticas para alinhamento quanto à expectativa de resultado das demandas são baseadas basicamente pelo conteúdo informativo veiculado sobre as regras legais aplicáveis e as soluções usualmente adotadas por outros usuários. As plataformas criam e colocam à disposição das partes em seus sites

---

394 ABREU, Alexandre Lopes. Tecnologia e equidade para um serviço multiportas no Judiciário. *In*: FUX, Luiz; ÁVILA, Henrique; CABRAL, Trícia Navarro Xavier (Org.). *Tecnologia e justiça multiportas*. Indaiatuba: Foco, 2021. p. 304.

395 ZELEZNIKOW, John. Artificial intelligence and Online Dispute Resolution enhance efficiency and effectiveness in courts. *International Journal for Court Administration*, Williamsburg, v. 8, n. 2, p. 30-45, maio 2017. p. 34.

396 ZELEZNIKOW, John. Artificial intelligence and Online Dispute Resolution enhance efficiency and effectiveness in courts. *International Journal for Court Administration*, Williamsburg, v. 8, n. 2, p. 30-45, maio 2017. p. 38.

397 Ressalta-se a existência de diversas empresas, conhecidas como "*legaltechs*", que prestam serviço de jurimetria e entregam como resultado informações e dados a respeito das decisões do órgão do Poder Judiciário contra o qual se litigue; tal serviço é contrato para o gerenciamento de riscos de empresas com grande contencioso, denominado pelo autor de "grandes litigantes" ou *repeat players*. (RAVAGNANI, Giovani. Legal analytics II: mapeamento de riscos. *In*: FERRARI, Isabel (Org.). *Justiça digital*. São Paulo: Thomson Reuters Brasil, 2020. p. 147).

398 ROBERGE, Jean-Françoise; FRASER, Véronique. Access to commercial justice: a roadmap for Online Dispute Resolution. *Ohio State Journal on Dispute Resolution*, Columbus, v. 35, n. 1, p. 1-62, 2019. p. 21.

conteúdos jurídicos simplificados e explicados em linguagem leiga, usando uma interface amigável de perguntas e respostas (Q&A).[399] Conforme se observou, as plataformas de comércio eletrônico eBay e Mercado Livre têm essa funcionalidade baseada na veiculação de informações em formato de "Perguntas Frequentes". O eBay, ainda, agrega mecanismos de "*crowdsourcing*" com a possibilidade de o usuário questionar à "Comunidade eBay" sobre os mais diversos tópicos.[400] Trata-se, portanto, de mecanismos que possibilitam a diminuição de assimetrias informativas existentes e que podem contribuir tanto para a prevenção, quanto para a contenção de disputas.

Curiosamente, as plataformas vinculadas à proteção do consumidor – que teriam inclusive maior legitimidade para veicular conteúdos relativos a direitos e garantias dos consumidores – não têm esse tipo de funcionalidade. Não há conteúdo informativo sobre as normas legais aplicáveis, em formato "Perguntas Frequentes ou "Disputas Frequentes", salvo para esclarecimentos quanto ao procedimento. Talvez, dada a variedade de disputas reclamadas nesse ambiente ou mesmo para preservar a sua condição de "mediadora" das disputas, sejam circunstâncias que dificultam a edição de um banco específico de tópicos relacionados aos direitos dos consumidores. No entanto, a diminuição de custos e assimetrias informacionais relacionadas às disputas seriam facilitadas por dados e funcionalidades que permitissem o alinhamento das expectativas dos consumidores e a diminuição de assimetrias relacionadas às normas aplicáveis às suas demandas, com espaço para a introdução de tecnologias preditivas nesse sentido.

Conforme já sugeriu Suriani, "fornecer informações ao consumidor sobre os acordos realizados previamente de forma simples e dentro do contexto da sua disputa o capacitará e trará mais confiança para ele decidir sobre a solução proposta pelo comerciante, podendo elevar o índice de satisfação".[401] É notável, no entanto, que enquanto vivemos atualmente na era do Big Data, não temos informações suficientes em mãos sobre as disputas de consumo. Embora haja informações

---

399 ROBERGE, Jean-Françoise; FRASER, Véronique. Access to commercial justice: a roadmap for Online Dispute Resolution. *Ohio State Journal on Dispute Resolution*, Columbus, v. 35, n. 1, p. 1-62, 2019. p. 22.

400 EBAY. *The eBay Community*, c2016. Fórum de usuários. Disponível em: https://community.ebay.com/. Acesso em 5 maio 2021.

401 SURIANI, Fernanda Mattar Furtado. Access to justice and consumidor.gov case. *In*: LUCON, Paulo *et al.* (Org.). *Direito, processo e tecnologia*. São Paulo: Thomson Reuters, 2020. p. 255.

relacionadas aos processos judiciais, é importante lembrar que as disputas – especialmente as de baixo valor econômico – nem sempre chegam aos tribunais.[402]

Conforme se nota, há ainda espaço significativo para desenvolvimento de ODRs com mecanismos que permitam um alinhamento de expectativas quanto ao resultado de suas disputas, as normas aplicáveis aos seus casos, o que potencialmente impactaria diretamente nos índices de autocomposição e prevenção de disputas.

Por fim, outro fator importante a impactar na prevenção e resolução de conflitos diz respeito aos sinais reputacionais oferecidos pelas soluções *online* de resolução de disputas.[403] A sinalização de condutas dos usuários, além de gerar sinais claros quanto ao seu comportamento, estimulam o cumprimento espontâneo das obrigações. A ameaça quanto à fácil verificação de más condutas, espelhadas na reputação dos agentes que descumprem normas jurídicas ou sociais por determinada comunidade, é um fator importante de prevenção de diversos conflitos,[404] como é o caso das plataformas de *e-commerce*.

As tecnologias de informação e comunicação, nesse sentido, amplificam o fenômeno reputacional em face da capacidade de economia de escala gerada.[405] A interação entre tais sinais e os mecanismos online de resolução de disputas pode se dar em maior ou menor grau, a depender da proximidade dos gestores de tais sistemas. Tal interação pode ser mais superficial, se o mecanismo de ODR não estiver vinculado à entidade emissora dos sinais reputacionais, ou mais intensa, no caso de ambos serem geridos pela mesma entidade, hipóteses em que os sinais reputacionais e a prevenção de conflitos estariam intimamente relacionados.[406]

Os sistemas de feedback utilizados especialmente no comércio eletrônico, como um esquema de classificação de confiança ou reputação,[407] são, portanto, mecanismos reveladores de informação e têm um impacto significativo tanto na prevenção (evitando a contratação

---

402 SCHMIDT-KESSEN, María José; NOGUEIRA, Rodrigo; CANTERO, Marta. Success or failure? Effectiveness of consumer ODR platforms in Brazil and in the EU. *Copenhagen Business School Law Research Paper Series*, Copenhage, n. 19-17, p. 1-23, abr. 2019. p. 2.

403 ARBIX, Daniel. *Resolução online de controvérsias*. São Paulo: Intelecto, 2017. p. 95.

404 ARBIX, Daniel. *Resolução online de controvérsias*. São Paulo: Intelecto, 2017. p. 95.

405 SUSTEIN, Cass. *Republic 2.0*. Princeton: Princeton University Press, 2009. p. 83-86.

406 ARBIX, Daniel. *Resolução online de controvérsias*. São Paulo: Intelecto, 2017. p. 98.

407 WANG, Faye Fangfei. *Online Dispute Resolution*: technology, management and legal practice from an international perspective. Oxford: Chandos, 2009. p. 25.

junto a usuários com maus sinais reputacionais) quanto na resolução das disputas (incentivando os usuários a terem uma conduta resolutiva). Conforme analisa Rule, no sistema eBay, a partir do mecanismo de feedback, o vendedor tem grandes incentivos para resolver o caso amigavelmente, uma vez que, ao receber feedback negativo, é possível que seja reduzida a disposição dos futuros compradores de fazer compras com eles.[408] Tal efeito é, portanto, sentido tanto na prevenção quanto na contenção de disputas.

O sistema de gerenciamento de reputação incentiva a boa fé e a composição das disputas, porque a maioria dos compradores e vendedores são usuários recorrentes na plataforma.[409] O eBay, o Mercado Livre e o Alibaba têm esse mecanismo de avaliação e reputação na sua plataforma como estratégia para gerar confiança e indiretamente incentivar a resolução de disputas. A plataforma *Consumidor.gov.br* divulga os índices de resolução das empresas e as notas atribuídas pelos consumidores, criando um sistema de reputação que incentiva as empresas a solucionarem mais do que se oporem às demandas. O incentivo por um sistema de reputação, característico das plataformas de comércio eletrônico, é utilizado também entre empresas, para que compitam entre si, não com relação à prestação de seus serviços ou bens comercializados, mas quanto à qualidade e à eficiência da sua resolução de conflitos, o que é bastante simbólico.[410] As demais plataformas analisadas não possuem esse tipo de mecanismo previsto em seu procedimento.

Nesse sentido, pode-se dizer que os mecanismos de feedback – por serem mecanismos reveladores de informações sobre as partes – atuam como fator de prevenção de novos conflitos, o que, aliados a sistemas de resolução de disputas, retiram a ênfase da lógica de tratamento de conflitos da resolução de controvérsias já existentes, agindo também para a sua prevenção.

---

408 RULE, Colin. Designing a global online dispute resolution system: lessons learned from eBay. *University of St. Thomas Law Journal*, Saint Paul, v. 13, n. 2, p. 354-369, 2017. p. 364.

409 ROBERGE, Jean-Françoise; FRASER, Véronique. Access to commercial justice: a roadmap for Online Dispute Resolution. *Ohio State Journal on Dispute Resolution*, Columbus, v. 35, n. 1, p. 1-62, 2019. p. 47.

410 PARO, Giácomo; MARQUES, Ricardo Dalmaso; DUARTE, Ricardo Quass. On-line Dispute Resolution (ODR) e o interesse processual. *In*: WOLKART, Erik Navarro *et al.* (Org.). *Direito, processo e tecnologia*. São Paulo: Thomson Reuters Brasil, 2020. p. 302.

4.1.3 Repercussão sobre o comportamento estratégico dos agentes

A partir das compreensões da teoria dos jogos, sabe-se que as partes vão interagir estrategicamente (em um contexto de interdependência) de acordo com suas preferências, buscando, de um lado, a maximização de utilidade e, de outro, a mitigação do risco relacionado à quebra das negociações. O fato de os agentes estarem em interação, onde tentam compreender o ponto de vista do oponente, compartilhar (ou não) informações privadas e deduzir as prováveis respostas às suas ações, gera comportamentos estratégicos em relação à disputa.

Os mecanismos de resolução *online* de disputas propiciam canais de comunicação que – nos diferentes modelos – vão estabelecer formas diversas de interação entre os agentes envolvidos. Conforme observou-se, todas as plataformas estabelecem um procedimento padrão a ser seguido pelo usuário, com limitações às suas interações, seja na forma (síncrona, assíncrona), nos meios (comunicação escrita, interações por áudio ou vídeo), com interação humana ou não e na duração do procedimento.[411] A dinâmica estabelecida entre as partes é fundamental e pode ser moldada pela tecnologia.

De acordo com o estabelecido em tópico anterior, em uma negociação sobre a divisão do excedente cooperativo, as partes ficam incertas sobre até que ponto a outra parte cederá e que, embora a estratégia ótima seja aquela que equilibra a maior parcela de benefício no acordo em face do risco de quebra das negociações, as partes podem estimar erradamente a disposição do seu oponente de fazer concessões, levando ao colapso das negociações (modelo do otimismo mútuo). Além disso, como se viu, a adoção de uma estratégia de negociação rígida (*hard bargaining*) pode ser a estratégia dominante a ser seguida pelas partes, acarretando, mais facilmente, a quebra das negociações.

A esse respeito, a tecnologia pode ser um importante mecanismo de modulação da interação entre as partes, de forma a estimular comportamentos cooperativos. No que diz respeito ao otimismo mútuo, já se tratou das amplas possiblidades de alinhamento de expectativas por meio de tecnologias preditivas. No aspecto interacional entre as partes, importante fator a ser observado diz respeito ao tom das negociações e

[411] KATSH, Ethan; RIFIKIN, Janet. *Online Dispute Resolution*: resolving conflicts in cyberspace. São Francisco: Jossey-Bass, 2001. p. 42.

estilos de interação nas estratégias de divisão do excedente cooperativo na autocomposição de disputas.

O paradigmático caso do eBay revela a necessidade de se desenvolver processos e dinâmicas de acordo com o tipo de disputa. Ficou claro para os desenvolvedores da plataforma que o processo teria que fornecer uma solução para cada tipo de problema relatado. Um modelo puramente facilitador que deixasse o resultado para as partes geraria muita frustração e deixaria muitos casos sem solução. Isso porque algumas partes não tinham interesse em chegar a um acordo (por exemplo, um vendedor no caso de uma disputa em razão de produto em desacordo com a descrição) tinha forte incentivo para não negociar de boa-fé.[412] Nesse sentido, a estrutura da comunicação entre as partes foi intermediada pelo computador, a fim de evitar insultos e ameaças ao vendedor, o que permitiu interações mais produtivas e amigáveis entre as partes. Segundo relata Rule, foram raros os tópicos de mensagens que começaram com um tom negativo e depois mudaram no meio, passando a um tom construtivo. Criar um tom inicial positivo para o processo de resolução foi crucial para gerar responsabilidade, empatia e razoabilidade, bem como para manter as comunicações produtivas e focadas na solução.[413]

Outra questão importante tratada pelo eBay era a cultura em torno do conflito. A forma como a comunidade eBay abordava os problemas com as transações foi uma grande parte desse desafio. A linguagem era muito legalista e com conotação negativa. Os usuários tratam as questões em termos de "caso" e "reclamação". Se um comprador não pagasse, esse usuário costumava ser chamado de "comprador inadimplente" ou "comprador caloteiro". Se um vendedor não entregasse um item, a única opção era o comprador registrar um "Alerta de fraude".

Revelou-se, portanto, a necessidade de desenvolver-se uma nova maneira de descrever essas situações, a fim de otimizar a chance de que fossem resolvidas diretamente entre as partes.[414] Foram renomeados os processos para promover um melhor enfrentamento das questões. "Alertas de fraude" tornaram-se disputas denominadas de

412 RULE, Colin. Designing a global online dispute resolution system: lessons learned from eBay. *University of St. Thomas Law Journal*, Saint Paul, v. 13, n. 2, p. 354-369, 2017. p. 358.

413 RULE, Colin. Designing a global online dispute resolution system: lessons learned from eBay. *University of St. Thomas Law Journal*, Saint Paul, v. 13, n. 2, p. 354-369, 2017. p. 356.

414 RULE, Colin. Designing a global online dispute resolution system: lessons learned from eBay. *University of St. Thomas Law Journal*, Saint Paul, v. 13, n. 2, p. 354-369, 2017. p. 356-357.

"Item não recebido". Foi construído um "Console de Disputa" para que os usuários pudessem ver todos os seus problemas com transações em um só lugar, comunicar-se facilmente com seus parceiros de transação e rastreá-los até a resolução. Em pouco tempo, observou-se que os membros da comunidade passaram a usar a nova linguagem para falar sobre seus problemas de transação nos fóruns de discussão. Essa nova linguagem ajudou a moldar a maneira como os usuários pensavam sobre suas disputas.[415] Nesse sentido, as interações mediadas por computador podem ser valiosas para estabelecer o tom das negociações e incentivar a utilização de estratégias de negociação mais integrativas[416] e baseadas em interesses,[417] evitando estratégias duras de negociação (hard bargaining).

Ponto de destaque, no que se refere às interações (estratégicas) entre as partes diz respeito à superioridade estratégica que os usuários recorrentes (*repeated players*) têm sobre os usuários ocasionais (*one-shot players*). Galanter propõe uma divisão dos atores processuais que têm acessos ocasionais aos tribunais (one-shotters) e jogadores recorrentes (*repeated players*) que estão envolvidos em muitos litígios semelhantes ao longo do tempo.[418] A abordagem do autor parte justamente do princípio de que os agentes têm quantidades de recursos e poder diferentes e – estando em relações competitivas ou parcialmente cooperativas nas quais têm interesses opostos – vão interagir de forma estratégica.[419] Nesse sentido, pois, o exame sobre os ODRs devem levar em conta quem são os agentes envolvidos e eventuais dinâmicas verificadas entre eles. No comércio eletrônico, pode-se dizer que há uma tendência de

---

415 RULE, Colin. Designing a global online dispute resolution system: lessons learned from eBay. *University of St. Thomas Law Journal*, Saint Paul, v. 13, n. 2, p. 354-369, 2017. p. 358.

416 Lewicki *et al.* (2014) caracterizam a negociação integrativa como uma interação em que os negociadores concentram-se nos aspectos em comum, não nas diferenças, tentam abordar as necessidades e interesses das partes e não suas posições, comprometem-se em atender às necessidades de todas as partes envolvidas, penam em soluções em termos de ganho recíproco e adotam critérios objetivos para padrões de desempenho. (LEWICKI, Roy; SAUNDERS, David; BARRY, Bruce. *Fundamentos de negociação*. 5. ed. Porto Alegre: AMGH, 2014. p. 66-67).

417 Conforme desenvolvido por Fisher, Ury & Patton, uma negociação baseada em interesses permite ganhos mútuos, concilia interesses distintos e gera mais valor do que uma negociação distributiva (FISHER, Roger; URY, William; PATTON, Bruce. *Como chegar ao sim*. rev. e atual. Rio de Janeiro: Sextante, 2018. p. 79-103.

418 GALANTER, Marc. Why the "haves" come out ahead: speculations on the limits of legal change. *Law & Society Review*, Hoboken, v. 9, n. 1, p. 95-1620, 1974. p. 97.

419 GALANTER, Marc. Why the "haves" come out ahead: speculations on the limits of legal change. *Law & Society Review*, Hoboken, v. 9, n. 1, p. 95-1620, 1974. p. 96.

interações entre usuários recorrentes de um lado (repeated players), normalmente vendedores e comerciantes, e usuários ocasionais (one-shot players) de outro, os compradores. Tal circunstância coloca os jogadores recorrentes em uma superioridade estratégica que pode ser prejudicial para os consumidores.

Tal efeito já foi destacado por Suriani, ao afirmar que nas relações B2C – *"business to consumer"* as partes têm poderes desiguais, na medida em que os jogos repetidos colocam as empresas em superioridade em razão da familiaridade com o sistema e podem usá-lo em seu benefício para criar vantagens para casos futuros.[420] Conforme destaca Rabinovich-Einy, o consumidor geralmente não tem as informações e a capacidade de investimento necessários para estabelecer um caso forte contra uma empresa. A empresa, por sua vez, por lidar com muitos consumidores e ser um jogador recorrente, tem um forte incentivo para manter os consumidores no escuro e tornar mais difícil para eles provarem seus casos.[421]

A partir dessas verificações de ordem interacional, vislumbra-se a necessidade dos mecanismos de resolução de disputas *online* – uma vez que suportam canais de comunicação diretos entre os agentes – observarem as diferentes dinâmicas de ordem interacional que influenciam o comportamento dos agentes, de modo a melhor endereçar as disputas que administram, sob pena de existirem mecanismos de ODR que sustentem iniquidades e sejam de pouca utilidade para os usuários.[422] Na esteira do que já alertou Suriani, considerando que nos mecanismos de interação direta não existe um terceiro envolvido no processo de gestão da informação entre desiguais, parece ser necessária a implementação de medidas para fornecer mais informação aos consumidores, como garantia mínima ao processo.[423]

De fato, a tecnologia tem potencial de intervir nas negociações entre as partes e, ao permitir que estas formulem e reformulem o problema e a solução, desempenham uma parcela do que estaria associado ao papel de um mediador, movendo as partes de um contexto

420 SURIANI, Fernanda Mattar Furtado. Access to justice and consumidor.gov case. *In*: LUCON, Paulo *et al.* (Org.). *Direito, processo e tecnologia*. São Paulo: Thomson Reuters, 2020. p. 255.

421 RABINOVICH-EINY, Orna. Going public: diminishing privacy in dispute resolution in the internet age. *Virginia Journal of Law and Technology*, Charlottesville, v. 7, n. 2, p. 1-55, 2002. p. 46.

422 O tópico será melhor desenvolvido na subseção 4.2.2 do trabalho.

423 SURIANI, Fernanda Mattar Furtado. Access to justice and consumidor.gov case. *In*: LUCON, Paulo *et al.* (Org.). *Direito, processo e tecnologia*. São Paulo: Thomson Reuters, 2020. p. 255.

de problema para uma postura de solução.[424] Talvez, a ampliação da capacidade no compartilhamento de informações, de análise de dados e de comunicação propiciadas pela tecnologia possam diminuir as assimetrias informativas e mitigar os problemas de superioridade estratégica dos usuários recorrentes.

A presença de advogados nos procedimentos *online* de resolução de disputas tem sido apontada como solução possível para o problema da superioridade estratégica das empresas e outros atores que atuam nas plataformas de comércio eletrônico. De fato, a presença de um advogado pode ser útil para a diminuição de assimetrias de informação das partes e para uma mais acurada estimativa de probabilidade de êxito,[425] diminuindo os defeitos decorrentes de comportamento estratégico. No entanto, sua presença também é um fator a repercutir na decisão a respeito da composição do conflito, seja pelos custos que se inserem na equação, seja por um possível desalinhamento de interesses.

De fato, a necessidade de as partes arcarem com honorários advocatícios (seja em razão de honorários de sucumbência ou honorários contratuais) faz com que haja um aumento dos custos com o acordo, diminuindo, portanto, a parcela do excedente cooperativo.[426]

Os advogados enquanto agentes econômicos racionais (assim como definimos para os demandantes) pautarão seu comportamento de acordo com a estrutura de incentivos a eles colocada, que pode divergir dos incentivos colocados aos agentes principais (demandantes), gerando um desalinhamento dos interesses. Como os advogados e as partes interessadas estão sujeitos a diferentes incentivos para o ajuizamento de ações, muitas vezes, essa condição pode levar a um desalinhamento de interesses, conhecido como um problema de agência (*agency problem*). O dilema da agência ou problema agente-principal trata das dificuldades encontradas quando – em condições de informação incompleta e assimétrica – um determinado indivíduo, o "principal", contrata outro,

---

[424] RABINOVICH-EINY, Orna. Technology's impact: the quest for a new paradigm for accountability in mediation. *Harvard Negotiation Law Review*, Cambridge v. 11, p. 253-294, 2006. p. 258.

[425] GICO JR., Ivo Teixeira. *Análise econômica do processo civil*. Indaiatuba: Foco, 2020. p. 182.

[426] WOLKART, Erik Navarro. *Análise econômica do processo civil*: como a economia, o direito e a psicologia podem vencer a tragédia da justiça. São Paulo: Thomson Reuters Brasil, 2019. p. 487-489.

denominado "agente", para a consecução de uma tarefa custosa ao próprio agente, cuja fiscalização pelo principal é de difícil realização.[427]

No contexto do litígio, como o cliente não dispõe de expertise jurídica, ou seja, tem informação incompleta e assimétrica a respeito de seu caso, este não tem condições de avaliar se a orientação do seu advogado, no sentido de litigar ou fazer acordo, é informada pelo seu melhor interesse ou fomentada pelo desejo do advogado em obter maiores ganhos pessoais. Além disso, dado o alto custo de fiscalização da atuação do advogado, há um potencial risco de desalinhamento de interesses na atuação do representante do principal.[428]

Gico Jr. faz uma análise das três principais estruturas contratuais de honorários advocatícios e debate os incentivos dos advogados e seus efeitos sobre a decisão de litigar ou encerrar a demanda por acordo.[429] Segundo observa, há excesso de incentivos para o advogado recusar bons acordos sob o regime de remuneração por hora,[430] na medida em que seu ganho será maior quanto mais tempo demorar o processo judicial e, aqui, podemos estender o tempo para a resolução da demanda como um todo; por outro lado, haveria excesso de incentivos para que o advogado aconselhe o aceite de acordos não tão bons quando remunerado por êxito ou por preço fixo. Na primeira hipótese, porque, em sendo remunerado por êxito,[431] o advogado gasta menos e sua decisão de ir a julgamento não tem custo ou custa menos para ele. E, na segunda hipótese, em sendo remunerado por preço fixo,[432] verifica-se que tal como ocorre na remuneração *por hora* – o advogado

---

427 PORTO, Antônio; GAROUPA, Nuno. *Curso de análise econômica do Direito*. São Paulo: Atlas, 2020. p. 75.

428 GICO JR., Ivo Teixeira. *Análise econômica do processo civil*. Indaiatuba: Foco, 2020. p. 182-193.

429 GICO JR., Ivo Teixeira. *Análise econômica do processo civil*. Indaiatuba: Foco, 2020. p. 186-190.

430 Os *contratos por hora* são baseados no *timesheet*, em que o advogado lança todas as horas trabalhadas em um determinado período e fatura ao cliente as horas trabalhadas de acordo com uma tabela horária pré-definida. A remuneração nesse modelo é baseada nas horas trabalhadas e o risco do processo recai exclusivamente sobre o cliente (GICO JR., Ivo Teixeira. *Análise econômica do processo civil*. Indaiatuba: Foco, 2020. p. 183).

431 O *contrato por êxito* é baseado no benefício econômico auferido pelo cliente. Nele, o advogado recebe parte do proveito econômico, se esse benefício for efetivamente auferido. Há, portanto, um compartilhamento de riscos entre o cliente e o advogado, que arca com os custos da prestação do serviço e só será pago em caso de êxito (GICO JR., Ivo Teixeira. *Análise econômica do processo civil*. Indaiatuba: Foco, 2020. p. 183).

432 Na contratação *pro labore* ou contrato fixo há uma estimativa de trabalho a ser feito e o preço cobrado pelo advogado é fixo. Nesse caso, há um compartilhamento de informação sobre a quantidade de horas trabalhadas *ex ante* e os riscos são também compartilhados na proporção dos honorários pré-fixados (GICO JR., Ivo Teixeira. *Análise econômica do processo civil*. Indaiatuba: Foco, 2020. p. 183).

terá incentivos para ajuizar ação com valor esperado negativo (VEN), pois receberá independentemente do resultado.[433] No que se refere ao incentivo para realizar acordos, o advogado pago por preço fixo terá incentivos para realizá-lo, já que não ganhará nada a mais na hipótese de o caso ir a julgamento.[434]

De fato, o jogo processual é muito mais sofisticado e complexo do que pode parecer à primeira vista. A estrutura de incentivos de todos os agentes envolvidos – sejam partes, terceiros ou advogados – importa para a compreensão plena do fenômeno.[435] Em jogos complexos, cada indivíduo participante do jogo tem interesses próprios, que devem convergir ou divergir, dando espaço para alianças, disputas e pactos que, por sua vez, podem ser de caráter pontual ou contínuo. Nessas interações, pode não haver um contexto de simetria entre os diversos jogadores ou de dominância e, portanto, assimetria.[436] Além disso, sempre que a soma dos honorários contratuais e os honorários sucumbenciais esperados superar a economia dos custos administrativos de advogar até o final daquele mesmo processo, o advogado racional evitará o acordo.[437]

Importante destacar que não se está descartando, nesse contexto de relação cliente-advogado, as preferências individuais do advogado de eventualmente colaborar com uma decisão mais favorável ao cliente do que a ele próprio em termos financeiros, em nome da reputação e até por uma questão ética. A observação feita visa entender, sob uma perspectiva geral, a estrutura de incentivos colocada aos agentes envolvidos na disputa, a fim de compreender e, eventualmente, modelar comportamentos em mecanismos digitais de resolução de conflitos.

---

433 GICO JR., Ivo Teixeira. *Análise econômica do processo civil*. Indaiatuba: Foco, 2020. p. 185.

434 GICO JR., Ivo Teixeira. *Análise econômica do processo civil*. Indaiatuba: Foco, 2020. p. 186 e 189-190.

435 GICO JR., Ivo Teixeira. *Análise econômica do processo civil*. Indaiatuba: Foco, 2020. p. 193.

436 PORTO, Antônio; GAROUPA, Nuno. *Curso de análise econômica do Direito*. São Paulo: Atlas, 2020. p. 127.

437 WOLKART, Erik Navarro. *Análise econômica do processo civil*: como a economia, o direito e a psicologia podem vencer a tragédia da justiça. São Paulo: Thomson Reuters Brasil, 2019. p. 487-489.

4.1.4 Impacto da tecnologia sobre comportamento e vieses cognitivos dos litigantes

Os mecanismos online de resolução de conflitos (ODRs) utilizam ferramentas de tecnologia da informação, como dito, de forma totalmente nova no contexto do litígio, para – influenciando o design da interface do usuário (IU) e as técnicas de experiência do usuário (UX) – oferecer aos litigantes um sistema totalmente intuitivo que os controla durante todo o processo, capacitando-os a tomar decisões processuais e substantivas, bem como medidas legais.[438]

Por um lado, o fato de os mecanismos de resolução *online* de disputas serem simples e bem integrados a ambientes já conhecidos pelas partes pode ser menos intimidante e incentivar comunicações mais abertas do que mecanismos tradicionais de resolução de controvérsias.[439] Por outro lado, no entanto, seja proposital ou inadvertidamente, o *design* dos ambientes digitais muitas vezes orienta o comportamento de seus usuários, levando-os a fazer certas escolhas e influenciando suas ações.

De fato, a ideia de que a arquitetura de escolha e de que seus efeitos não podem ser evitados foi popularizada por Thaler & Sunstein. Conforme pontuado pelos autores, ambientes de escolha nunca são neutros e moldam as escolhas das pessoas, mesmo que não tenham sido deliberadamente projetados para alcançar um efeito específico. A ideia justificaria o desenho de ambientes e suas alterações para que ofereçam *nudges* mais prováveis de ajudar e menos prováveis de causar danos,[440] fundado na ideia de paternalismo libertário.[441] No ambiente online, exemplos de recursos de arquitetura de escolha incluem alterar o número ou a ordem das opções que são apresentadas, a forma como as opções são enquadradas (por exemplo, em termos de ganho ou perda) e a seleção de uma opção padrão.[442] Combinando pesquisas em psicologia, interação humano-computador e sistemas de informação, estudos exploram atributos exclusivos das interfaces digitais como

---

438 SELA, Ayelet. e-Nudging justice: the role of digital choice architecture in online courts. *Journal of Dispute Resolution*, Columbia, v. 1, n. 2, p. 127-163, 2019. p. 128.

439 ARBIX, Daniel. *Resolução online de controvérsias*. São Paulo: Intelecto, 2017. p. 96.

440 THALER, Richard; SUSTEIN, Cass. *Nudge:* improving decisions about health, wealth and happiness. Londres: Yale University Press, 2008. p. 72.

441 THALER, Richard; SUSTEIN, Cass. Libertarian Paternalism. *The American Economic Review*, Nashville, v. 93, n. 2, p. 175-179, 2003.

442 SELA, Ayelet. e-Nudging justice: the role of digital choice architecture in online courts. *Journal of Dispute Resolution*, Columbia, v. 1, n. 2, p. 127-163, 2019. p. 129.

ambientes de escolha, examinando como elementos UX (*user experience)* e UI (*user interface)* influenciam a decisão dos usuários e, de forma ampla, como as pessoas se comportam em ambientes *online*, muitas vezes encontrando diferenças em comparação com seu comportamento em configurações *offline*.[443]

Nesse sentido, a compreensão da arquitetura de escolha digital parece particularmente relevante para a análise de qualquer sistema ODR, uma vez que essas interfaces organizam o contexto no qual os usuários tomam decisões relacionadas a litígios.[444] Os mecanismos *online* de resolução de disputas (ODRs) permitem que os usuários tomem de forma independente decisões relacionadas ao procedimento e a questões substantivas relacionadas ao litígio. Através de esquemas de procedimentos autoguiados – que têm a pretensão de serem compreensíveis, navegáveis e facilitadores da ação – os usuários percorrem uma série de etapas nas quais são obrigados a fornecer informações, fazer escolhas e tomar ações concretas para levar seu caso à resolução. O fornecimento de informações, escolhas e ações aos litigantes é conduzido por meio de ferramentas de tecnologia da informação, como assistentes (questionários *online*), formulários da web, botões de ajuda e texto informativo projetado. Esses recursos, em última análise, tendem a influenciar a maneira como os litigantes interagem com essas plataformas. A tecnologia não é neutra e a forma como o software é desenhado ou programado para operar reflete valores e suscita comportamentos particulares, de modo que os componentes tecnológicos podem afetar tanto o processo, quando seu resultado.[445] Sendo os ODRs, portanto, ambientes formatados por tecnologia, seus atributos de arquitetura devem ser analisados à luz de elementos de escolha digital e dos insights da *behavioral law and economics*, desenvolvidos em tópico anterior.

Os ambientes de escolha digital não apresentam opções de forma neutra e as escolhas das pessoas são influenciadas por este ambiente. Nesse sentido, o termo *nudging digital*, conforme conceituado por Weinmann *et al.*, consistiria no "uso de elementos de design de interface do usuário para orientar o comportamento das pessoas em ambientes

443 SELA, Ayelet. e-Nudging justice: the role of digital choice architecture in online courts. *Journal of Dispute Resolution*, Columbia, v. 1, n. 2, p. 127-163, 2019. p. 129-130.

444 SELA, Ayelet. e-Nudging justice: the role of digital choice architecture in online courts. *Journal of Dispute Resolution*, Columbia, v. 1, n. 2, p. 127-163, 2019. p. 130.

445 SELA, Ayelet. e-Nudging justice: the role of digital choice architecture in online courts. *Journal of Dispute Resolution*, Columbia, v. 1, n. 2, p. 127-163, 2019. p. 643.

de escolha digital",[446] ajustando atributos visuais, apresentando escolhas deliberadamente ou organizando fluxos de trabalho, de modo a influenciar os *inputs* ou decisões dos usuários. O *nudging* digital funciona modificando o que é apresentado (o conteúdo de uma escolha) ou como é apresentado (a visualização de uma escolha na interface digital).[447] "*Nudges digitais*" comumente utilizados incluem dar incentivos, fornecer feedback, âncoras ou definir regras-padrão.[448] Como vimos, no contexto do litígio, há diversos vieses que prejudicam o julgamento das partes a respeito da decisão de litigar ou acordar. Tais desvios sistemáticos nesse contexto podem, ainda, ser influenciados pelo fato dessa decisão ser tomada no ambiente virtual.

Um primeiro aspecto a ser considerado decorre do fato de que as decisões são tomadas nas telas. Segundo estudos a respeito da interação entre usuários e computador, suas decisões são tomadas sob condições de *escassez de atenção e atenção seletiva*, o que torna elas particularmente suscetíveis à influência de vieses e heurísticas que podem levar a decisões de baixa qualidade.

Conforme aponta Sela, pesquisas nessa área descobriram que as pessoas são particularmente propensas a tomar decisões financeiras deficientes em interfaces de computador, e que o efeito é acentuado se a decisão for tomada em um *smartphone*. Um dos motivos para isso é que, em dispositivos digitais, as pessoas tendem a tomar decisões de maneira rápida e automatizada, muitas vezes deixando de processar informações relevantes que levam a uma decisão ideal.[449]

No contexto de resolução de disputas, tal evidência torna-se especialmente relevante dado o potencial impacto que os vieses comportamentais podem ter sobre a decisão dos agentes. Em ambientes virtuais de resolução de conflitos, aspectos relacionados às âncoras disponíveis (valores pré-estabelecidos, informações em fóruns de discussão etc.), informações às quais as partes estão expostas, podem ter tanto efeitos

---

[446] "Digital nudging is the use of user-interface design elements to guide people's behavior in digital choice environments". (WEINMANN, Markus; SCHNEIDER, Christoph; BROCKE, Jan vom. Digital nudging. *Business & Information Systems Engineering*, Nova York, v. 5, n. 6, p. 433-436, 2016. p. 433).

[447] SELA, Ayelet. e-Nudging justice: the role of digital choice architecture in online courts. *Journal of Dispute Resolution*, Columbia, v. 1, n. 2, p. 127-163, 2019. p. 142.

[448] WEINMANN, Markus; SCHNEIDER, Christoph; BROCKE, Jan vom. Digital nudging. *Business & Information Systems Engineering*, Nova York, v. 5, n. 6, p. 433-436, 2016. p. 434.

[449] SELA, Ayelet. e-Nudging justice: the role of digital choice architecture in online courts. *Journal of Dispute Resolution*, Columbia, v. 1, n. 2, p. 127-163, 2019. p. 144-145.

positivos (como, p. ex., alinhamento de expectativas legítimas), quanto pode levar ao aumento no hiato de expectativas e, por consequência, surtir efeito negativo sobre a composição de disputas.

Atributos visuais, como o colorido da interface digital, a complexidade visual e fontes também influenciam na escolha dos usuários. Recursos como botões, caixas de seleção, menus suspensos, controles deslizantes e caixas de texto podem ser usados para incitar as pessoas a escolherem certas opções. Sela debate a tendência do *status quo* sobre um padrão pré-selecionado; os efeitos de uma opção "chamariz" (*decoy effect*), os efeitos de posicionar uma opção mais cedo (*primacy effect*), mais tarde (*recency effect*) ou no meio (*middle option bias*). O autor ainda indica o efeito de âncoras implícitas nos pontos finais de controles deslizantes. Quando uma escolha envolve opções contínuas (por exemplo, indicando uma quantia de dinheiro), ao usar um controle deslizante para obter respostas numéricas, os pontos finais servem como âncoras implícitas. Da mesma forma, os campos de entrada, como caixas de texto a serem pré-preenchidas com valores editáveis, também podem funcionar como âncoras.[450] Tais efeitos experimentados em ambientes digitais são relevantes quando se fala em desenho de plataformas de resolução de disputas, uma vez que se relacionam com a tomada de decisão das partes.

Conforme já referido, o eBay, diante das pesquisas realizadas sobre o design dos mecanismos de resolução de disputas, percebeu que a mensagem inicial afetava o tom das negociações. A plataforma desenvolveu, portanto, por meio de tecnologia, funcionalidades que influenciaram o comportamento das partes na resolução das disputas.

Aprofundando um pouco a temática, note-se que a forma de apresentação e endereçamento das negociações alteraram a forma de comunicação entre as partes e, com isso, o tom geral das negociações. O desafio enfrentado pelo eBay, conforme descrito por Rule, era de que o "comprador" – que era o reclamante inicial em disputas relacionadas a entrega de itens, e geralmente a parte frustrada ou irritada – tinha a tendência de iniciar o diálogo em um tom negativo, especialmente porque eles tinham pouco incentivo para serem razoáveis ou comedidos no início das conversas, já que não estavam submetidos

---

[450] SELA, Ayelet. e-Nudging justice: the role of digital choice architecture in online courts. *Journal of Dispute Resolution*, Columbia, v. 1, n. 2, p. 127-163, 2019. p. 145.

ao mecanismo de feedback, tal como os vendedores.[451] A partir dessa constatação, os desenvolvedores da plataforma perceberam que, se os compradores recebessem uma caixa de texto aberta durante o processo, em que pudessem se expressar livremente, eles ficariam mais propensos a postar sentimentos de raiva ou negativos, o que levaria a um tom competitivo e negativo à negociação. Como resultado, a empresa estruturou um processo para que a primeira postagem do comprador fosse intermediada por tecnologia.[452]

Ao comprador/reclamante solicitou o preenchimento de uma série de formulários com informações sobre a controvérsia, com o objetivo de identificar o motivo da reclamação. A partir das seleções, o sistema compõe automaticamente uma primeira postagem para que, somente a partir daí, possa o comprador/reclamante descrever com mais precisão a natureza de sua reclamação. O vendedor, por outro lado, tem grandes incentivos para resolver o caso amigavelmente, dado o mecanismo de feedback. A ele, portanto, é dada a primeira oportunidade de postar uma mensagem aberta, porque estes são muito mais propensos a estabelecer um tom positivo para as comunicações.[453]

Segundo reporta Rule, isso aumentou a probabilidade de resoluções amigáveis.[454] O caso eBay é um significativo exemplo sobre a influência da arquitetura de software sobre o comportamento dos agentes. O impacto sobre a forma como são desenhadas as plataformas, especialmente aquelas destinadas à resolução de disputas, merece mais aprofundamento e reflexão acerca do potencial efeito do software sobre os usuários.

Outro aspecto relacionado às decisões em ambientes virtuais e que podem influenciar sobremaneira o comportamento dos usuários diz respeito ao efeito da *sobrecarga de decisões*. As interfaces digitais facilitam a adição de escolhas, bem como a organização das opções disponíveis. Aumentar a variedade de opções, no entanto, nem sempre promove a

---

451 RULE, Colin. Designing a global online dispute resolution system: lessons learned from eBay. *University of St. Thomas Law Journal*, Saint Paul, v. 13, n. 2, p. 354-369, 2017. p. 363.

452 RULE, Colin. Designing a global online dispute resolution system: lessons learned from eBay. *University of St. Thomas Law Journal*, Saint Paul, v. 13, n. 2, p. 354-369, 2017. p. 363.

453 RULE, Colin. Designing a global online dispute resolution system: lessons learned from eBay. *University of St. Thomas Law Journal*, Saint Paul, v. 13, n. 2, p. 354-369, 2017. p. 363-364.

454 RULE, Colin. Designing a global online dispute resolution system: lessons learned from eBay. *University of St. Thomas Law Journal*, Saint Paul, v. 13, n. 2, p. 354-369, 2017.

autodeterminação dos usuários.[455] Como apontam Benartzi e Lehrer, "mesmo que poucas opções sejam sufocantes, ter muitas opções pode ser paralisante; nosso cérebro limitado está sobrecarregado e acabamos escolhendo mal ou desistindo".[456] Mesmo em ambientes *offline*, descobriu-se que oferecer muitas opções aos consumidores resultava em menos compras. Ainda, a maneira como um conjunto de opções ou atributos é particionado em grupos (por exemplo, em uma única lista ou dividido em categorias) pode impactar dramaticamente as escolhas.[457]

No contexto da resolução de disputas e arquitetura de mecanismos de ODR, o desafio é criar categorias de uma forma que ajude os usuários a localizarem a opção que melhor atenda aos seus interesses. Tais elementos devem ser considerados para efeito de estruturação da arquitetura de ODRs, selecionando a medida mais adequada possível quanto à quantidade de informação a ser disponibilizada.[458]

Outro ponto a ser considerado está relacionado às emoções dos agentes. Conforme estudos referidos por Poblet & Casanovas, ambientes com grande quantidade de informações têm maior probabilidade de desencadear emoções desagradáveis nos usuários, como a sensação de perda de controle sobre a interação com o ambiente.[459]

Acresça a isso as distorções induzidas pela forma como são exibidas as informações em ambiente virtual. Isso ocorre quando as pessoas escolhem uma opção que é diferente de sua preferência declarada, devido à localização ou visualização das opções na tela. Segundo afirmam Benartzi & Lehrer, em ambientes *online*, "o sistema visual está moldando nossa decisão muito antes de termos sequer a chance de considerar nossas opções; a mecânica da visão precede as deliberações da mente".[460] Pesquisas apontadas pelos autores indicam que há um

---

[455] SELA, Ayelet. e-Nudging justice: the role of digital choice architecture in online courts. *Journal of Dispute Resolution*, Columbia, v. 1, n. 2, p. 127-163, 2019. p. 146-147.

[456] BENARTZI, Shlomo; LEHRER, Jonah. *The smarter screen*: surprising ways to influence and improve online behavior. Nova York: Penguin, 2015 *apud* SELA, Ayelet. e-Nudging justice: the role of digital choice architecture in online courts. *Journal of Dispute Resolution*, Columbia, v. 1, n. 2, p. 127-163, 2019. p. 147.

[457] SELA, Ayelet. e-Nudging justice: the role of digital choice architecture in online courts. *Journal of Dispute Resolution*, Columbia, v. 1, n. 2, p. 127-163, 2019. p. 147.

[458] ROBBENNOLT, Jennifer. Litigation and settlement. *In*: ZAMIR, Eyal; TEICHMAN, Doron (Org.). *The Oxford handbook of behavioral economics and the law*. Nova York: Oxford University Press, 2014. p. 147.

[459] POBLET, Marta; CASANOVAS, Pompeu. Emotions in ODR. *International Review of Law Computers & Technology*, Londres, v. 21, n. 2, p. 145-155, 2007. p. 151.

[460] BENARTZI, Shlomo; LEHRER, Jonah. *The smarter screen*: surprising ways to influence and improve online behavior. Nova York: Penguin, 2015 *apud* SELA, Ayelet. e-Nudging justice:

"viés visual para o meio", visto que os usuários têm uma tendência a escolher a opção que aparece no meio da tela.[461] É relevante, portanto, a organização de opções na tela, na medida em que isso influencia o que as pessoas olham e, como resultado, suas decisões.

No contexto dos ODRs, tal organização de informações pode ser relevante quando os usuários pesam opções tanto relacionadas ao procedimento a ser seguido (solicitação de mediação, submissão à arbitragem etc.), quanto as decisões materiais sobre sua causa (comparando ofertas de acordo com elementos informacionais relevantes).[462] No contexto do litígio, deve ainda ser considerada a desvalorização de opções dos litigantes, quando ela é avaliada no contexto de outras opções e o efeito resultante da adição de uma opção extrema ao conjunto de opções enseja que opções moderadas sejam mais atraentes (decoy effect).[463]

Sela debate que, apesar dos resultados das pesquisas serem dissonantes ao longo do tempo, o uso das fontes de texto também tem papel relevante na decisão dos usuários *online*. Segundo pesquisas mais recentes sobre o tema, vislumbra-se que as pessoas gastam mais tempo respondendo perguntas quando elas são exibidas a uma fonte disfluente, possivelmente sugerindo que fontes disfluentes diminuem o ritmo de conclusão da tarefa, criando, assim, pelo menos em tese, mais espaço para reflexão.[464] Além disso, as impressões visuais *online* desempenham um papel crítico na formação dos julgamentos dos usuários sobre a qualidade, a usabilidade e a confiabilidade das plataformas digitais, que se dão com base em sua percepção acerca da estética do site, que

---

the role of digital choice architecture in online courts. *Journal of Dispute Resolution*, Columbia, v. 1, n. 2, p. 127-163, 2019. p. 148.

461 BENARTZI, Shlomo; LEHRER, Jonah. *The smarter screen*: surprising ways to influence and improve online behavior. Nova York: Penguin, 2015 *apud* SELA, Ayelet. e-Nudging justice: the role of digital choice architecture in online courts. *Journal of Dispute Resolution*, Columbia, v. 1, n. 2, p. 127-163, 2019. p. 148.

462 SELA, Ayelet. e-Nudging justice: the role of digital choice architecture in online courts. *Journal of Dispute Resolution*, Columbia, v. 1, n. 2, p. 127-163, 2019. p. 148.

463 ROBBENNOLT, Jennifer. Litigation and settlement. *In*: ZAMIR, Eyal; TEICHMAN, Doron (Org.). *The Oxford handbook of behavioral economics and the law*. Nova York: Oxford University Press, 2014. p. 628-629.

464 SELA, Ayelet. e-Nudging justice: the role of digital choice architecture in online courts. *Journal of Dispute Resolution*, Columbia, v. 1, n. 2, p. 127-163, 2019. p. 148. SELA, Ayelet. e-Nudging justice: the role of digital choice architecture in online courts. *Journal of Dispute Resolution*, Columbia, v. 1, n. 2, p. 127-163, 2019. p. 150-151.

é moldada principalmente pelo apelo dos seus atributos visuais, tal como o seu colorido e sua complexidade visual.[465]

No que se refere à apresentação das informações em ambientes virtuais, segundo explana Sela, há sempre uma presente tensão entre acessibilidade e participação informada, na medida em que a apresentação deve ser minimamente atrativa, a fim de garantir que as explicações sejam lidas pelos usuários e genuinamente compreendidas.[466] Deve haver, portanto, um equilíbrio entre a facilidade cognitiva e os benefícios da dificuldade desejável, ou seja, a velocidade mitigada com os benefícios de desacelerar.[467]

Todos esses aspectos relacionados à forma como são apresentadas as informações aos agentes, no contexto de resolução de disputas, podem ter impactos sobre os vieses que determinam a tomada de decisão sobre o litígio, o viés da representatividade, da autoconfirmação, da ancoragem e efeitos de enquadramento, efeito *deadline* e os vieses potencialmente negativos sobre a resolução de disputas.

O potencial tecnológico decorrente da humanização das máquinas deve ser cotejado com os "vieses digitais". De um lado, os mecanismos de resolução de controvérsias podem beneficiar-se enormemente da humanização, na medida em que mensagens "delicadas" ou "simpáticas", "sorrisos", "olhos artificiais ternos" ou que aparentam vigília, entre outros recursos, têm o potencial transformar a dinâmica entre computadores e seres humanos;[468] ou, ainda, através da modulação

---

465 SELA, Ayelet. e-Nudging justice: the role of digital choice architecture in online courts. *Journal of Dispute Resolution*, Columbia, v. 1, n. 2, p. 127-163, 2019. p. 152-153.

466 Segundo debate Sela, "(...) Qualquer tentativa de projetar o colorido e a complexidade visual de um site deve levar em consideração o fato de que as preferências estéticas variam entre a população. Especificamente, atributos como nível de educação, idade, sexo e nacionalidade são correlacionados com preferências em vários graus de colorido do site e complexidade visual" (SELA, Ayelet. e-Nudging justice: the role of digital choice architecture in online courts. *Journal of Dispute Resolution*, Columbia, v. 1, n. 2, p. 127-163, 2019. p. 155, tradução livre).

467 SELA, Ayelet. e-Nudging justice: the role of digital choice architecture in online courts. *Journal of Dispute Resolution*, Columbia, v. 1, n. 2, p. 127-163, 2019. p. 150-151.

468 Fogg descreve estudo experimental realizado na Universidade de Stanford, mostrando que as pessoas realmente respondem socialmente à tecnologia de computador. Em uma série de experimentos, os alunos foram colocados a realizar tarefas específicas no computador. Às vezes, os computadores aconselhavam a conclusão de uma parte da tarefa, às vezes, elogiavam as pessoas por fazerem o trabalho e, outras vezes, pediam favores. Em todos os casos, os computadores usaram caixas de diálogo simples e nunca se referiram a si próprios como "eu" ou como uma entidade viva. No entanto, os alunos que participaram desses experimentos responderam aos computadores da mesma forma que responderiam a outro ser humano. Entre outras coisas, eles trataram seus computadores como companheiros de equipe, foram motivados por elogios dos computadores e retribuíram favores que

da comunicação com elementos computacionais é possível suscitar reciprocidade, sendo possível convencer as partes a cooperarem em busca de uma solução para seus conflitos.[469] Sublinhe-se, nesse sentido, conforme apontado pelos estudos comportamentais, que há interesses não monetários dos litigantes que, muitas vezes, são as causas do litígio e englobam, como já dito, o desejo de receber uma explicação ou um pedido de desculpas, tendo em vista a preocupação com reputações ou o desejo de efetuar reformas ou mudanças comportamentais na contraparte. Interessante seria se as ferramentas computacionais fossem aparelhadas para lidar com esse tipo de demanda dos usuários.

Além disso, a forma como a interação com as partes ocorre nas ODRs pode ser fator de promoção de comportamento pró-social e cooperativo. Como vimos, os agentes tendem a ser fortemente recíprocos, punindo transgressões e recompensando atos bondosos dos agentes com o qual interagem. A forma como as plataformas de resolução de disputas se apropria desse potencial cooperativo (ou não cooperativo) deve ser considerada, especialmente em face dos mecanismos reputacionais pelos quais se utilizam, que permitem a averiguação de reciprocidade.

Diversos debates e estudos empíricos merecem aprofundamento nesse campo. De fato, a forma como são desenhadas as plataformas de resolução de conflitos impacta o modo como as partes interagem e, em última análise, impacta as suas decisões. As opções disponibilizadas, o *design* da interface digital e as informações (deliberadamente) fornecidas aos usuários são fatores que são escolhidos pelos desenvolvedores das plataformas e que, apesar de serem potencialmente benéficos, sempre envolvem riscos éticos, em razão do efeito sobre a decisão dos usuários. Nesse sentido, uma das críticas que poderia ser apontada sobre a arquitetura das ODRs repousa essencialmente na ideia de autodeterminação dos usuários.

Dierle Nunes, ao abordar a questão sob a visão dos chamados "tribunais *online*", alerta para o fato de que essas estruturas devem possuir design que atente para princípios que busquem a preservação

---

os computadores fizeram por eles. Segundo descreve o autor, os participantes desses experimentos – alunos de engenharia – eram experientes em computador, ou seja, sabiam muito bem que os dispositivos de computação não são entidades vivas. No entanto, mesmo estes responderam de maneiras que indicavam que estavam usando as normas encontradas nas interações entre humanos enquanto interagiam com os computadores (FOGG, B. J. *Persuasive technology*: using computers to chance what we think and do. São Francisco: Morgan Kauffmann, 2003. p. 26-27).

469 ARBIX, Daniel. *Resolução online de controvérsias*. São Paulo: Intelecto, 2017. p. 93.

do "devido processo tecnológico", com preservação da imparcialidade, da autonomia e da autodeterminação dos litigantes. Segundo debate o autor, a arquitetura de escolha dentro da plataforma deve promover participação paritária, informada e equilibrada.[470]

Institucionalmente, o design equivocado das plataformas de resolução de disputas pode infringir os valores fundamentais do sistema de justiça civil, incluindo sua neutralidade e seu compromisso com a justiça processual e substantiva.[471] Nesse sentido, descobertas empíricas sobre a arquitetura de escolha digital devem informar o desenho de mecanismos digitais de resolução de disputas.[472] De fato, tendo em conta que nenhum ambiente de escolha é neutro, o objetivo deve ser projetar mecanismos *online* que respeitem os valores e as funções essenciais de justiça e encorajem os litigantes a se envolverem em tomadas de decisão informada e deliberada, introduzindo o mínimo de preconceito possível, enquanto aprimoram (ou menos preservam) a autodeterminação dos litigantes. Sela esclarece que, em contextos de resolução de disputas, o conceito de autodeterminação não se limita ao livre arbítrio e ao consentimento informado. Em vez disso, abrange noções mais amplas de litigante, "controle sobre o processo e o resultado", em termos de "indícios de empoderamento das partes", que incluiriam: participação ativa e direta, identificação e seleção de interesses, criação de opções de acordo e controle das partes sobre o resultado.[473]

Se e como esses estímulos digitais afetam as escolhas e comportamentos dos usuários em mecanismos *online* de resolução de disputas são questões que merecem aprofundamento teórico empírico substancial. Conforme aponta Sela, grande parte dos estudos concentra-se nas percepções do usuário (geralmente em termos de satisfação ou de justiça processual) e não no seu comportamento em termos de escolhas

---

[470] NUNES, Dierle; PAOLINELLI, Camila Mattos. Novos designs tecnológicos no sistema de resolução de conflitos: ODR, e-acesso à Justiça e seus paradoxos no Brasil. *Revista de Processo*, São Paulo, v. 314, p. 395-425, abr. 2021.

[471] SELA, Ayelet. e-Nudging justice: the role of digital choice architecture in online courts. *Journal of Dispute Resolution*, Columbia, v. 1, n. 2, p. 127-163, 2019. p. 137.

[472] SELA, Ayelet. e-Nudging justice: the role of digital choice architecture in online courts. *Journal of Dispute Resolution*, Columbia, v. 1, n. 2, p. 127-163, 2019. p. 137.

[473] SELA, Ayelet. e-Nudging justice: the role of digital choice architecture in online courts. *Journal of Dispute Resolution*, Columbia, v. 1, n. 2, p. 127-163, 2019. p. 138.

e ações.[474] Importa sublinhar, portanto, o efeito do software sobre a decisão dos agentes em ambientes de escolha diante de incerteza.

4.1.5 Design de sistemas de resolução de disputas e futuro das ODRs

Conforme analisado até aqui, a compreensão do que sejam os mecanismos *online* de resolução de disputas está estreitamente ligada à possibilidade de combinação de ferramentas tecnológicas para o desenvolvimento e aprimoramento de ambientes de resolução de disputas. Conforme ensina Rabinovich-Einy & Katsh, a mudança ocorrida na última década, na compreensão de que as ODRs resumiam-se a equivalentes *online* de métodos tradicionais de resolução de disputas para ampliação do uso de tecnologia digital na transformação, resolução e prevenção de disputas, estabeleceu novas bases para a compreensão do impacto da tecnologia digital no desenvolvimento de novas soluções *online*.[475]

Os métodos adequados (ADR), dada a flexibilidade procedimental que lhes é mais característica, passaram a ganhar novos contornos a partir do uso da tecnologia de informação e de comunicação. A tecnologia forneceu aos sujeitos envolvidos "novos poderes", pois possibilitou a criação de ambientes, inexistentes no mundo físico, a partir dos crescentes tipos de comunicação *online* que foram se fazendo disponíveis.[476]

Nesse contexto, a doutrina do Design de Sistemas de Resolução de Disputas (DSD) ganha espaço na medida em que fornece arsenal único para a criação e o desenvolvimento de canais de resolução de disputas, ampliando a gama de ferramentas a ser utilizada pelo jurista. Essa é uma evolução que conecta o DSD, a prevenção de conflitos e as tecnologias da informação e comunicação.[477] Um dos focos de pesquisa do DSD é o impacto das diferentes estruturas institucionais sobre o

---

474 SELA, Ayelet. e-Nudging justice: the role of digital choice architecture in online courts. *Journal of Dispute Resolution*, Columbia, v. 1, n. 2, p. 127-163, 2019. p. 143.

475 RABINOVICH-EINY, Orna; KATSH, Ethan. Technology and the future of dispute system design. *Harvard Negotiation Law Review*, Cambridge, v. 17, p. 151-199, 2012. p. 163-164.

476 PARO, Giácomo; MARQUES, Ricardo Dalmaso; DUARTE, Ricardo Quass. On-line Dispute Resolution (ODR) e o interesse processual. *In*: WOLKART, Erik Navarro *et al.* (Org.). *Direito, processo e tecnologia*. São Paulo: Thomson Reuters Brasil, 2020. p. 280-281.

477 PARO, Giácomo; MARQUES, Ricardo Dalmaso; DUARTE, Ricardo Quass. On-line Dispute Resolution (ODR) e o interesse processual. *In*: WOLKART, Erik Navarro *et al.* (Org.). *Direito, processo e tecnologia*. São Paulo: Thomson Reuters Brasil, 2020. p. 284.

surgimento de conflitos e sobre as capacidades de resolução de problemas no ambiente organizacional. Precisamente porque a tecnologia digital se tornou nosso modo de comunicação, o DSD – que gira em torno da organização e da transferência de informações – tem papel substancial na arena de resolução de disputas.[478] Conforme observam Rabinovich-Einy & Katsh, o uso de ferramentas de gerenciamento de dados revela informações que impactam vários processos dentro da instituição, além de influenciar os processos de prevenção e resolução de conflitos.[479]

Conforme apresenta Faleck, o design de sistemas de resolução de disputas (DSD) pode ser definido como a "organização deliberada e intencional de procedimentos ou mecanismos processuais que interagem entre si, e, quando aplicáveis, de recursos materiais e humanos para a construção de sistemas de prevenção, gerenciamento e resolução de disputas".[480] O desenvolvimento e o desenho de mecanismos de resolução de disputas, segundo a doutrina do DSD, envolve a observância de etapas sequenciais a serem pensadas pelo designer do procedimento.

Nesse contexto, a tecnologia da informação pode ser considerada aliada natural para um processo intensivo de gerenciamento de informação.[481] E de fato, as inovações em ODR estão fornecendo um número cada vez maior de ferramentas úteis, com aplicações múltiplas e potencial para facilitar diversas modalidades de disputas por meio dos diferentes mecanismos processuais, como a negociação, a mediação, a arbitragem e os métodos híbridos.[482]

Com base na percepção de que as ferramentas tecnológicas podem ser moldadas para melhor atender às questões, necessidades e interesses das partes em conflito, surgiram novas formas de resolver disputas, tal como mecanismos de negociações automatizadas (*blind biding, double blind biding, crowndsourcing)* nas mais diversas áreas. Para além do comércio eletrônico, destacam-se os mecanismos de resolução de

---

478 RABINOVICH-EINY, Orna; KATSH, Ethan. Technology and the future of dispute system design. *Harvard Negotiation Law Review*, Cambridge, v. 17, p. 151-199, 2012. p. 160.

479 RABINOVICH-EINY, Orna; KATSH, Ethan. Technology and the future of dispute system design. *Harvard Negotiation Law Review*, Cambridge, v. 17, p. 151-199, 2012. p. 163.

480 FALECK, Diego. *Manual de design de sistemas de disputas*: criação de estratégias e processos eficazes para tratar conflitos. Rio de Janeiro: Lumen Juris, 2018. p. 1.

481 RABINOVICH-EINY, Orna; KATSH, Ethan. Technology and the future of dispute system design. *Harvard Negotiation Law Review*, Cambridge, v. 17, p. 151-199, 2012. p. 153.

482 FALECK, Diego. *Manual de design de sistemas de disputas*: criação de estratégias e processos eficazes para tratar conflitos. Rio de Janeiro: Lumen Juris, 2018. p. 179.

disputas no campo das controvérsias envolvendo nomes de domínio,[483] remoção de conteúdo na internet.[484] De fato, as experiências em ODR revelam o potencial das ferramentas para o endereçamento dos conflitos de forma holística, o que vai muito além de uma decisão sobre aqueles que têm ou não razão em seus pleitos.[485]

Nessas bases, a empresa SquareTrade, por exemplo, construiu um sistema de ODR identificando componentes do processo de mediação tradicional e incorporando-os ao software, promovendo essencialmente uma reengenharia de todo o procedimento. O que tornou isso viável foi a identificação de que a mediação, assim como todos os meios de resolução de disputas, depende da comunicação, de gestão e do processamento de informações. Quando os mediadores trabalham com as partes, eles o fazem gerenciando o fluxo de informações, já que vários estágios da mediação são processos de comunicação que o mediador incentiva e estrutura a interação entre as Partes.

A SquareTrade entendeu que a mediação gira em torno do processamento de informações e, embora ciente de que não poderia replicar

---

[483] O sistema desenvolvido para as disputas *online* a respeito dos nomes de domínio na internet, denominado *Uniform Dispute Resolution Policy* (UDRP), desenvolvido pela ICANN – *Internet Corporation for Assigned Names and Numbers* gerencia o sistema de nomes de domínio. O procedimento consiste em um sistema de arbitragem não vinculante realizado de forma virtual e se aplica a todos os registradores de nomes de domínio da Internet credenciados pela ICANN, uma vez que a cláusula de submissão ao UDRP é imposta a todos os registros ".com". (KATSH, Ethan; RABINOVICH-EINY, Orna. *Digital justice*: technology and the internet of disputes. Nova York: Oxford University Press, 2017. p. 63-64).

[484] No âmbito das disputas envolvendo a remoção de conteúdo, verifica-se incipiente adoção de processos ou procedimentos autocompositivos ou o uso de arbitragem, com um procedimento formal de resolução de disputas. As solicitações dos usuários, apesar de ocorrem de forma *online*, ainda se dão de forma direta ao provedor dos serviços, cuja decisão (sobre a remoção ou não do conteúdo) é feita por este último, sem participação dos envolvidos. Pouca atenção tem sido dada para o uso de arbitragem na resolução de conflitos decorrentes da interação social na internet. Há uma preocupação significativa com a prevenção e contenção de disputas relacionadas a conteúdo ofensivo veiculado na internet, com a larga utilização de softwares e algoritmos que identificam violações. Diante da rápida disseminação e da potente repercussão de conteúdos impróprios, mecanismos preventivos com o auxílio de tecnologias computacional têm sido elementos cruciais para as redes sociais. A atuação preventiva, através da restrição de conteúdo por algoritmos, no entanto, ainda revela muitos problemas relacionados à justiça das decisões tomadas por parte desses algoritmos. Nesse sentido: SWELMIYEEN, Ibrahim *et al.* Online arbitration in the social network world: mobile justice on iPhones. *Information & Communications Technology Law,* Londres, v. 12, n. 2, p. 146-164, 2013 e KATSH, Ethan; RABINOVICH-EINY, Orna. *Digital justice*: technology and the internet of disputes. Nova York: Oxford University Press, 2017.

[485] FERRARI, Isabel. Dispute resolution para grandes tragédias: uma alternativa para promover acesso à Justiça tempestivo para vítimas de Brumadinho. *In*: FUX, Luiz; ÁVILA, Henrique; CABRAL, Trícia Navarro Xavier (Org.). *Tecnologia e justiça multiportas*. Indaiatuba: Foco, 2021. p. 237.

a riqueza ou a flexibilidade de uma interação face a face, a empresa projetou algo que girasse em torno de uma troca de informações sobre posições e interesses. O procedimento desenvolvido se assemelha à mediação, no sentido de que o resultado é baseado em consenso, sem, no entanto, percorrer o exato caminho da mediação tradicional.[486] A disponibilidade de dados, juntamente com os recursos para mineração e análise de informações armazenadas digitalmente, permitiu que a SquareTrade aprimorasse continuamente o seu sistema de resolução de disputas.[487] A mediação é um processo no qual o núcleo é o gerenciamento de informações e cujo objetivo é orientar as partes em conflito a identificar interesses comuns, fazer "*brainstorm*" de opções, avaliar soluções e chegar a um acordo. O software pode fazer parte disso, especialmente para disputas relativamente simples envolvendo transações únicas, o tipo de disputa que ocorre no comércio eletrônico.[488]

Desde o lançamento dos processos internos de negociação automatizada, o eBay continuou a desenvolver os seus serviços de ODR, expandindo inicialmente para o PayPal e, mais recentemente, ampliando o escopo dos processos de resolução de disputas para dirimir também controvérsias a respeito da remoção de feedback, ocorridas na plataforma. Em vez de um especialista externo e terceirizado decidir se deve remover o feedback negativo, um mecanismo de "crowdsourcing" foi desenvolvido. Nele, um júri de 21 usuários do eBay decide a questão. Em todas essas vias de resolução de disputas, o eBay foi pioneiro na compreensão do digital impacto da tecnologia no DSD.[489]

Conforme debatem Nunes & Paolinelli, o DSD (Dispute System Design), ao analisar as tipologias de conflitos, seus interesses, posições, regramentos, conflito de poderes, conjuntura econômica, tem a capacidade de delinear estrategicamente um desenho customizado para a solução e o tratamento adequado do conflito mediante metodologia específica para cada tipo de embate. Tal circunstância, associada à possibilidade de encaminhamento de plataformas em ODR, "pode

---

486 RABINOVICH-EINY, Orna; KATSH, Ethan. Technology and the future of dispute system design. *Harvard Negotiation Law Review*, Cambridge, v. 17, p. 151-199, 2012. p. 171-172.

487 RABINOVICH-EINY, Orna; KATSH, Ethan. Technology and the future of dispute system design. *Harvard Negotiation Law Review*, Cambridge, v. 17, p. 151-199, 2012. p. 173.

488 KATSH, Ethan. Online Dispute Resolution: some implications for the emergence of law in cyberspace. *International Review of Law, Computers and Technology*, Londres, v. 21, n. 2, p. 97-107, jun. 2007. p. 100.

489 RABINOVICH-EINY, Orna; KATSH, Ethan. Technology and the future of dispute system design. *Harvard Negotiation Law Review*, Cambridge, v. 17, p. 151-199, 2012. p. 174-175.

trazer resultados com eficiência real (não meramente retórica) e que privilegiam a satisfação do cidadão".[490] A lógica passa a ser a de criação de um conjunto de soluções para problemas de forma mais específica, afastando-se da fórmula comum e linear (*one size fits all*) para, a partir de um abordagem contextual e mais flexível, viabilizar um ecossistema mais alinhado com o mundo real.[491]

Ferrari destaca que uma abordagem modular, ou seja, por meio de módulos ou blocos, pode ser estruturada com maleabilidade, como um jogo de LEGO, para se adaptar perfeitamente à situação que visa endereçar. A adoção de soluções deste tipo possui a vantagem de ser escalável e altamente adaptável para lidar com conflitos que não possam ser atendidos pelas estruturas processuais tradicionais.[492]

Conforme destacam Rabinovich-Einy & Katsh, a aplicação da tecnologia ao processo de concepção de sistemas de resolução de disputas recebeu atenção apenas marginal e foi vista como relevante principalmente para disputas que surgiram virtualmente entre partes distantes e que, portanto, deveriam ser resolvidas de forma *online*.[493] A ideia de uma "quarta parte" decorre da percepção de que a tecnologia pode moldar processos e ser agente de mudança no conflito. A tecnologia, mais do que uma nova ferramenta, conforme definem os autores, é uma força que ainda tocará profundamente o campo da resolução de disputas, tanto *online* quanto *offline*.[494]

---

490 NUNES, Dierle; PAOLINELLI, Camila. Acesso à Justiça e tecnologia: minerando escolhas públicas e customizando novos desenhos para a gestão e solução de disputas no sistema brasileiro de justiça civil. *In*: YARSHELL, Flávio Luiz; COSTA, Susana Henrique da; FRANCO, Marcelo Veiga (Org.). *Estudos em homenagem ao Professor Marc Galanter*. 2021, no prelo. Disponível em: https://www.academia.edu/45169399/ACESSO_%C3%80_JUSTI%C3%87A_E_TECNOLOGIA_MINERANDO_ESCOLHAS_POL%C3%8DTICAS_E_CUSTOMIZANDO_NOVOS_DESENHOS_PARA_A_GEST%C3%83O_E_SOLU%C3%87%C3%83O_DE_DISPUTAS_NO_SISTEMA_BRASILEIRO_DE_JUSTI%C3%87A_CIVIL. Acesso em 20 jun. 2021.

491 BECKER, Daniel; FEIGELSON, Bruno. Acesso à justiça para além de Cappelletti e Garth: a resolução de disputas na era digital e o papel dos métodos online de resolução de conflitos (ODR) na mitigação da crise da justiça no Brasil. *In*: WOLKART, Erik Navarro *et al.* (Org.). *Direito, processo e tecnologia*. São Paulo: Thomson Reuters Brasil, 2020. p. 179.

492 FERRARI, Isabel. Dispute resolution para grandes tragédias: uma alternativa para promover acesso à Justiça tempestivo para vítimas de Brumadinho. *In*: FUX, Luiz; ÁVILA, Henrique; CABRAL, Trícia Navarro Xavier (Org.). *Tecnologia e justiça multiportas*. Indaiatuba: Foco, 2021. p. 240-241.

493 RABINOVICH-EINY, Orna; KATSH, Ethan. Technology and the future of dispute system design. *Harvard Negotiation Law Review*, Cambridge, v. 17, p. 151-199, 2012. p. 153.

494 RABINOVICH-EINY, Orna; KATSH, Ethan. Technology and the future of dispute system design. *Harvard Negotiation Law Review*, Cambridge, v. 17, p. 151-199, 2012. p. 168.

Nesse contexto, pode-se agregar a esse debate os elementos trazidos pela abordagem microeconômica derivados da Análise Econômica do Litígio, como pontos de análise importantes para o desenvolvimento de mecanismos adequados para a resolução de disputas *online*.

Conforme já mencionado em outras ocasiões, os mecanismos *online* de resolução de disputas trazem eficiências relacionadas principalmente a um processo significativamente menos custoso às partes, com benefícios indiretos às empresas de *e-commerce*, ao Judiciário e à sociedade civil como um todo, permitindo uma base mais ampla de acesso aos meios de resolução de disputas. Os mecanismos de ODR podem ser bem sucedidos ao manusearem tecnologias de informação e comunicação, trazendo ganhos de eficiência ao reduzirem custos de transação, facilitarem a composição, combaterem comportamentos estratégicos daninhos, assimetrias informacionais, vieses e heurísticas. Além disso, podem auxiliar os *marketplaces* a florescerem e a fortalecerem seus resultados por meio do controle de recursos e sinais de reputação dessas plataformas.[495]

A percepção da relevância dos custos nas diferentes tipologias de conflito, que geram incentivo adequado ou não para o endereçamento de controvérsias; aspectos relacionados à assimetria informativa entre as partes em disputas, que podem ser mitigados com mínimos recursos tecnológicos; a percepção da existência de ganhos estratégicos de usuários diante de uma posição de privilégio, que pode ser matizada por intervenções no procedimento; e o desenho de sistemas que levem em conta as percepções enviesadas dos disputantes são exemplos de contributos derivados da abordagem microeconômica sugerida pela Análise Econômica do Litígio, que podem contribuir para o desenvolvimento de mecanismos adequados para a resolução de disputas *online*.

Há amplo potencial na arquitetura de mecanismos *online* de resolução de disputas que – partindo dos pressupostos da análise econômica do Direito – consigam melhor endereçar os conflitos a eles submetidos. A combinação de diferentes mecanismos e arranjos procedimentais está levando a resolução de conflitos a outro patamar.

---

495 ARBIX, Daniel. *Resolução online de controvérsias*. São Paulo: Intelecto, 2017. p. 152.

4.2 Desafios e críticas relacionadas aos mecanismos *online* de resolução de disputas no comércio eletrônico

O surgimento de uma via para a resolução de disputas de forma *online* não está isento de riscos e desafios a serem enfrentados para a adequada equalização da tensão entre eficiência, decisões e resoluções justas para as partes e terceiros envolvidos. Conforme reflete Rabinovich-Einy, o novo contexto de resolução de disputas propiciado pela tecnologia tem implicações muito maiores do que meramente fornecer outra arena para a resolução de conflitos, implica também a criação de uma nova condição social que afeta o processo de disputa como um todo.[496]

Um relatório da OCDE concluiu que uma das razões pelas quais o ODR não atingiu o seu total potencial é porque ainda não foi capaz de alcançar um custo-benefício adequado para a resolução de disputas de comércio eletrônico convencionais.[497] Conforme sinaliza Arbix, muitas críticas a mecanismos alternativos de resolução de disputas (ADR) também se aplicam a mecanismos de ODR, na medida em que tais procedimentos podem "acirrar assimetrias de poder e de informação, infligir efeitos deletérios da composição de conflitos sobre terceiros e promover a evasão dos conflitos do escrutínio público, propiciada pelo sigilo desses mecanismos".[498]

Neste cenário, de modo a contrapor uma visão talvez muito otimista a respeito do potencial tecnológico sobre a resolução de disputas, cabe aqui traçar um breve panorama das principais críticas e desafios a serem enfrentados nesse contexto.

4.2.1 Independência e imparcialidade do provedor de serviços

As questões relativas ao financiamento do mecanismo de resolução de disputas levantam preocupações sobre a independência e a imparcialidade em contraposição aos interesses do financiador. Um dos aspectos debatidos acerca dos mecanismos *online* de resolução

---

496 RABINOVICH-EINY, Orna. Going public: diminishing privacy in dispute resolution in the internet age. *Virginia Journal of Law and Technology*, Charlottesville, v. 7, n. 2, p. 1-55, 2002. p. 44.

497 CÓRTES, Pablo. *Online Dispute Resolution for consumers in the European Union*. Nova York: Routledge, 2010. p. 75.

498 ARBIX, Daniel. *Resolução online de controvérsias*. São Paulo: Intelecto, 2017. p. 99.

de disputas diz respeito à necessidade de se observar os interesses de quem os propõe.[499]

Uma vez que os provedores privados – de modo especial – podem ter diversas fontes de financiamento, seus interesses podem não estar alinhados com o das partes. Conforme destaca Arbix, a possibilidade de conflitos de interesse latentes em qualquer desses arranjos pode ser agravada se terceiros neutros ou administradores dos sistemas tiverem incentivos para alinharem seus interesses a um dos lados da disputa.[500] Decisões sobre o desenho e o funcionamento do sistema de ODR são atreladas aos objetivos do controlador e podem influenciar negativamente eventuais terceiros neutros e a tecnologia empregada, comprometendo a sua independência e imparcialidade.

Diversos modelos de negócio possibilitam diferentes fontes de financiamento do procedimento, que pode se dar mediante pagamento de taxas pela parte reclamante, pagamento de depósitos pela parte reclamada (em conjunto com ganhos reputacionais), gratuidade para as partes, em ambientes que auferem receitas de anúncios e a cobrança de contribuição periódica das partes interessadas. Tal diversidade, é associada, ainda a uma variedade de formas de cobrança: honorários, taxas fixas, taxas de "aluguel" de ambientes de resolução de conflitos, percentual do valor do acordo e cobrança pelo número de lances dados (em sistemas de blind biding).[501] Segundo analisa Cortés, o financiamento privado pode comprometer a independência de um provedor de serviços de ODR, especialmente em transações *business to consumer* (B2C), onde um modelo de financiamento pelo próprio negócio parece ser a forma mais usual de encorajar a participação dos consumidores.[502]

No caso dos provedores privados de resolução de disputas no comércio eletrônico, devido ao grande interesse dessas plataformas em garantir a confiança dos usuários, e também porque o ganho com a implementação de ODR provavelmente supera os custos adicionais, o financiamento é em grande parte suportado pelas plataformas intermediadoras das transações. O desenvolvimento dos canais de resolução de disputas pelo eBay foi financiado pela própria plataforma. Atualmente, há a cobrança de uma taxa para o caso de intervenção por

[499] ARBIX, Daniel. *Resolução online de controvérsias*. São Paulo: Intelecto, 2017. p. 153.

[500] ARBIX, Daniel. *Resolução online de controvérsias*. São Paulo: Intelecto, 2017. p. 48.

[501] ARBIX, Daniel. *Resolução online de controvérsias*. São Paulo: Intelecto, 2017. p. 103.

[502] CÓRTES, Pablo. *Online Dispute Resolution for consumers in the European Union*. Nova York: Routledge, 2010. p. 77.

meio da empresa terceirizada SquareTrade. Na plataforma Mercado Livre, os custos do procedimento são totalmente subsidiados pela própria empresa, que administra os conflitos de forma exclusiva.

Conforme debate Schmitz, mecanismos de resolução de disputas implementados ou patrocinados pela própria empresa despertam suspeitas em relação ao viés pró-negócios. Alguns temem que os programas internos favoreçam suas empresas implementadoras e nas plataformas que tenham administradores externos favoreçam os assinantes de seus serviços.[503]

No entanto, parece que as plataformas intermediadoras de transações de *e-commerce* têm um interesse maior em gerar confiança nos usuários, tendo um forte incentivo para fornecer um programa neutro de resolução de conflitos, na medida em que – ao menos em tese – não teria interesse em beneficiar um dos lados da disputa.

No contexto de resolução de disputas, a maioria das regras éticas estabelece que a taxa para o processo não pode ser atrelada ao resultado do caso, uma vez que as ações dos terceiros neutros poderiam facilmente ser afetadas pela compensação adicional, ocasionando, eventualmente, um acordo injusto ou reduzindo as expectativas de uma das partes. Tais incentivos econômicos podem trazer problemas de neutralidade não só por procedimentos gerenciados por humanos, mas também por plataformas automatizadas.[504] Conforme analisa Córtes, de um lado, os debates na UNCITRAL[505] recomendam que a participação em ODR deve ser preferencialmente gratuita, para incentivar seu uso pelos consumidores; por outro, no entanto, uma cobrança moderada tornaria o processo mais valioso e desencorajaria reivindicações frívolas.[506]

Uma alternativa apontada para o custeio do procedimento de resolução de disputas seria a emissão de apólices de seguro. A securitização dos riscos de transações ruins entre todos os participantes pode ser uma alternativa interessante para o custeio das ODRs, sendo ainda

---

503 SCHMITZ, Amy. "Drive-thru" arbitration in the digital age: empowering consumers through binding ODR. *Baylor Law Review*, Waco, v. 62, n. 1, p. 178-244, 2010. p. 217.

504 CÓRTES, Pablo. *Online Dispute Resolution for consumers in the European Union*. Nova York: Routledge, 2010. p. 77-78.

505 UNCITRAL, Note by the Secretariat: 'Possible Future Work on Online Dispute Resolution in Cross-Border Electronic Transactions' (23 abr. 2010).

506 CÓRTES, Pablo. *Online Dispute Resolution for consumers in the European Union*. Nova York: Routledge, 2010. p. 78.

uma sinalização importante para os vendedores não se envolverem em fraude, sabendo que a seguradora cobrirá as perdas dos compradores.[507]

Conforme afirma Córtes, a fim de evitar uma percepção de parcialidade, tais plataformas devem ser transparentes quanto às fontes de custeio e, complementarmente, devem ter mecanismos e canais adicionais para o endereçamento de reclamações quando os procedimentos não forem seguidos.[508] Especialmente quanto a plataformas de iniciativa e administração privada, a indicação das fontes de custeio parece ser importante para que as partes possam identificar potenciais conflitos de interesses inerentes ao seu caso e possam melhor escolher o provedor a que vão submeter a sua disputa.

Outra forma de financiamento dos mecanismos de ODR é com recursos públicos, que no contexto do comércio eletrônico traduz-se no interesse das entidades e órgão de proteção ao consumidor. A implementação de mecanismos *online* de resolução de disputas pelos governos visa contribuir para o crescimento sustentável do comércio eletrônico e diminuir os custos de procedimentos judiciais,[509] o que, refira-se, é caro para o consumidor e para a sociedade como um todo. O financiamento público de mecanismos de ODR, responsável por diversas iniciativas, pode ser uma alternativa – talvez a mais legítima.[510] Conforme análise traçada, a iniciativa pública para a resolução de disputas *online* no Brasil é administrada pela Secretaria Nacional do Consumidor – SENACON, órgão vinculado ao Ministério da Justiça, sendo responsável pela gestão, disponibilização e manutenção da plataforma *Consumidor.gov.br,* bem como pela articulação com demais órgãos e entidades do Sistema Nacional de Defesa do Consumidor. Refira-se, ainda, os convênios estabelecidos com o PROCON-SP e, mais recentemente, com o CNJ.

O financiamento público, que parece ser a fonte de custeio que mais garante a independência e imparcialidade das plataformas, não garante, no entanto, o sucesso da iniciativa, havendo diversos desafios e dificuldades para a ampla utilização de um mecanismo de ODR. Apesar dos serviços gratuitos fornecidos pelo Poder Público, os

---

507 CÓRTES, Pablo. *Online Dispute Resolution for consumers in the European Union*. Nova York: Routledge, 2010. p. 77.

508 CÓRTES, Pablo. *Online Dispute Resolution for consumers in the European Union*. Nova York: Routledge, 2010.

509 CÓRTES, Pablo. *Online Dispute Resolution for consumers in the European Union*. Nova York: Routledge, 2010. p. 76.

510 ARBIX, Daniel. *Resolução online de controvérsias*. São Paulo: Intelecto, 2017. p. 103.

números das plataformas *Consumidor.gov.br*, Concilia.net, EU ODR são muito inferiores, se comparados à adesão a plataformas de iniciativa privada, vinculadas às empresas de *e-commerce*, que reportam milhões de disputas ao ano.

Há também modelos híbridos de custeio de procedimentos de ODR, financiados em parte pelo Estado e pelos usuários.[511] Córtes sugere que os governos poderiam financiar os serviços de ODR a partir de estratégias híbridas como: dar financiamento para os programas de ODR que alcançaram implementação no mercado, subsidiar *e-business* na criação de serviços internos eficazes para o cliente, fornecer algum tipo de incentivo fiscal para as empresas que aderem aos prestadores de serviços de ODR etc.[512] Com efeito, conforme anota Timm & Gabriel, uma vez que tais plataformas permitem aos consumidores resolver rapidamente suas disputas a um baixo custo para os contribuintes, não há que se falar em qualquer prejuízo em seu fomento pelo Estado.[513]

As fontes de financiamento têm sido apresentadas como um aspecto de preocupação relacionado à imparcialidade da plataforma na administração das disputas, mostrando-se como um dos desafios na consolidação das ODRs. Um sistema de resolução de disputas deve abordar a questão do custeio e o interesse dos envolvidos.[514]

Embora não se pretenda aprofundar o tópico, há que se destacar que meios de resolução de disputas estão sujeitos a mecanismos de mercado e, portanto, a possíveis falhas. Conforme aborda Guandalini – no tocante à função do árbitro – uma vez que os contratos de arbitragem (tal, como em outros meios alternativos de resolução de disputas) estão sujeitos à influência do mercado, a sua função acaba sendo influenciada de alguma forma por este mercado. Por que o objetivo deste contrato é gerar uma vantagem recíproca para ambas as partes, uma situação ganha-ganha, as partes só farão um contrato com o árbitro se concluírem que sua disputa será ou seria mais eficientemente resolvida por

---

511 CÓRTES, Pablo. *Online Dispute Resolution for consumers in the European Union*. Nova York: Routledge, 2010. p. 76.

512 CÓRTES, Pablo. *Online Dispute Resolution for consumers in the European Union*. Nova York: Routledge, 2010. p. 78.

513 TIMM, Luciano; GABRIEL, Anderson de Paiva. Plataformas digitais para resolução consensual de conflitos e acesso à Justiça. *Jota*, 26 abr. 2021. Disponível em: https://www.jota.info/opiniao-e-analise/colunas/coluna-da-abde/plataformas-digitais-para-resolucao-consensual-de-conflitos-e-o-acesso-a-justica-26042021. Acesso em 26 abr. 2021.

514 SCHMITZ, Amy. "Drive-thru" arbitration in the digital age: empowering consumers through binding ODR. *Baylor Law Review*, Waco, v. 62, n. 1, p. 178-244, 2010. p. 225.

aquele árbitro ou método alternativo de disputas.[515] O mesmo pode-se dizer quanto à opção das partes na escolha dos mecanismos *online* para a submissão das disputas nas quais se envolvam. A escolha pela utilização desses mecanismos de endereçamento de controvérsias somente ocorrerá se houver uma vantagem superior a seus custos, o que pode levar a distorções quanto à sua função.[516]

Outro aspecto relacionado à neutralidade e imparcialidade diz respeito aos níveis de influência das plataformas na decisão das partes. Em processos mediados por humanos, o debate centra-se nos níveis em que o mediador deve sugerir resultados e o quanto isso influencia no seu papel de facilitador. A extensão da neutralidade pode ser questionada quando chega a um ponto em que o mediador se recusa a intervir em uma decisão, mesmo quando as partes chegam a uma decisão iníqua. No âmbito de resolução de disputas mediadas por computador, a questão se coloca sobre o papel de influência do *software* sobre a decisão das partes. De um lado, os mecanismos de ODR podem reforçar a neutralidade, na medida em que não estão sujeitos a preconceitos ou outros conflitos de interesses como laços familiares, relações comerciais, relações íntimas ou questões jurídicas anteriores, porquanto de forma automatizada expõem ou sugerem resoluções para cada tipo de disputa.[517] Por outro lado, conforme analisado em tópico anterior, a arquitetura do software pode ter um significativo papel no comportamento dos usuários, afetando a sua decisão. Relaciona-se a isso preocupações relativas à discriminação algorítmica que podem ser inseridas no contexto dos mecanismos de resolução de disputas. Tais temas serão tratados com maior profundidade na próxima seção. Aqui, registra-se a preocupação de neutralidade do software na administração do conflito, que deve ser aferida e refletida nos contextos de resolução de disputas.

---

515 GUANDALINI, Bruno. *Economic analysis of the arbitrator´s function*. Amsterdã: Kluwer Law International B.V., 2020. [E-book].

516 A esse respeito, ver discussões acerca da existência de falhas de mercado no acesso a mecanismos alternativos de resolução de disputas (ADR) em: BARENDRECHT, Maritz; VRIES, Berend R. Fitting the forum to the fuss with sticky defaults: failure in the market for dispute resolution services. *Cardozo Journal of Conflict Resolution*, Nova York, v. 7, n. 1, p. 83-118, 2005.

517 CÓRTES, Pablo. *Online Dispute Resolution for consumers in the European Union*. Nova York: Routledge, 2010. p. 80.

4.2.2 Transparência e *accountability*

Conforme discorrido, ambientes e procedimentos assentados em tecnologia de informação e comunicação podem ser persuasivos, induzindo a certas escolhas, ou diretivos, impondo ou supondo alternativas e omitindo ou excluindo opções. Nesse sentido, essas tecnologias podem refletir interesses, preconceitos e as premissas de seus desenvolvedores, podendo ainda determinar resultados simplesmente por sua formatação possivelmente desalinhada com seus princípios declarados e supostas garantias procedimentais. Pode-se dizer, portanto, que o design de tecnologias persuasivas pode refletir preconceitos, ilegalidades ou objetivos socialmente indesejados,[518] centrando-se aí uma importante crítica aos ODRs.

De um lado, os sistemas são projetados para garantir a privacidade às partes, sendo um reforço à independência e à imparcialidade dos revolvedores de disputas, que muitas vezes são funcionários da organização e terceiros neutros em se tratando de disputas que se relacionam com a organização.[519] Procedimentos confidenciais são um direito das partes, traduzido nas garantias de segurança da informação prometidas pelo ofertante de ODR.[520]

Por outro lado, tais mecanismos não dispensam uma adequada transparência sobre os ambientes e procedimentos utilizados, além de uma revisão crítica da forma de tratamento de assimetrias econômicas e informacionais, de questões emocionais e garantias procedimentais.[521] Conforme destaca Arbix, são pertinentes, além das informações sobre o funcionamento interno desses mecanismos, informações do seu relacionamento com agentes externos e com terceiros neutros.[522]

No que diz respeito aos resultados, aptos a definir a credibilidade dos mecanismos de ODR, é preciso distinguir mecanismos plenamente confidenciais daqueles em que há publicidade parcial ou plena das decisões. O desenvolvimento de um corpo normativo coerente possibilita, ao contrário do que ocorre em geral nas arbitragens comerciais, a revisão de critérios e o contraste entre os resultados obtidos pelos

---

518 ARBIX, Daniel. *Resolução online de controvérsias*. São Paulo: Intelecto, 2017. p. 100.

519 RABINOVICH-EINY, Orna; KATSH, Ethan. Technology and the future of dispute system design. *Harvard Negotiation Law Review*, Cambridge, v. 17, p. 151-199, 2012. p. 158.

520 ARBIX, Daniel. *Resolução online de controvérsias*. São Paulo: Intelecto, 2017. p. 105.

521 ARBIX, Daniel. *Resolução online de controvérsias*. São Paulo: Intelecto, 2017. p.104.

522 ARBIX, Daniel. *Resolução online de controvérsias*. São Paulo: Intelecto, 2017. p. 105.

mecanismos de ODR e aqueles esperados, caso mecanismos judiciais apliquem o direito nacional aos mesmos conflitos.[523] Segundo ressalta Arbix, a importância da transparência é inegável, uma vez que, sem o escrutínio público, suspeitas sobre má condução dos mecanismos de ODR tendem a crescer. É, portanto, fundamental, proteger a privacidade, mas sem descuidar da compreensão de como tais mecanismos lidam com a reconstrução de conflitos à luz do interesse público.[524] No plano privado, muitas estratégias para o design de sistemas de resolução de demandas incluem a busca por legitimidade interna, ou seja, atribuída pelos participantes dos mecanismos de soluções de controvérsias, e externa, que pode requerer diálogos ou até mesmo a supervisão formal de órgãos públicos.[525]

Um dos temas centrais, igualmente, diz respeito à publicidade dos acordos formalizados em ODRs. A questão em relação a este corpo de acordos cada vez mais importante é se os acordos e outras informações relacionadas às disputas se tornarão parte do domínio público ou continuarão a ser vistos como informações privadas pertencentes ao serviço de ODR ou às partes.[526]

Além disso, temática de preocupação crescente, quando se fala em transparência e os avanços tecnológicos no campo da inteligência artificial e decisões suportadas por algoritmos, diz respeito aos riscos relacionados a essas ferramentas. Conforme analisa Ferrari, são apontados ao menos três principais problemas associados ao uso de algoritmos: a) a existência de base de dados viciadas ou incompletas; a discriminação algorítmica, ainda que com base em dados que correspondam à realidade; e a opacidade relacionada ao funcionamento desses softwares.[527]

Base de dados viciadas ou incompletas potencialmente geram efeitos discriminatórios ou excludentes, na medida em que um algoritmo pode ser considerado tão bom quanto os dados que o alimentam. Tais erros, derivados de bases incompletas e gerados pelos algoritmos são

---

[523] ARBIX, Daniel. *Resolução online de controvérsias*. São Paulo: Intelecto, 2017. p. 105.

[524] ARBIX, Daniel. *Resolução online de controvérsias*. São Paulo: Intelecto, 2017. p. 106.

[525] ARBIX, Daniel. *Resolução online de controvérsias*. São Paulo: Intelecto, 2017. p. 50.

[526] RABINOVICH-EINY, Orna. Technology´s impact: the quest for a new paradigm for accountability in mediation. *Harvard Negotiation Law Review*, Cambridge v. 11, p. 253-294, 2006. p. 256.

[527] FERRARI, Isabela. O emprego de algoritmos para a tomada de decisões II: riscos dos algoritmos decisórios. *In*: FERRARI, Isabela (Org.). *Justiça digital*. São Paulo: Thomson Reuters Brasil, 2020. p. 86-87.

chamados de "Codez Gaze", ou seja, "olhar codificado", olhar viciado. A maior parte da doutrina fala em viés algorítmico. Em viés, porque é um erro de decisão, um erro de decisão algorítmico ou "algorithmic bias".[528] O efeito discriminatório também pode aparecer mesmo que não haja, propriamente, um erro nos dados. Nessas situações, o efeito é discriminatório, posto que resulta da reprodução dos preconceitos que já existem na nossa sociedade e que estão traduzidos nos dados.[529] Nessa hipótese, o que ocorre *é* um reforço no *status quo* que já existe, ou até mesmo o aprofundamento da desigualdade, ao se sugerir que determinados grupos vulneráveis mereçam um tratamento desfavorável. Ao invés do algoritmo aprimorar o processo decisório, ele só reforça o *status quo*.[530]

E, por fim, outro risco associado ao uso de algoritmos diz respeito à opacidade decorrente da lacuna existente entre a atividade do programador e o comportamento do algoritmo, o qual, a depender da tecnologia empregada, cria a sua própria programação (*machine learning*). A opacidade deriva da impossibilidade de compreender a operação dos algoritmos do início ao fim. É o que explica a razão pela qual os erros de decisão, muitas vezes, não conseguem ser identificados no primeiro momento.[531]

Nesse contexto, observa-se a necessidade de equilíbrio entre transparência e publicidade do código-fonte, a proteção dos direitos de propriedade do autor e a mitigação do problema da opacidade do algoritmo. De fato, ainda que seja possível o acesso ao código, nem sempre é possível compreender a forma de operação dos algoritmos de *machine learning*, uma vez que estes não trazem, em seu código, a regra de decisão, mas apenas a regra de aprendizagem. Nesse contexto, a transparência deve ser entendida sob dois aspectos fundamentais: a

---

528 FERRARI, Isabela. O emprego de algoritmos para a tomada de decisões II: riscos dos algoritmos decisórios. *In*: FERRARI, Isabela (Org.). *Justiça digital*. São Paulo: Thomson Reuters Brasil, 2020. p. 89.

529 FERRARI, Isabela. O emprego de algoritmos para a tomada de decisões II: riscos dos algoritmos decisórios. *In*: FERRARI, Isabela (Org.). *Justiça digital*. São Paulo: Thomson Reuters Brasil, 2020. p. 90.

530 FERRARI, Isabela. O emprego de algoritmos para a tomada de decisões II: riscos dos algoritmos decisórios. *In*: FERRARI, Isabela (Org.). *Justiça digital*. São Paulo: Thomson Reuters Brasil, 2020. p. 90-91.

531 FERRARI, Isabela. O emprego de algoritmos para a tomada de decisões II: riscos dos algoritmos decisórios. *In*: FERRARI, Isabela (Org.). *Justiça digital*. São Paulo: Thomson Reuters Brasil, 2020. p. 91-92.

acessibilidade e a compreensibilidade.[532] O mais relevante para se combater a opacidade algorítmica, segundo enfatiza Ferrari, não é a transparência e o acesso ao código-fonte, mas sua compreensibilidade, ou seja, a capacidade de articular a lógica da decisão específica tomada por um determinado software, ou seja, o caminho de saída de um *input* para a chegada do *output*.[533] No Brasil, a Resolução CNJ nº 332, de 21.08.2020, de modo pioneiro, dispõe sobre "ética, transparência e governança na produção e no uso da Inteligência Artificial no Judiciário",[534] trazendo, talvez, uma boa perspectiva para as reflexões iniciais sobre o uso desse tipo de tecnologia nos âmbito dos mecanismos *online* de resolução de conflitos no comércio eletrônico.

Segundo debate Katsh & Rabinovich-Einy, é importante saber quem decide, quais os tipos de problemas a serem evitados e em quais critérios tais decisões se baseiam.[535] Problemas desse tipo são levantados, por exemplo, nas plataformas de mídia social que limitaram a liberdade de expressão sob o pretexto de moderação de conteúdo e esforços de prevenção, com algumas vozes sugerindo interesses comerciais e políticos desempenhando um papel em tais decisões. No contexto de tratamento de disputas, foram levantadas preocupações quanto à opacidade e à falta de consistência em relação aos algoritmos preditivos no âmbito da prevenção de disputas.[536] [537]

---

[532] FERRARI, Isabela. O emprego de algoritmos para a tomada de decisões II: riscos dos algoritmos decisórios. *In*: FERRARI, Isabela (Org.). *Justiça digital*. São Paulo: Thomson Reuters Brasil, 2020. p. 92-93.

[533] FERRARI, Isabela. O emprego de algoritmos para a tomada de decisões II: riscos dos algoritmos decisórios. *In*: FERRARI, Isabela (Org.). *Justiça digital*. São Paulo: Thomson Reuters Brasil, 2020. p. 93.

[534] CONSELHO NACIONAL DE JUSTIÇA. Resolução nº 332, de 21 de agosto de 2020. Dispõe sobre a ética, a transparência e a governança na produção e no uso de Inteligência Artificial no Poder Judiciário e dá outras providências. *DJe/CNJ*, Brasília, DF, a. 2020, n. 274, p. 4-8, 25 de agosto de 2020.

[535] KATSH, Ethan; RABINOVICH-EINY, Orna. *Digital justice*: technology and the internet of disputes. Nova York: Oxford University Press, 2017. p. 52-53.

[536] KATSH, Ethan; RABINOVICH-EINY, Orna. *Digital justice*: technology and the internet of disputes. Nova York: Oxford University Press, 2017. p. 52-53.

[537] No Brasil, o uso de algoritmos pela plataforma REGULARIZE, para a construção de perfil dos contribuintes e ranking de crédito utilizado pela Procuradoria da Fazenda Nacional (PGN) se baseia em métodos de inteligência artificial sigilosos, não havendo certeza a respeito da utilização de tecnologia chamada "black box", ou seja, tecnologias onde há opacidade quanto à explicabilidade da decisão. Tratando-se de uma plataforma que em alguma medida diz respeito à composição de disputas, pode ser levantada reflexão sobre a necessidade de transparência dos critérios de avaliação do perfil dos contribuintes e ranking de crédito, o que pode repercutir sobre a aceitação ou não de propostas individuais de transação do contribuinte, conforme a disposição da Portaria PGFN nº 9.917, de 14 de abril de 2020.

No âmbito do comércio eletrônico, um dos principais elementos que contribuem para a avaliação da confiança nos sistemas ODR é a transparência quanto ao procedimento. Nesse contexto é relevante, portanto, que as pessoas tenham informações e conhecimentos adequados sobre os sistemas ODR, para que possam confiar neles. Logo, é central o debate sobre a transparência relacionada ao procedimento, o alcance do uso de algoritmos,[538] além da sua auditabilidade por órgão de controle, seja pelo Poder Judiciário, órgãos de defesa do consumidor, defesa da concorrência etc.[539]

A literatura nesse tema aponta para diferentes maneiras de transferir informação acerca do mecanismo de ODR, dentre as quais: reputação, credenciamento por instituições confiáveis, mecanismos de *feedback* e transparência do procedimento e fornecimento de dados sobre a efetividade dos mecanismos de ODRs. Conforme levantamento realizado por Abedi e Belluci, a informação sobre o procedimento das ODRs e dados sobre a conveniência de seu uso tem um papel relevante sobre a confiança das partes, fatores que foram confirmados na pesquisa empírica por eles realizada. Segundo relatam, quando as partes têm conhecimento suficiente sobre a confiabilidade e a conveniência dos sistemas ODR, é mais provável que entrem no processo com um alto nível de confiança.[540]

Os dados apresentados no trabalho desenvolvido por Abedi e Belluci, examinando a confiança dos usuários em ODRs de comércio eletrônico, demonstram que apesar dos consumidores considerarem ser mais fácil resolver disputas por meio de sistemas extrajudiciais, ainda confiam mais nas autoridades públicas do que em mecanismos

(XAVIER, Daniel de Sabóia; SURIANI, Fernanda Mattar Furtado; NOLASCO, Rita Dias. A tecnologia e a inteligência analítica aplicada à recuperação de créditos pela PGFN. *In*: FUX, Luiz; ÁVILA, Henrique; CABRAL, Trícia Navarro Xavier (Org.). *Tecnologia e justiça multiportas*. Indaiauba, SP: Editora Foco, 2021. p. 247-274).

538 ABEDI, Fahimed; BELLUCI, Emília. Universal standards for the concept of trust in dispute resolution systems in e-commerce disputes. *Journal of Law and Information Technology*, Nova York, n. 27, p. 209-237, 2019.

539 ALLEMAND, Luiz Cláudio. Tecnologia, ética e justiça multiportas. *In*: FUX, Luiz; ÁVILA, Henrique; CABRAL, Trícia Navarro Xavier (Org.). *Tecnologia e justiça multiportas*. Indaiatuba: Foco, 2021. p. 320.

540 ABEDI, Fahimed; BELLUCI, Emília. Universal standards for the concept of trust in dispute resolution systems in e-commerce disputes. *Journal of Law and Information Technology*, Nova York, n. 27, p. 209-237, 2019. p. 233.

de ODR para proteger os seus direitos.[541] Quando solicitado aos usuários avaliar a afirmação "Não é fácil confiar em mecanismos de ODR", 50% dos respondentes não concordavam nem discordavam da afirmação, 23,07% concordavam com a afirmação (ou seja, não achavam fácil confiar em sistemas de ODR), 16,6% discordavam da afirmação (ou seja, acreditavam que era fácil confiar nos mecanismos online); 6,4 % concordavam fortemente com a afirmação (desconfiando dos sistemas de ODR) e 2,5% discordavam fortemente da afirmação (confiavam fortemente em sistemas de ODR).

Figura 3 – Representação gráfica das respostas sobre a opinião dos entrevistados à seguinte afirmação: "Não é fácil confiar no processo do sistema de gerenciamento de reclamações *online*".

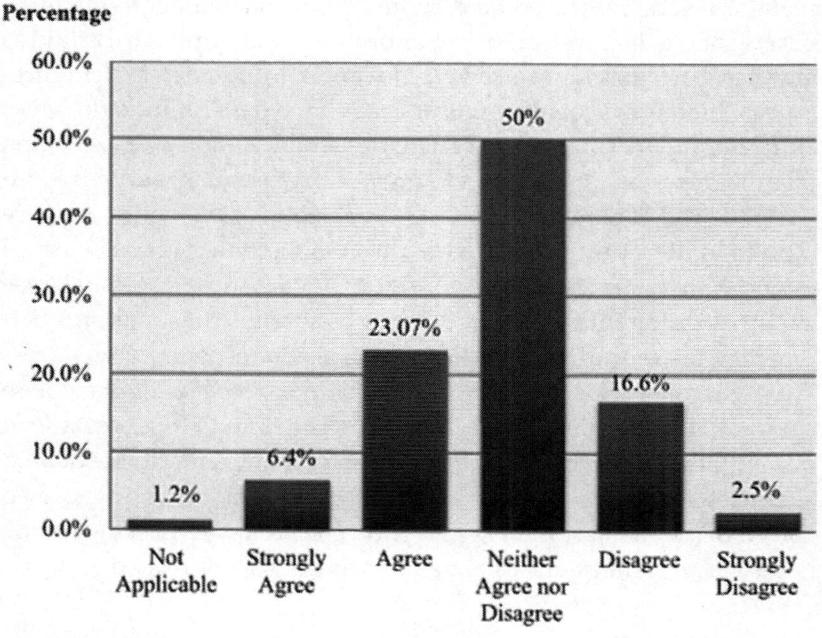

Fonte: ABEDI, Fahimed; BELLUCI, Emília.[542]

[541] ABEDI, Fahimed; BELLUCI, Emília. Universal standards for the concept of trust in dispute resolution systems in e-commerce disputes. *Journal of Law and Information Technology*, Nova York, n. 27, p. 209-237, 2019. p. 230.

[542] ABEDI, Fahimed; BELLUCI, Emília. Universal standards for the concept of trust in dispute resolution systems in e-commerce disputes. *Journal of Law and Information Technology*, Nova York, n. 27, p. 209-237, 2019. p. 230.

A demanda central por transparência nos mecanismos de ODR justifica-se nesse sentido para qualificar o conhecimento dos usuários sobre o procedimento e a legitimidade dos diferentes mecanismos de resolução de disputas *online*, atraindo e gerando confiança no seu uso, além de ser meio próprio para o controle das ações de indivíduos e empresas de forma opaca.[543]

Conforme sinaliza Arsdale, a divulgação de informações, por si só não cria um usuário informado. As informações sobre os procedimentos de ODR devem ser acessíveis, compreensíveis e apresentadas de forma que o usuário atenda às principais orientações,[544] eventualmente com avaliação adicional ou comparação ativa das preferências dos usuários entre as outras opções existentes.[545]

Outro aspecto relacionado aos desafios na consolidação das plataformas de resolução de disputas diz respeito à necessidade de observância e demonstração de cumprimento das normas e estruturas jurídicas existentes (*accountability*). No contexto do comércio eletrônico, especialmente, existe uma preocupação com o desequilíbrio de poder entre empresas e consumidores. Um consumidor pode usar ODR uma ou duas vezes por ano, enquanto uma empresa com jogadores repetidos pode usá-lo para dezenas de casos a qualquer momento. Por esse motivo, a literatura aponta para a necessidade de órgãos externos estabelecerem não só normas que garantam a justiça processual, mas garantias procedimentais em que seja possível aos consumidores perceberem que seus direitos também estão sendo respeitados.[546]

No contexto de resolução de disputas por *accountability* entende-se a obrigação de explicar como um mandato atribuído foi executado, o que implica tanto a responsabilização perante uma autoridade quanto as consequências em caso de violação de um dever ou obrigação ao abrigo desse mandato. As medidas de controle e gerenciamento de riscos visam garantir que os tomadores de decisão exerçam o poder de

---

543 ARBIX, Daniel. *Resolução online de controvérsias*. São Paulo: Intelecto, 2017. p. 104.

544 ARSDALE, Suzanne Van. User protections in Online Dispute Resolution. *Harvard Negotiation Law Review*, Cambridge, v. 21, n. 107, p. 107-142, 2015. p. 126.

545 ARSDALE, Suzanne Van. User protections in Online Dispute Resolution. *Harvard Negotiation Law Review*, Cambridge, v. 21, n. 107, p. 107-142, 2015. p. 126.

546 CÓRTES, Pablo. *Online Dispute Resolution for consumers in the European Union*. Nova York: Routledge, 2010. p. 79.

maneira justa e eficaz.[547] Os mecanismos de *accountability* normalmente se enquadram em uma de duas categorias: (1) estrutura aprimorada para os tomadores de decisão, que limita sua autoridade e discrição *ex ante* por meio de diretrizes e padrões, gerando tomadas de decisão mais consistentes em todos os casos; ou (2) transparência em relação às ações dos tomadores de decisão e aos resultados de suas decisões, permitindo o monitoramento *ex post* à luz das diretrizes estabelecidas, que, por sua vez, servem como critérios de avaliação.[548]

Um desafio para o campo de resolução de disputas tem sido como acompanhar e analisar o desempenho do mediador sem comprometer a confidencialidade ou incorrer em despesas irracionais. O sigilo e as práticas relacionadas à coleta e compartilhamento de informações em processos de mediação impedem a realização de processos abertos ou de ter um registro feito. O resultado raramente é uma ferramenta suficiente para avaliar a qualidade do desempenho do mediador. Além de casos extremos em que o resultado reflete claramente o fraco desempenho, é difícil avaliar o resultado de um processo que é impulsionado pela satisfação das partes, concessões mútuas quanto ao objeto do litígio e resultados que englobam percepções subjetivas de satisfação das partes. Além disso, é ainda mais difícil estabelecer um nexo causal entre um resultado e as intervenções sutis que poderiam ter impulsionado indiretamente tal resolução.[549] No contexto dos mecanismos *online* de resolução de disputas, segundo defende Rabinovich-Einy, os mecanismos de ODR podem dar uma nova perspectiva sobre os usuais problemas relacionados à *"accountability"* em relação a outros modelos confidenciais de resolução de disputas. Conforme debate, é possível melhor equalizar confidencialidade e flexibilidade com a prestação de contas por meio de recursos tecnológicos.

A empresa SquareTrade, que administra parte das demandas do eBay, por exemplo, reserva-se ao direito, em sua política de privacidade, de compartilhar certas informações com indivíduos externos,

---

[547] RABINOVICH-EINY, Orna. Technology's impact: the quest for a new paradigm for accountability in mediation. *Harvard Negotiation Law Review*, Cambridge v. 11, p. 253-294, 2006. p. 260.

[548] RABINOVICH-EINY, Orna. Technology's impact: the quest for a new paradigm for accountability in mediation. *Harvard Negotiation Law Review*, Cambridge v. 11, p. 253-294, 2006. p. 260.

[549] RABINOVICH-EINY, Orna. Technology's impact: the quest for a new paradigm for accountability in mediation. *Harvard Negotiation Law Review*, Cambridge v. 11, p. 253-294, 2006. p. 266.

entidades e o público em geral. A empresa divulga informações sobre a resolução de disputas e acordos para o eBay para fins de execução do acordo, bem como informações agregadas sobre as disputas.[550] Tal atuação reflete uma visão mais matizada da confidencialidade, que distingue entre sigilo interno e externo. Até o momento, a SquareTrade optou por divulgar poucas informações ao público, compartilhando apenas dados quanto ao volume de disputas e taxas de solução relacionadas aos seus serviços.[551]

Segundo analisa Rabinocih-Einy, as funcionalidades derivadas dos mecanismos *online* permitem uma nova visão de *accountability* nos procedimentos de ODR, possibilitando o que é conhecido por "*accountability* estrutural". Através desse sistema torna-se possível uma prestação de contas através de esforços "bottom-up", ou seja, por meio de estruturas internas são gerados incentivos à ampla coleta e análise de informações, com o intuito de reduzir a discriminação, promover consistência, permitir o monitoramento e criar incentivos para a performance.[552]

Valendo-se do estudo de caso do eBay-SquareTrade, a autora defende que os aspectos distintivos que permitem tal tipo diferenciado de *accountability* decorre: a) da ampla coleta de informações em tempo real sobre o comportamento dos usuários, com informações sobre como este navega no *site*, em que medida ele adere a certas páginas ou tem tendência de abandonar o sítio eletrônico, de forma a melhorar o conteúdo e o design da plataforma. A informação em tempo real é ampla o suficiente para permitir mensurar a) a performance das intervenções do mediador ou do software; b) a estrutura de pessoal que analisa os dados coleados. Conforme pontua a autora, o SquareTrade tem uma estrutura de pessoal dedicada a fazer a análise das informações colhidas e é uma parte regular do processo de resolução de disputas em produzir relatórios internos baseados nas informações coletadas, o que permitiu à empresa melhorar os serviços de mediação e desenhar uma melhor

---

550 RABINOVICH-EINY, Orna. Technology´s impact: the quest for a new paradigm for accountability in mediation. *Harvard Negotiation Law Review*, Cambridge v. 11, p. 253-294, 2006. p. 274.

551 RABINOVICH-EINY, Orna. Technology´s impact: the quest for a new paradigm for accountability in mediation. *Harvard Negotiation Law Review*, Cambridge v. 11, p. 253-294, 2006. p. 274-275.

552 RABINOVICH-EINY, Orna. Technology´s impact: the quest for a new paradigm for accountability in mediation. *Harvard Negotiation Law Review*, Cambridge v. 11, p. 253-294, 2006. p. 269.

plataforma; c) adotar uma visão de confidencialidade mais flexível, que permite a divulgação do comportamento dos usuários no procedimento de resolução de disputas e os resultados dos acordos alcançados pelas partes; d) a implementação de estruturas de melhoria consistentes ao procedimento, sem dar uma flexibilidade grande demais que não se possa controlar. Através do desenvolvimento de estruturas tecnológicas que se adequam ao tipo de conflito, a um mínimo custo, e sem perder a flexibilidade procedimental, os mecanismos de ODR ganham em flexibilidade e, ao mesmo tempo, mantêm um procedimento consistente, passível de mensuração dos resultados; e) ser implementado junto a uma plataforma maior. No caso do SquareTrade, por ser um provedor de ODR vinculado ao eBay, isso lhe permite ter acesso a um alto número de disputas em um contexto particular e que releva padrões de disputas que ocorrem repetidamente e, portanto, tem a capacidade de desenvolver meios efetivos de endereçamento das disputas; f) os incentivos internos para os mediadores, no desempenho das suas funções.[553]

Conforme observa Cueva, os mediadores presenciam com frequência a existência de assimetrias informativas entre as partes e se defrontam com o dilema de intervir ou não para equilibrar esse nível de conhecimento. Com as plataformas de resolução de disputas apoiadas em tecnologia, é possível melhor distinguir informação de orientação jurídica, garantindo-se, ao mesmo tempo, paridade de armas e observância de princípios éticos que devem guiar a resolução de disputas.[554]

De fato, uma vez que as tecnologias são capazes de identificar de maneira consistente os tipos de conflitos, congregando informações que tornam possível localizar suas raízes, seja para assistir soluções pontuais ou potencialmente ações coletivas ou, ainda, reparações sociais amplas,[555] a transparência e *accountability* dos sistemas de ODR podem superar os desafios de controle sobre as decisões alcançadas por esses meios alternativos de resolução de disputas.

Conforme sinaliza Arbix, desejável se faz uma intervenção estatal e democrática, com participação de vários atores sociais envolvidos,

---

553 RABINOVICH-EINY, Orna. Technology's impact: the quest for a new paradigm for accountability in mediation. *Harvard Negotiation Law Review*, Cambridge v. 11, p. 253-294, 2006. p. 268-269.

554 CUEVA, Ricardo Villas Bôas. Integração dos meios de resolução de conflitos online (ODR) aos sistemas de justiça. *In*: FUX, Luiz; ÁVILA, Henrique; CABRAL, Trícia Navarro Xavier (Org.). *Tecnologia e justiça multiportas*. Indaiatuba: Foco, 2021. p. 49.

555 ARBIX, Daniel. *Resolução online de controvérsias*. São Paulo: Intelecto, 2017. p. 185.

sobre mecanismos de ODR privados, caso falhem em atender aos anseios sociais por *accountability*, transparência e devido processo.[556] A tecnologia pode tanto ser usada para atender a essas finalidades, quanto o oposto.

4.2.3 Garantias procedimentais mínimas

Tema correlato à necessidade de transparência e *accountability* diz respeito a preocupações normativas e práticas sobre a capacidade das tecnologias computacionais em atenderem garantias processuais e substantivas adequadas.[557] Uma das principais preocupações levantadas por usuários que usam processos de solução negociada diz respeito à imparcialidade ou justiça do procedimento. Os indivíduos realizam negociações para obterem melhores resultados do que obteriam de outra forma, seja abandonando o envolvimento com a outra parte ou optando por outras alternativas de resolução de disputas em outros modos de conflito.[558]

No âmbito da Justiça Civil, o devido processo legal garante a exatidão e a equidade nos processos judiciais para todas as partes. As salvaguardas processuais ajudam a garantir decisões imparciais sobre o mérito e o acesso igualitário à justiça, mantendo padrões mínimos do devido processo legal e minimizando as diferenças entre as partes.[559]

Segundo alerta Arsdale, no contexto dos mecanismos *online* de resolução de disputas, os provedores automatizados não são mantidos por códigos de conduta, tal como é exigido por neutros (mediadores ou árbitros). Como resultado, levantam-se preocupações de ordem ética e de justiça procedimental das plataformas ODR totalmente automatizadas.[560] Segundo defende a autora, em ODRs, as questões relacionadas a garantias processuais e preocupações de justiça surgem quando os disputantes estão desinformados, sem advogado e quando estão sujeitos a procedimentos que são injustos devido a problemas

---

556 ARBIX, Daniel. *Resolução online de controvérsias*. São Paulo: Intelecto, 2017. p. 186.

557 SELA, Ayelet. Can computers be fair? How automated and human-powered Online Dispute Resolution affect procedural justice in mediation and arbitration. *Ohio State Journal on Dispute Resolution*, Columbus, v. 33, n. 1, p. 91-148, 2018. p. 92.

558 EBNER, Noam; ZELEZNIKOW, John. Fairness, Trust and security in Online Dispute Resolution. *Hamline University's School of Law's Journal of public Law and Policy*, Saint Paul, v. 36, n. 2, p. 143-160, 2015. p. 149-150.

559 ARSDALE, Suzanne Van. User protections in Online Dispute Resolution. *Harvard Negotiation Law Review*, Cambridge, v. 21, n. 107, p. 107-142, 2015. p. 126- 127.

560 ARSDALE, Suzanne Van. User protections in Online Dispute Resolution. *Harvard Negotiation Law Review*, Cambridge, v. 21, n. 107, p. 107-142, 2015. p. 127.

substantivos (por exemplo, falha em aplicar a lei correta), problemas processuais (por exemplo, um algoritmo tendencioso), ou em situações de desequilíbrios de poder resultantes, entre outras coisas, de status desigual em uma hierarquia, status socioeconômico e tendência de uma das partes ser defensiva.[561]

Preocupações derivadas de garantias processuais são ainda mais enfatizadas em sistemas de ODR conectados a Cortes de Justiça, em que as exigências de observância de princípios como transparência, *accountability*, imparcialidade e justiça assumem maior significado no contexto dos tribunais.[562] Conforme analisado por Arbix, a adoção de princípios associados ao devido processo legal é premente nos mecanismos cujas decisões vinculam as partes, sendo necessárias, quando se fala em mecanismos de solução consensual, garantias voltadas à transparência e ao consentimento das partes. Conforme destaca o autor, ofertas claras, informações sobre procedimentos, regras de decisão, explicações claras sobre o resultado e execução automática do decidido devem estar acessíveis aos usuários.[563]

Alguns fatores são elencados como relevantes para os processos e mecanismos de ODR, como: a) transparência, no sentido de que se possa replicar a decisão tomada, de forma que decisões negociadas injustas possam ser examinadas e, se necessário, alteradas; b) destaque para as leis aplicáveis ao caso, no sentido de fornecer às partes balizas e alternativas dentro de uma negociação. Em contextos não jurídicos, ou em contextos nos quais várias normas jurídicas competem e se chocam, onde determinar as alternativas e opções dos usuários seja difícil fornecer às partes um conjunto de regras que determinarão os resultados pode promover um senso de justiça; e, por fim, c) incentivo e exigências de revelação de informação, no sentido de tornar o procedimento mais justo ao tornar obrigatória a revelação de informações importantes e vitais para a resolução da disputas, informações essas que potencialmente poderiam ser ocultadas por uma das partes, levando a resultados injustos.[564]

---

561 ARSDALE, Suzanne Van. User protections in Online Dispute Resolution. *Harvard Negotiation Law Review*, Cambridge, v. 21, n. 107, p. 107-142, 2015.

562 ANDERSON, Dorcas Quek. Ethical Concerns in Court-Connected Online Dispute Resolution. *International Journal of Online Dispute Resolution*, Haia, v. 5, p. 20-38, 2018. p. 21.

563 ARBIX, Daniel. *Resolução online de controvérsias*. São Paulo: Intelecto, 2017. p. 177-178.

564 EBNER, Noam; ZELEZNIKOW, John. Fairness, Trust and security in Online Dispute Resolution. *Hamline University's School of Law's Journal of public Law and Policy*, Saint Paul, v. 36, n. 2, p. 143-160, 2015. p. 153.

Conforme refletem Ebner & Zeleznikow, exigir divulgação de informações em uma negociação pode ajudar a aumentar a justiça do processo de negociação; no entanto, tal providência apresenta algumas desvantagens para o desenvolvimento de sistemas, dentre as quais: (1) as partes podem relutar em ser francas; (2) as partes podem ver os mediadores como tendenciosos; (3) há um risco em antecipar o compartilhamento de informações, com impacto de tempo e custos do procedimento; e (4) há uma dificuldade em perceber, com antecedência, as repercussões potenciais da divulgação de informações confidenciais para a contraparte de negociação. No entanto, ao pensar em incorporar justiça a uma plataforma ou sistema, considerar maneiras de organizar, apoiar e encorajar o compartilhamento de informações, pode ser útil para a promoção de um senso de justiça.[565]

Faleck enfatiza a necessidade de transparência sobre os procedimentos *online* no sentido de que as partes devem saber "o que é, como funciona, quem está envolvido, quais os princípios e normas que governam o sistema, o que se espera deles em termos de informação e documentação, [e tudo] com a maior clareza possível".[566]

Ainda no contexto de garantias procedimentais mínimas, Ferreira observa a necessidade de se garantir igualdade substancial entre as partes, através de informação. A Comissão Europeia, no "Scoreboard" de 2020 sobre justiça, no capítulo dedicado à avaliação da qualidade do acesso a meios alternativos de resolução de disputas, avalia itens que dizem respeito exclusivamente ao conteúdo informativo.[567]

Nunes entende que, apesar de ser possível que a tecnologia possa nivelar o campo do processo entre os sofisticados litigantes habituais e os litigantes eventuais, a tendência evidente é uma ampliação da desigualdade informacional, caso não se proteja a isonomia entre as partes e o devido processo no âmbito das Cortes digitais.[568] Ressalta o

---

[565] EBNER, Noam; ZELEZNIKOW, John. Fairness, Trust and security in Online Dispute Resolution. *Hamline University´s School of Law´s Journal of public Law and Policy*, Saint Paul, v. 36, n. 2, p. 143-160, 2015. p. 154.

[566] FALECK, Diego. Tecnologia e sistemas de indenização: a experiência de Brumadinho. *In*: FUX, Luiz; ÁVILA, Henrique; CABRAL, Trícia Navarro Xavier (Org.). *Tecnologia e justiça multiportas*. Indaiatuba: Foco, 2021. p. 359.

[567] FERREIRA, Marcio Vieira Souto. Princípios fundamentais do processo e a legitimidade do sistema de justiça multiportas. *In*: FUX, Luiz; ÁVILA, Henrique; CABRAL, Trícia Navarro Xavier (Org.). *Tecnologia e justiça multiportas*. Indaiatuba: Foco, 2021. p. 474.

[568] NUNES, Dierle. Etapas de implementação de tecnologia no processo civil e ODRs. *In*: FUX, Luiz; ÁVILA, Henrique; CABRAL, Trícia Navarro Xavier (Org.). *Tecnologia e justiça multiportas*. Indaiatuba: Foco, 2021. p. 404.

autor que a tecnologia não é isenta de riscos, devendo ser observados os problemas dos modos de coleta e tratamento de dados; opacidade, carência de *accountability* e explicabilidade das decisões automatizadas (e aqui – tratando de mecanismos de ODR relacionados ao comércio eletrônico – podemos pensar em explicabilidade de mecanismos de suporte de decisões); e os riscos de ampliação de disparidade entre litigantes habituais e eventuais.[569]

Guilherme Magalhães Martins propõe que o desafio no contexto das ODRs em disputas de consumo seja criar uma propedêutica processual amparada em direitos fundamentais que permita controlar os resultados enviesados. Segundo destaca o autor, a arquitetura de escolha da plataforma pode induzir comportamentos das partes e é necessário observar, de perto, que tipos de comportamentos são estes. Segundo observa, a crença na autonomia da vontade é "jogada por terra" em face da existência de tecnologias que influenciam o comportamento, e, por isso, torna-se necessário fortalecer mecanismos que permitam a participação informada e o controle nos resultados.[570] Segundo defende o autor, há alguns limites – amparados em valores eleitos primordialmente na Constituição da República – que não podem ser ultrapassados, em especial:

> 1 – A integridade da jurisprudência dos Tribunais Superiores na promoção aos vulneráveis (consolidando temas já julgados no sentido de servirem como precedentes poderosos contra a prática de recursos procrastinatórios – o tema 1075 – 'limites territoriais' da coisa julgada coletiva bem demonstrou essa falha). Problemas envolvendo consumidores com fragilidades aguçadas, como idade, pobreza, analfabetismo, levando à denominação hipervulnerabilidade, e somadas à crise própria do estado pandêmico, devem ser ainda levados em conta. O direito privado deve necessariamente reconhecer a fraqueza de certos grupos da sociedade, que se apresenta como ponto de encontro entre a função individual, que tradicionalmente lhe é reconhecida, e sua função social, afirmada no direito solidário privado que emerge da Constituição;

---

569 NUNES, Dierle. Etapas de implementação de tecnologia no processo civil e ODRs. *In*: FUX, Luiz; ÁVILA, Henrique; CABRAL, Trícia Navarro Xavier (Org.). *Tecnologia e justiça multiportas*. Indaiatuba: Foco, 2021. p. 404-405.

570 MARTINS, Guilherme Magalhães. ODRs e conflitos repetitivos nas relações de consumo. *Migalhas*, 16 abr. 2021. Disponível em: https://www.migalhas.com.br/coluna/migalhas-de-protecao-de-dados/343809/odrs-e-conflitos-repetitivos-nas-relacoes-de-consumo. Acesso em 15 jun. 2021.

2 – A garantia do Acesso à Justiça como direito fundamental, evitando-se as seguidas tentativas de impor obstáculos de acesso ao Judiciário e à ordem jurídica justa através de modelos alternativos de solução de conflitos extrajudiciais, especialmente aqueles da plataforma digital, na forma do Art. 5º, XXXV – da Constituição da República: "A lei não excluirá da apreciação do Poder Judiciário lesão ou ameaça a direito" –, o que obsta a imposição dos ODRs como condição da ação, ao contrário do que tem decidido parte do Poder Judiciário, sob pena de vedação ao retrocesso. O uso facultativo das plataformas mostra-se benéfico, como uma opção a mais, de modo a descongestionar o Poder Judiciário, trazendo ganhos, do ponto de vista da eficiência, mas sem jamais descuidar de todos os direitos fundamentais envolvidos;
3 – A transparência quanto aos algoritmos adotados para manuseio de inteligência artificial quanto à matéria de relações de consumo.[571]

Schmitz levanta, no contexto das arbitragens *online* – mas também aplicável a outros procedimentos de resolução de disputas *online* – preocupações decorrentes de potenciais desequilíbrios entre as partes a respeito dos recursos e habilidades tecnológicas. A autora salienta a respeito de uma discrepância de acesso digital, ainda existente nos Estados Unidos e em todo o mundo, decorrente do custo ao acesso a computadores, serviços de Internet, câmeras da web e outros equipamentos tecnológicos.[572] Nesse sentido, alerta a autora que os formuladores de políticas e os provedores de sistemas de resolução de disputas *online* devem abordar os temas relacionados com igualdade e garantias procedimentais mínimas. Conforme destaca, sempre haverá desequilíbrios em relação ao acesso à tecnologia e, ainda que as partes tenham o mesmo nível de acesso a ela, elas ainda podem ter níveis de habilidade muito divergentes em seu uso, razão pela qual as políticas devem proteger um nível básico de equidade processual para todos os envolvidos e buscar garantir que todas as partes possam apresentar seus casos para resolução através de um processo substancialmente justo, neutro e confiável.[573]

---

571 MARTINS, Guilherme Magalhães. ODRs e conflitos repetitivos nas relações de consumo. *Migalhas*, 16 abr. 2021. Disponível em: https://www.migalhas.com.br/coluna/migalhas-de-protecao-de-dados/343809/odrs-e-conflitos-repetitivos-nas-relacoes-de-consumo. Acesso em 15 jun. 2021.

572 SCHMITZ, Amy. "Drive-thru" arbitration in the digital age: empowering consumers through binding ODR. *Baylor Law Review*, Waco, v. 62, n. 1, p. 178-244, 2010. p. 218-219.

573 SCHMITZ, Amy. "Drive-thru" arbitration in the digital age: empowering consumers through binding ODR. *Baylor Law Review*, Waco, v. 62, n. 1, p. 178-244, 2010. p. 220.

Nesse mesmo sentido, as críticas relacionadas ao acesso a mecanismos digitais de resolução de disputas no contexto das Cortes Judiciais atraem o debate a respeito da exclusão digital e a necessidade de garantia de condições mínimas de acesso tecnológico.[574] No entanto, parece que no contexto do comércio eletrônico essas críticas não são tão impactantes, já que os usuários que chegam ao sistema de ODR estão em condições de acesso à internet e – ao menos em tese – dispostos a acessar a tecnologia.[575]

De fato, preocupações com garantias procedimentais adequadas no contexto da resolução de disputas *online* devem equilibrar a sempre existente tensão entre flexibilidade procedimental, derivada da autonomia privada, e garantias procedimentais mínimas aos envolvidos.

4.2.4 Segurança e proteção de dados pessoais

Outro desafio relacionado ao desenvolvimento de mecanismos *online* de resolução de disputas diz respeito a preocupações relativas à segurança, à confiabilidade e à privacidade das comunicações e dados dos usuários, devido a dependência da Internet e de programas de software.[576] Conforme apontado por Schmitz no contexto das plataformas de arbitragem *online*, mas também em outros contextos de resolução de disputas *online*, o sucesso das plataformas está ligado à segurança do conteúdo dos envios e comunicações dos usuários. As partes devem se sentir confiantes de que suas comunicações serão privadas e inacessíveis para "hackers". A privacidade, que é um benefício importante quando se fala em meios alternativos de resolução de disputas, sendo ainda um componente essencial para o incentivo e o encorajamento a conversas francas entre os envolvidos, continua sendo um benefício importante nas ODRs[577] e que, portanto, deve ser protegida.

---

[574] PASCHOAL, Thaís Amoroso. Acesso à Justiça, tecnologia e o nosso realismo esperançoso de cada dia. *In*: FUX, Luiz; ÁVILA, Henrique; CABRAL, Trícia Navarro Xavier (Org.). *Tecnologia e justiça multiportas*. Indaiatuba: Foco, 2021. p. 137-138.

[575] NUNES, Dierle. Etapas de implementação de tecnologia no processo civil e ODRs. *In*: FUX, Luiz; ÁVILA, Henrique; CABRAL, Trícia Navarro Xavier (Org.). *Tecnologia e justiça multiportas*. Indaiatuba: Foco, 2021. p. 402.

[576] SCHMITZ, Amy. "Drive-thru" arbitration in the digital age: empowering consumers through binding ODR. *Baylor Law Review*, Waco, v. 62, n. 1, p. 178-244, 2010. p. 214.

[577] SCHMITZ, Amy. "Drive-thru" arbitration in the digital age: empowering consumers through binding ODR. *Baylor Law Review*, Waco, v. 62, n. 1, p. 178-244, 2010. p. 215.

Ebner & Zeleznikow fazem uma diferenciação entre quatro tipos de segurança:[578] a) *segurança da informação*, que conota a segurança do processo de ODR em termos de proteger as informações das partes de serem compartilhadas por estranhos, mantendo um procedimento confidencial e a noção de privilégio, protegendo as informações de serem descobertas por partes ou juízes no curso de um processo judicial;[579] b) *segurança de dados*, dando conta de proteções estabelecidas em torno dos canais de comunicação, software, funcionários e qualquer hardware usado para ODR. Tal proteção visa impedir que pessoas externas invadam o sistema e obtenham informações não públicas, sejam elas diretamente relacionadas a uma disputa ou não. Além disso, focar neste aspecto de segurança sugere que limitações internas sejam estabelecidas para garantir que as partes em disputa ou os terceiros neutros não possam acessar áreas ou informações que não têm permissão para ver (por exemplo, protegendo uma conversa que se dá em uma sala de bate-papo privada entre uma parte e um mediador de ser vista pela outra parte);[580] c) *segurança pessoal*, que conota o fornecimento de segurança e processos claramente definidos para proteger os usuários de danos físicos ou emocionais. No ODR, o risco de danos físicos é reduzido devido à separação das partes; no entanto, ainda que de forma virtual, observa-se que alguns usuários preferem não utilizar a videoconferência disponível. A reduzida presença social, ao que parece, contribui para uma maior sensação de segurança pessoal em um nível emocional;[581] e, por fim, d) *segurança do sistema*, que denota o grau em que os usuários se sentem confiantes de que o serviço ODR que estão usando não está utilizando suas informações, participação, comportamento ou dados de forma contrária aos seus interesses.

No que se refere à segurança do sistema, surgem preocupações com o uso dos dados dos usuários. Ebner & Zeleznikow destacam alguns

578 EBNER, Noam; ZELEZNIKOW, John. Fairness, Trust and security in Online Dispute Resolution. *Hamline University's School of Law's Journal of public Law and Policy*, Saint Paul, v. 36, n. 2, p. 143-160, 2015. p. 157.

579 EBNER, Noam; ZELEZNIKOW, John. Fairness, Trust and security in Online Dispute Resolution. *Hamline University's School of Law's Journal of public Law and Policy*, Saint Paul, v. 36, n. 2, p. 143-160, 2015. p. 157-158.

580 EBNER, Noam; ZELEZNIKOW, John. Fairness, Trust and security in Online Dispute Resolution. *Hamline University's School of Law's Journal of public Law and Policy*, Saint Paul, v. 36, n. 2, p. 143-160, 2015. p. 158.

581 EBNER, Noam; ZELEZNIKOW, John. Fairness, Trust and security in Online Dispute Resolution. *Hamline University's School of Law's Journal of public Law and Policy*, Saint Paul, v. 36, n. 2, p. 143-160, 2015. p. 158.

dos usos específicos de dados que podem gerar preocupação e, por consequência, falta de confiança na plataforma:1) usar dos dados sem consentimento ou permissão; 2) usar dados de maneiras indesejadas; 3) minerar dados, para quaisquer fins; 4) aprender sobre comportamento conflituoso (além do que é necessário para atender a própria disputa); 5) aprender sobre o comportamento de barganha (além do que é necessário para atender a própria disputa); 6) aprender sobre a velocidade de digitação, o tempo gasto em páginas específicas ou clicar em anúncios – preferências e; 7) qualquer outro uso indevido de dados.[582]

O uso de dados, conforme analisado, pode ser uma importante funcionalidade a contribuir com a prevenção e contenção de disputas. No entanto, as mesmas qualidades que tornam possíveis a prevenção, a contenção de disputas e o controle de qualidade, também levantam sérias preocupações sobre a proteção de dados pessoais e a privacidade dos usuários. Isso é particularmente preocupante quando os dados são usados para o benefício da empresa sem consentimento dos usuários.[583]

Segundo analisam Katsh & Rabinovich-Einy, um exemplo desse tipo de preocupação diz respeito ao experimento do Facebook e a falta de transparência que o cercou. O Facebook procurou descobrir o impacto de *feeds* positivos e negativos sobre o humor dos usuários através do monitoramento da sua atividade. A rede social recebeu duras críticas por conduzir o experimento sem o consentimento prévio dos usuários. Em outro exemplo, o Facebook conduziu um experimento diferente para examinar se as notificações poderiam encorajar as pessoas a votar. Esses exemplos enfatizam o poder exercido pelas plataformas com acesso a uma grande quantidade de dados. Esse poder pode ser usado (e abusado) para uma ampla gama de propósitos, muitos dos quais ainda não pode ser imaginado. Uma vez que as atividades de prevenção de disputas são ainda mais opacas do que as de resolução de disputas, faltam incentivos para os provedores se engajarem em tais atividades de maneira rigorosa e justa. Isso é ainda mais pronunciado

---

582 EBNER, Noam; ZELEZNIKOW, John. Fairness, Trust and security in Online Dispute Resolution. *Hamline University's School of Law's Journal of public Law and Policy*, Saint Paul, v. 36, n. 2, p. 143-160, 2015. p. 158-159.

583 KATSH, Ethan; RABINOVICH-EINY, Orna. *Digital justice*: technology and the internet of disputes. Nova York: Oxford University Press, 2017. p. 53.

devido à natureza privada e aos fins lucrativos das plataformas que se dedicam a essas atividades.[584]

Conforme alerta Guilherme Magalhães Martins, no contexto dos mecanismos de ODR, especial atenção deve ser dada aos princípios relacionados às atividades de tratamento de dados pessoais trazidos pela Lei Geral de Proteção de Dados (artigo 6º), especialmente os princípios da transparência (VI), livre acesso (IV), não discriminação (IX), responsabilização e prestação de contas (X). Segundo debate o autor, modelos programados por algoritmos, embora possam trazer benefícios, "afetam negativamente a vida de milhões de pessoas, de [modo] inapelável e injusta na sociedade contemporânea, frequentemente de maneira não informada e contrária ao seu consentimento".[585]

As preocupações decorrentes da proteção de dados pessoais ainda são pouco sentidas pelos usuários das plataformas de solução de disputas *online* de comércio eletrônico. Conforme anota Rabinovich-Einy, neste âmbito, é provável que a grande maioria dos usuários não se preocupem com esta falta de proteção de privacidade, desde que o cartão de crédito e as informações da conta bancária sejam mantidas em segurança.[586] É necessário, no entanto, o alargamento do debate a respeito da segurança da informação e da proteção dos dados pessoais dos usuários em mecanismos de resolução de disputas *online*.

---

584 KATSH, Ethan; RABINOVICH-EINY, Orna. *Digital justice*: technology and the internet of disputes. Nova York: Oxford University Press, 2017. p. 53.

585 MARTINS, Guilherme Magalhães. ODRs e conflitos repetitivos nas relações de consumo. *Migalhas*, 16 abr. 2021. Disponível em: https://www.migalhas.com.br/coluna/migalhas-de-protecao-de-dados/343809/odrs-e-conflitos-repetitivos-nas-relacoes-de-consumo. Acesso em 15 jun. 2021.

586 RABINOVICH-EINY, Orna. Going public: diminishing privacy in dispute resolution in the internet age. *Virginia Journal of Law and Technology*, Charlottesville, v. 7, n. 2, p. 1-55, 2002. p. 48.

CAPÍTULO 5

CONSIDERAÇÕES FINAIS

A emergente possibilidade de composição de disputas de maneira mais rápida, barata e, em muitos casos, de forma mais eficiente, através do uso da tecnologia da informação e comunicação, tem trazido otimismo e um crescente interesse dos juristas em encontrar melhores técnicas para o endereçamento de disputas. No contexto do comércio eletrônico, as soluções *online* para resolução de controvérsias mostraram-se essenciais para dar cabo aos problemas decorrentes de transações comerciais realizadas à distância e para promoção de um ambiente de confiança. O elevado custo na resolução das demandas poderia levar a um desincentivo às compras realizadas pela internet, razão pela qual houve o primeiro impulso para o desenvolvimento de soluções digitais de endereçamento dos conflitos nesse contexto.

Inicialmente pensados para reproduzir os tradicionais meios alternativos de resolução de conflitos (ADR), os mecanismos *online* desenvolveram-se com a introdução de diversificados recursos para melhor adaptarem-se às necessidades das partes e às nuances da disputa, e tendo como objetivo conter e, principalmente, prevenir a escalada do conflito.

A partir do desafio proposto de sistematizar e analisar os mecanismos *online* de resolução de disputas no contexto do comércio eletrônico sob a lente da Análise Econômica do Direito, foi possível identificar elementos tecnológicos distintivos e conjecturar a respeito de aspectos relacionados à estrutura de incentivos colocada às partes em conflito no meio *online*. A sistematização também possibilitou a reflexão acerca dos desafios e principais críticas relacionadas à incorporação de tecnologia aos processos de resolução de conflitos.

No capítulo inicial, arevisão bibliográfica empreendida permitiu a compreensão dos aspectos microeconômicos a respeito do litígio, especialmente os incentivos que são colocados às partes na decisão de litigar ou de compor suas disputas por si mesmas. Elementos como custos de transação, assimetria informativa, aspectos estratégicos envolvidos na interação entre as partes em conflito, além da discussão a respeito de vieses relacionados à decisão de litigar foram apresentados com o objetivo de ampliar a compreensão sobre os elementos envolvidos na dinâmica de resolução de disputas. A partir do estudo foi possível estabelecer um marco teórico para o cotejo proposto, a fim de verificar a eficiência gerada pelos meios *online* de resolução de conflitos no âmbito do comércio eletrônico.

Além disso, foi possível traçar um amplo panorama sobre o contexto em que se inserem os mecanismos *online* de resolução de disputas no comércio eletrônico, os chamados – inclusive na literatura brasileira – *Online Dispute Resolution* (ODR) (expressão em inglês). Foram identificados alguns aspectos gerais a respeito do impacto da tecnologia sobre o equacionamento dos conflitos, dentre os quais: a mudança de interação entre as partes, de física para virtual; a intervenção e o apoio da tecnologia na tomada de decisão; a ênfase na coleta e no uso dos dados; e o direcionamento da tecnologia para a contenção e, especialmente, prevenção de disputas. A partir desses achados foi proposta uma sistematização e divisão dos sistemas de resolução de disputas desenvolvidos por provedores privados – dentre os quais incluem-se empresas de comércio eletrônico – e aqueles desenvolvidos por provedores públicos – como órgãos nacionais de proteção ao consumidor e organizações internacionais.

Conforme anunciado, tais plataformas de resolução de disputas assemelham-se e diferenciam-se em diversos aspectos, não havendo um modelo único para o endereçamento de disputas. Dentre os diversos modelos de ODRs, observou-se, no contexto do comércio eletrônico, uma ênfase na negociação automatizada, proporcionando canais de comunicação entre vendedores e compradores em momento inicial da disputa; modelos de resolução de disputas semelhantes à negociação e à mediação, com sensíveis diferenças daquelas experimentadas no contexto *offline*, possibilitando, por meio da tecnologia, a criação de funcionalidades únicas, como mecanismos de garantia de pagamento e devolução de valores; mecanismos reputacionais, com indicação pública do comportamento anterior do usuário na plataforma; esforço

– através do uso de dados e ampliação dos canais de comunicação – para a prevenção de disputas, seja pelo fornecimento de suporte em momentos estratégicos do conflito, seja por meio de informações a partir de perguntas frequentes aos usuários.

Os mecanismos *online* de resolução de disputas encontraram no comércio eletrônico um terreno fértil para implementação e consolidação, dado o baixo valor econômico das disputas, o volume de transações e, por consequência, das disputas envolvendo o comércio eletrônico. As experiências em ODR por provedores públicos ainda é incipiente, com iniciativas mais recentes do que aquelas desenvolvidas pelos provedores privados. No Brasil, a iniciativa do *Consumidor.gov.br* tem ganhado relevância internacional, diante do crescente número de usuários e índices substanciais de resolutividade das demandas.

No último capítulo, mediante o cotejo analítico com o marco teórico da Análise Econômica do Direito, bem como os achados e a sistematização proposta sobre os mecanismos *online* de resolução de disputas (ODRs), traçaram-se considerações sobre como essas ferramentas alteram a estrutura de incentivos colocados aos agentes em conflito e de que maneira tais mecanismos repercutem sobre a resolução e prevenção de disputas. Aspecto amplamente debatido pela literatura de base diz respeito à redução dos custos de transação dos usuários na resolução das demandas através dos meios virtuais, especialmente as plataformas endereçadas a tal finalidade. Com efeito, a economia de custos e tempo, encolhendo distâncias e gastos, a diminuição de barreiras emocionais, psicológicas, culturais e a flexibilidade procedimental, que é enrobustecida pela tecnologia – criando ambientes mais adaptados às necessidades das partes e do tipo da disputa endereçada – são fatores tidos como redutores dos custos de transação para os usuários nessas plataformas. Especialmente no comércio eletrônico, mecanismos de garantia de pagamento são cruciais para a execução dos entendimentos estabelecidos nesse contexto e, portanto, são tidos como redutores dos custos de execução (*enforcement*) do acordado.

Sob a perspectiva dos provedores de mecanismos *online* de resolução de disputas, os custos com o desenvolvimento de tecnologia, o investimento em inovação e os riscos relacionados não são desprezíveis e, sobre esse aspecto, importa observar que, apesar do interesse, especialmente dos provedores privados em gerar confiança no comércio eletrônico e a economia de escala gerada, os incentivos colocados a eles para o desenvolvimento de meios *online* de resolução de conflitos junto aos sites de *e-commerce* podem ser insuficientes. Delineou-se, ainda, que apesar dos baixos custos associados à resolução de conflitos por meio *online*, com a diminuição das barreiras tradicionais enfrentadas pelos reclamantes, há altos custos de aprendizagem aos usuários, dada a diversidade de procedimentos que se torna possível com a flexibilidade procedimental e larga exposição de informações na internet.

No que se refere ao alinhamento de expectativas das partes sobre o resultado da disputa e aos níveis de compartilhamento de informações privadas, os mecanismos *online* de resolução de disputas do comércio eletrônico caracterizam-se principalmente – o que é largamente possibilitado pela incorporação de tecnologia – pela ampliação dos canais de comunicação a baixo custo, através de fluxos semiautomatizados, melhorando a troca de informações e, portanto, incrementando as chances de composição da disputa. O alinhamento das expectativas sobre o objeto da controvérsia é realizado basicamente pelo conteúdo informativo veiculado sobre as regras legais e contratuais aplicáveis e as soluções usualmente adotadas por outros usuários, através de interface amigável baseada na veiculação de informações em formato de "Perguntas Frequentes". Os sistemas de feedback, como um esquema de classificação de confiança ou reputação, funcionam como um mecanismo de revelação de informação e têm um impacto significativo, tanto na prevenção, quanto na resolução das disputas, dado o incentivo dos usuários a preservar uma boa reputação, a qual passa a ser facilmente verificável. Observou-se, nesse aspecto, espaço ainda significativo para o desenvolvimento de ODRs com ferramentas de inteligência artificial a permitir um alinhamento de expectativas quanto ao resultado de suas disputas, o que potencialmente impactaria de forma direta nos índices de autocomposição e prevenção de disputas.

A preocupação com a interação entre os agentes em conflito nessas plataformas, ainda que evidenciada de maneira tímida na literatura, é alvo de debate e verificou-se a utilização de mecanismos tecnológicos na estruturação da comunicação entre as partes, a repercutir e influenciar o tom desses diálogos. No contexto do comércio eletrônico, os problemas derivados da superioridade estratégica dos litigantes habituais em face dos litigantes ocasionais geram preocupações sobre isonomia entre as partes nas plataformas de solução de conflitos. Refletiu-se sobre a possibilidade do uso das ferramentas de análise de dados e compartilhamento isonômico dessas informações, a fim de mitigar tais desafios. Foram levantados aspectos relacionados à participação de advogados nessas demandas e os problemas derivados de sua presença na interação, seja em razão dos custos que se inserem na equação, seja por possível desalinhamento de interesses entre as partes (problema agente-principal).

Para além dos vieses relacionados à decisão de litigar, o estudo empreendido possibilitou a verificação de outros vieses e aspectos ligados à arquitetura de *software* que podem impactar a interação dos usuários e seu processo decisório em ambientes digitais. Foram sinalizados alguns riscos decorrentes do *design* da interface digital e das informações, que deliberadamente (ou não) são disponibilizadas aos usuários pelos desenvolvedores das plataformas e que estão sujeitos a discussões éticas, dado o efeito que a informação disponível pode ter sobre a decisão dos envolvidos. O estudo sobre como os estímulos digitais afetam as escolhas e comportamentos dos usuários em mecanismos *online* de resolução de disputas merece aprofundamento teórico empírico substancial. Apesar disso, foi possível traçar um amplo panorama sobre a questão.

À evidência que os mecanismos *online* de resolução de disputas evoluem para alternativas cada vez mais desenhadas para conflitos e dinâmicas específicas, afastando-se da ideia de um modelo único de resolução de disputas (*one fits all solution*), vislumbrou-se que elementos microeconômicos do litígio podem potencializar o campo de pesquisa no desenvolvimento das soluções existentes. A identificação das ODRs como uma "quarta parte" na resolução de disputas já é uma realidade no contexto do comércio eletrônico e pode ainda ser aprimorada para se tornar um ator importante na equalização de controvérsias.

Por fim, conjecturou-se que a via *online* de resolução de disputas não está isenta de riscos e desafios a serem enfrentados para a adequada equalização da tensão entre eficiência e resoluções justas para as partes e terceiros envolvidos. Neste cenário, de modo a contrapor a uma visão talvez otimista a respeito do potencial tecnológico sobre a resolução de disputas, traçou-se, a partir do levantamento bibliográfico realizado, breve panorama das principais críticas e desafios a serem enfrentados nesse contexto. Os principais aspectos identificados foram: a) questões relativas ao financiamento, que levantam preocupações sobre a independência e imparcialidade do provedor; b) transparência quanto ao procedimento e uso de tecnologia; c) necessidade de auditabilidade e transparência de algoritmos e de mecanismos de suporte de decisões realizadas por algoritmos; d) *accountability* e medidas de controle e gerenciamento sobre o papel da tecnologia na condução e endereçamento das controvérsias; e) necessidade de garantias procedimentais mínimas, especialmente relacionadas ao consentimento e à transparência nos meios consensuais de resolução de disputas; f) segurança e proteção dos dados pessoais veiculados nessas plataformas.

REFERÊNCIAS

ABEDI, Fahimed; BELLUCI, Emília. Universal standards for the concept of trust in dispute resolution systems in e-commerce disputes. *Journal of Law and Information Technology*, Nova York, n. 27, p. 209-237, 2019.

ABREU, Alexandre Lopes. Tecnologia e equidade para um serviço multiportas no Judiciário. *In*: FUX, Luiz; ÁVILA, Henrique; CABRAL, Trícia Navarro Xavier (Org.). *Tecnologia e justiça multiportas*. Indaiatuba: Foco, 2021.

AKERLOF, George. The market for "lemons": quality uncertainty and the market mechanism. *The Quarterly Journal of Economics*, Cambridge, v. 84, n. 3, p. 488-500, ago. 1970.

ALBOROZ, María Mercedes. Online Dispute Resolution (ODR) para el comercio electrónico em clave brasileña. *Revista de Direito UnB*, Brasília, v. 3, n. 1, p. 25-51, set./dez. 2019.

ALIBABA. *Help Center*, c1999. Central de ajuda do site. Disponível em: https://service.alibaba.com/page/knowledge?pageId=128&category=9207635&knowledge=1060234253&language=em. Acesso em 1 fev. 2021.

ALLEMAND, Luiz Cláudio. Tecnologia, ética e justiça multiportas. *In*: FUX, Luiz; ÁVILA, Henrique; CABRAL, Trícia Navarro Xavier (Org.). *Tecnologia e justiça multiportas*. Indaiatuba: Foco, 2021.

AMERICAN BAR ASSOCIATION. [S. l.]. *Recommended best practices for Online Dispute Resolution service providers*. 2002. Disponível em: https://www.americanbar.org/content/dam/aba/administrative/dispute_resolution/dispute_resolution/best_practices_final_102802.pdf. Acesso em 28 dez. 2020.

AMORIM, Fernando Sérgio Tenório. A resolução online de litígios (ODR) de baixa intensidade: perspectivas para a ordem jurídica brasileira. *Pensar*, Fortaleza, v. 22, n. 2, p. 514-539, mai./ago. 2017.

ANDERSON, Dorcas Quek. Ethical Concerns in Court-Connected Online Dispute Resolution. *International Journal of Online Dispute Resolution*, Haia, v. 5, p. 20-38, 2018.

ARAÚJO, Fernando. *Introdução à economia*. 4. ed. Coimbra: Almedina, 2023.

ARAÚJO, Fernando. *O desafio das neurociências para a AED*. Palestra proferida junto aos Grupos de Estudos em Análise Econômica do Direito da PUC-PR. 2020. Disponível em: https://www.youtube.com/watch?v=OG4jaIGY2dA. Acesso em 9 nov. 2020.

ARBIX, Daniel. *Resolução online de controvérsias*. São Paulo: Intelecto, 2017.

ARENHART, Fernando Santos; BALBINOTTO NETO, Giácomo. A análise econômica da litigância: teoria e evidências. *Latin American and Caribbean Law and Economics Association (ALACDE) Annual Papers*, Berkeley, p. 1-25, 2011. Disponível em: https://escholarship.org/uc/item/94h4b44p. Acesso em 10 jul. 2021.

ARSDALE, Suzanne Van. User protections in Online Dispute Resolution. *Harvard Negotiation Law Review*, Cambridge, v. 21, n. 107, p. 107-142, 2015.

BARENDRECHT, Maritz; VRIES, Berend R. Fitting the forum to the fuss with sticky defaults: failure in the market for dispute resolution services. *Cardozo Journal of Conflict Resolution*, Nova York, v. 7, n. 1, p. 83-118, 2005.

BARNETT, Jeremy; TRELEAVEN, Philip. Algorithmic dispute resolution: the automation of professional dispute resolution using IA and blockchain technologies. *The Computer Journal*, Nova York, v. 61, n. 3, p. 339-408, 2018.

BARON, Jonathan. Heuristics and biases. *In*: ZAMIR, Eyal; TEICHMAN, Doron (Org.). *The Oxford handbook of behavioral economics and the law*. Nova York: Oxford University Press, 2014.

BARTON, Benjamin; BIBAS, Stephanos. *Rebooting justice*: more technology, fewer lawyers and the future of law. Nova York: Encounter Books, 2017.

BEBCHUK, Lucian. Litigation and settlement under imperfect information. *Rand Journal of Economics*, Santa Monica, v. 15, n. 3, p. 404-415, 1984.

BECKER, Daniel; FEIGELSON, Bruno. Acesso à justiça para além de Cappelletti e Garth: a resolução de disputas na era digital e o papel dos métodos online de resolução de conflitos (ODR) na mitigação da crise da justiça no Brasil. *In*: WOLKART, Erik Navarro *et al.* (Org.). *Direito, processo e tecnologia*. São Paulo: Thomson Reuters Brasil, 2020.

BENARTZI, Shlomo; LEHRER, Jonah. *The smarter screen*: surprising ways to influence and improve online behavior. Nova York: Penguin, 2015.

BENYEKHLEF, Karim; GÉLINAS, Fabien. Online Dispute Resolution. *Lex Eletronica*, Montreal, v. 10, n. 2, p. 1-129, 2005.

BRAND, Ronald. Party autonomy and access to justice in the UNCITRAL Online Dispute Resolution Project. *Loyola University Chicago International Law Review*, Chicago, v. 10, n. 1, p. 11-36, 2012.

BRASIL. Lei nº 13.105, de 16 de março de 2015. Código de Processo Civil. *Diário Oficial da União*, Brasília, DF: Presidência da República, 17 mar. 2015. Disponível em: http://www.planalto.gov.br/ccivil_03/_ato2015-2018/2015/lei/l13105.htm. Acesso em 20 dez. 2020.

BUZZI, Marco Aurélio Gastaldi. Sistema de justiça multiportas: a garantia do acesso ao judiciário em tempos de pandemia da covid-19. *In*: FUX, Luiz; ÁVILA, Henrique; CABRAL, Trícia Navarro Xavier (Org.). *Tecnologia e justiça multiportas*. Indaiatuba: Editora, 2021.

CABRAL, Antonio do Passo. Processo e tecnologia: novas tendências. *In*: LUCON, Paulo *et al.* (Org.). *Direito, processo e tecnologia*. São Paulo: Thomson Reuters Brasil, 2020.

CABRAL, Trícia Navarro Xavier. Justiça multiportas e inovação. *In*: FUX, Luiz; ÁVILA, Henrique; CABRAL, Trícia Navarro Xavier (Org.). *Tecnologia e justiça multiportas*. Indaiauba: Foco, 2021.

CARVALHO, Jorge Morais; PINTO-FERREIRA, João Pedro; CARVALHO, Joana Campos. *Manual de resolução alternativa de litígios de consumo*. Coimbra: Almedina, 2019.

CONCILIANET. *¿Qué es Concilianet?*, c2020. Seção de sobre do site. Disponível em: https://concilianet.profeco.gob.mx/Concilianet/comoconciliar.jsp. Acesso em 24 mai. 2021.

CONSELHO NACIONAL DE JUSTIÇA (Brasil). *Justiça em números digital*. Brasília, 2019. Disponível em: https://paineis.cnj.jus.br/QvAJAXZfc/opendoc.htm?document=qvw_l%2FPainelCNJ.qvw&host=QVS%40neodimio03&anonymous=true&sheet=shResumoDespFT. Acesso em 1 jun. 2021.

CONSELHO NACIONAL DE JUSTIÇA. Resolução nº 332, de 21 de agosto de 2020. Dispõe sobre a ética, a transparência e a governança na produção e no uso de Inteligência Artificial no Poder Judiciário e dá outras providências. *DJe/CNJ*, Brasília, DF, a. 2020, n. 274, p. 4-8, 25 de agosto de 2020.

CONSUMIDOR.GOV.BR. *Sobre o serviço*, c2013. Seção de sobre do site. Disponível em: https://www.consumidor.gov.br/pages/conteudo/sobre-servico. Acesso em 1 mai. 2021.

COOTER, Robert; MARKS, Stephen; MNOOKIN, Robert. Bargaining in the shadow of the law. *Journal of Legal Studies*, Chicago, v. 11, n. 2, p. 225-251, 1982.

COOTER, Robert; RUBINFELD, Daniel. Economic analysis of legal disputes and their resolution. *Journal of Economic Literature*, Nashville, v. 27, p. 1067-1097, set. 1989.

COOTER, Robert; ULEN, Thomas. *Law and economics*. 6. ed. Harlow: Pearson, 2014.

COOTER, Robert; ULEN, Thomas, *Direito & economia*. 5. ed. Porto Alegre: Bookman, 2010.

CÓRTES, Pablo. *Online Dispute Resolution for consumers in the European Union*. Nova York: Routledge, 2010.

CUEVA, Ricardo Villas Bôas. Integração dos meios de resolução de conflitos online (ODR) aos sistemas de justiça. *In*: FUX, Luiz; ÁVILA, Henrique; CABRAL, Trícia Navarro Xavier (Org.). *Tecnologia e justiça multiportas*. Indaiatuba: Foco, 2021.

DAWES, Robyn; THALER, Richard. Anomalies cooperation. *Journal of Economic Perspective*, Nashville, v. 2, n. 3, p. 187-197, 1988.

DINAMARCO, Cândido Rangel. *Instituições de direito processual civil*. 5. ed. São Paulo: Malheiros, 2005. v. 1.

DUCA, Louis D.; RULE, Colin; LOEBL, Zbynek. Facilitating expansion of cross-border e-commerce: developing a global Online Dispute Resolution system (lessons derived from existing ODR systems – work of the United Nations Commission on International Trade Law). *Pen State Journal of Law & International Affairs*, University Park, v. 1, n. 1, p. 242-289, 2012.

EBAY. *Costumer Service*, c1995a. Página de atendimento ao cliente. Disponível em: https://www.ebay.com/help/home. Acesso em 1 fev. 2021.

EBAY. *Dispute Resolution Overview*, c1995b. Página de resolução de disputas. Disponível em: https://pages.ebay.com/services/buyandsell/disputeres.html#what. Acesso em 1 fev. 2021.

EBAY. *Feedback Forum*, c1995c. Fórum de usuários. Disponível em: https://pages.ebay.com/services/forum/feedback.html. Acesso em 1 fev. 2021.

EBAY. *The eBay Community*¸ c2016. Fórum de usuários. Disponível em: https://community.ebay.com/. Acesso em 5 mai. 2021.

EBNER, Noam; ZELEZNIKOW, John. Fairness, Trust and security in Online Dispute Resolution. *Hamline University´s School of Law´s Journal of public Law and Policy*, Saint Paul, v. 36, n. 2, p. 143-160, 2015.

FALECK, Diego. *Manual de design de sistemas de disputas*: criação de estratégias e processos eficazes para tratar conflitos. Rio de Janeiro: Lumen Juris, 2018.

FALECK, Diego. Tecnologia e sistemas de indenização: a experiência de Brumadinho. *In*: FUX, Luiz; ÁVILA, Henrique; CABRAL, Trícia Navarro Xavier (Org.). *Tecnologia e justiça multiportas*. Indaiatuba: Foco, 2021.

FERRARI, Isabel. Dispute resolution para grandes tragédias: uma alternativa para promover acesso à Justiça tempestivo para vítimas de Brumadinho. *In*: FUX, Luiz; ÁVILA, Henrique; CABRAL, Trícia Navarro Xavier (Org.). *Tecnologia e justiça multiportas*. Indaiatuba: Foco, 2021.

FERRARI, Isabela. O emprego de algoritmos para a tomada de decisões II: riscos dos algoritmos decisórios. *In*: FERRARI, Isabela (Org.). *Justiça digital*. São Paulo: Thomson Reuters Brasil, 2020.

FERREIRA, Marcio Vieira Souto. Princípios fundamentais do processo e a legitimidade do sistema de justiça multiportas. *In*: FUX, Luiz; ÁVILA, Henrique; CABRAL, Trícia Navarro Xavier (Org.). *Tecnologia e justiça multiportas*. Indaiatuba: Foco, 2021.

FISHER, Roger; URY, William; PATTON, Bruce. *Como chegar ao sim*. rev. e atual. Rio de Janeiro: Sextante, 2018.

FOGG, B. J. *Persuasive technology*: using computers to chance what we think and do. São Francisco: Morgan Kauffmann, 2003.

FRIEDMAN, Daniel; WITTMAN, Donald. Litigation with symmetric bargaining and two-sided incomplete information. *Journal of Law, Economics & Organization*, Nova York, v. 23, n. 1, p. 98-126, 2006.

FUX, Luiz; BODART, Bruno. *Processo civil e análise econômica*. 1. ed. Rio de Janeiro: Forense, 2019.

FUX, Rodrigo. As inovações tecnológicas como (mais uma) onda renovatória de acesso à justiça. *In*: FUX, Luiz; ÁVILA, Henrique; CABRAL, Trícia Navarro Xavier (Org.). *Tecnologia e justiça multiportas*. Indaiatuba: Foco, 2021.

GÄCHTER, Simon. Human prosocial motivation and the maintenance of social order. *In*: ZAMIR, Eyal; TEICHMAN, Doron (Org.). *The Oxford handbook of behavioral economics and the law*. Nova York: Oxford University Press, 2014.

GALANTER, Marc. Why the "haves" come out ahead: speculations on the limits of legal change. *Law & Society Review*, Hoboken, v. 9, n. 1, p. 95-1620, 1974.

GICO JR., Ivo Teixeira. *Análise econômica do processo civil*. Indaiatuba: Foco, 2020.

GOULD, John P. The economics of legal conflicts. *Journal of Legal Studies*, Chicago, v. 2, n. 2, p. 279-300, 1973.

GUANDALINI, Bruno. *Economic analysis of the arbitrator´s function*. Amsterdã: Kluwer Law International B.V., 2020. [E-book].

GUERRA, Sérgio; SALINAS, Natasha. Resolução eletrônica de conflitos em agências reguladoras. *Revista Direito GV*, São Paulo, v. 16, n. 1, p. 1-36, 2020.

GUTHRIE, C. Better settle than sorry: the regret aversion theory of litigation behavior. *University of Illinois Law Review*, n. 67, p. 163-216, 1999.

JOLLS, Chistine; SUNSTEIN, Cass; THALER, Richard. A behavioral approach to law and economics. *Yale Law School Legal Scholarship Repository*, New Haven, v. 50, p. 1471-1555, mai. 1998.

KAHNEMAN, Daniel. *Rápido e devagar*: duas formas de pensar. Rio de Janeiro: Objetiva, 2012.

KAHNEMAN, Daniel; TVERSKY, Amos. Prospect theory: an analysis of decision under risk. *Econometrica*, Hoboken, v. 47, n. 2, p. 263-292, mar. 1979.

KAHNEMAN, Daniel; TVERSKY, Amos. Judgment under uncertainty: heuristics and biases. *Science*, Washington, v. 185, n. 4157, p. 1124-1131, 1974.

KATSH, Ethan; RABINOVICH-EINY, Orna. *Digital justice*: technology and the internet of disputes. Nova York: Oxford University Press, 2017.

KATSH, Ethan; RIFIKIN, Janet. *Online Dispute Resolution*: resolving conflicts in cyberspace. São Francisco: Jossey-Bass, 2001.

KATSH, Ethan; RULE, Colin. What we know and need to know about Online Dispute Resolution. *South Carolina Law Review*, Columbia, v. 67, p. 329-344, 2016.

KATSH, Ethan. Online Dispute Resolution: some implications for the emergence of law in cyberspace. *International Review of Law, Computers and Technology*, Londres, v. 21, n. 2, p. 97-107, jun. 2007.

KATSH, Ethan. Online Dispute Resolution. *In*: MOFFIT, Michael; BORDONE, Robert (Org.). *The handbook of dispute resolution*. São Francisco: Jossey-Bass, 2005.

KATSH, Ethan. Online Dispute Resolution: some lessons from the e-commerce revolution. *Northern Kentucky Law Review*, Highland Heights, v. 28, n. 4, p. 810-821, 2001.

KISER, Randall; ASHER, Martin; McSHANE, Blakeley. Let's not make a deal: an empirical study of decision making in unsuccessful settlement negotiations. *Journal of Legal Studies*, Chicago, v. 5, n. 3, p. 551-591, 2008.

KOROBKIN, Russel; ULEN, Thomas. Law and behavioral science: removing the racionality assumption from law and economics. *Law and Behavioral Science*, Cambridge, v. 88, n. 4, p. 1051-1144, jul. 2000.

KREPS, David M. *A course in microeconomic*. Princeton: Princeton University Press, 1990.

LANDES, William M. An economic analysis of the courts. *Journal of Law & Economics*, Chicago, v. 14, n. 1, p. 61-107, 1971.

LEWICKI, Roy; SAUNDERS, David; BARRY, Bruce. *Fundamentos de negociação*. 5. ed. Porto Alegre: AMGH, 2014.

LIND, E.A; KULIK, K.T.; VERA PARK, M.V. Individual and corporate dispute resolution: using procedural fairness as a decision heuristic. *Administrative Science Quarterly*, n. 38, p. 224-251, 1993.

LODDER, Arno; ZELZNIKOW, John. Developing an Online Dispute Resolution environment: dialogue tools and negotiation support systems in a three-step model. *Harvard Negotiation Law Review*, Cambridge v. 10, p. 287-338, 2005.

LORENZETTI, Ricardo. *Comércio eletrônico*. São Paulo: Revista dos Tribunais, 2004.

LUCON, Paulo Henrique dos Santos. Procedural law and artificial intelligence. *In*: LUCON, Paulo Henrique *et al.* (Org.). *Direito, processo e tecnologia*. São Paulo: Thomson Reuters, 2020.

MACKAAY, Ejan; ROUSSEAU, Sthéphane. *Análise econômica do direito*. 2. ed. São Paulo: Atlas, 2020.

MARQUES, Cláudia Lima. *Contratos no código de defesa do consumidor*: o novo regime das relações contratuais. 9. ed. São Paulo: Thomson Reuters Brasil, 2019.

MARQUES, Cláudia Lima; MIRAGEM, Bruno. *O novo direito privado e a proteção dos vulneráveis*. São Paulo: Revista dos Tribunais, 2012.

MARQUES, Ricardo Dalmaso. A resolução de disputas online (ODR): do comércio eletrônico ao seu efeito transformados sobre o conceito e a prática do acesso à justiça. *Revista de Direito e as Novas Tecnologias*, São Paulo, v. 5, p. 1-38, out./dez. 2019.

MARTINS, Guilherme Magalhães. ODRs e conflitos repetitivos nas relações de consumo. *Migalhas*, 16 abr. 2021. Disponível em: https://www.migalhas.com.br/coluna/migalhas-de-protecao-de-dados/343809/odrs-e-conflitos-repetitivos-nas-relacoes-de-consumo. Acesso em 15 jun. 2021.

MERCADO LIVRE. *Compra Garantida*, c2016. Página de devolução de compras. Disponível em: https://www.mercadolivre.com.br/compra-garantida. Acesso em 1 fev. 2021.

MICKLITZ, Hans-W.; SAUMIER, Geneviève. *Enforcement and effectiveness of consumer law*. Nova York: Springer, 2018.

MORRIS, Robert; MCDUFF, Daniel. Crowdsourcing techniques for affective computing. *In*: CALVO, Rafael *et al.* (Org.). *The Oxford handbook of affective computing*. Nova York: Oxford University Press, 2015.

NUNES, Dierle. Etapas de implementação de tecnologia no processo civil e ODRs. *In*: FUX, Luiz; ÁVILA, Henrique; CABRAL, Trícia Navarro Xavier (Org.). *Tecnologia e justiça multiportas*. Indaiatuba: Foco, 2021.

NUNES, Dierle; PAOLINELLI, Camila. Acesso à Justiça e tecnologia: minerando escolhas públicas e customizando novos desenhos para a gestão e solução de disputas no sistema brasileiro de justiça civil. *In*: YARSHELL, Flávio Luiz; COSTA, Susana Henrique da; FRANCO, Marcelo Veiga (Org.). *Estudos em homenagem ao Professor Marc Galanter*. 2021, no prelo. Disponível em: https://www.academia.edu/45169399/ACESSO_%C3%80_JUSTI%C3%87A_E_TECNOLOGIA_MINERANDO_ESCOLHAS_POL%C3%8DTICAS_E_CUSTOMIZANDO_NOVOS_DESENHOS_PARA_A_GEST%C3%83O_E_SOLU%C3%87%C3%83O_DE_DISPUTAS_NO_SISTEMA_BRASILEIRO_DE_JUSTI%C3%87A_CIVIL. Acesso em 20 jun. 2021.

NUNES, Dierle; PAOLINELLI, Camila Mattos. Novos designs tecnológicos no sistema de resolução de conflitos: ODR, e-acesso à Justiça e seus paradoxos no Brasil. *Revista de Processo*, São Paulo, v. 314, p. 395-425, abr. 2021.

NUNES, Marcelo Guedes. *Jurimetria*: como a estatística pode reinventar o direito. 2. ed. São Paulo: Thomson Reuters Brasil, 2019.

ORGANIZAÇÃO DAS NAÇÕES UNIDAS. UNCITRAL. *Technical Notes on Online Dispute Resolution of the United Nations Commission on International Trade Law* . Nova York: Assembleia Geral das Nações Unidas, 13 dez. 2016. Disponível em: https://uncitral.un.org/sites/uncitral.un.org/files/media-documents/uncitral/en/v1700382_english_technical_notes_on_odr.pdf. Acesso em 01 jun. 2021.

PAGSEGURO. *O que é Moderação?*, c2020a. Página de dúvidas. Disponível em: https://faq.pagseguro.uol.com.br/duvida/o-que-e-moderacao/55. Acesso em 01 mar. 2021.

PAGSEGURO. *O que é uma Disputa?*, c2020b. Página de dúvidas. Disponível em: https://faq.pagseguro.uol.com.br/duvida/o-que-e-disputa/59. Acesso em 01 mar. 2021.

PARO, Giácomo; MARQUES, Ricardo Dalmaso; DUARTE, Ricardo Quass. On-line Dispute Resolution (ODR) e o interesse processual. *In*: WOLKART, Erik Navarro *et al.* (Org.). *Direito, processo e tecnologia*. São Paulo: Thomson Reuters Brasil, 2020.

PASCHOAL, Thaís Amoroso. Acesso à Justiça, tecnologia e o nosso realismo esperançoso de cada dia. *In*: FUX, Luiz; ÁVILA, Henrique; CABRAL, Trícia Navarro Xavier (Org.). *Tecnologia e justiça multiportas*. Indaiatuba: Foco, 2021.

PATRÍCIO, Miguel Carlos Teixeira. *Análise econômica da litigância*. Coimbra: Almedina, 2005.

PINDYCK, Robert; RUBINFELD, Daniel. *Microeconomia*. 8. ed. São Paulo: Pearson Education do Brasil, 2013.

POBLET, Marta. *Mobile technologies for conflict management*: online Dispute Resolution, governance, participation. Nova York: Springer, 2011.

POBLET, Marta; CASANOVAS, Pompeu. Emotions in ODR. *International Review of Law Computers & Technology*, Londres, v. 21, n. 2, p. 145-155, 2007.

POLINSKY, Mitchell; SHAVELL, Steven. *Handbook of law and economics*. Oxford: Elsevier, 2007. v. 1.

PORTO, Antônio; GAROUPA, Nuno. *Curso de análise econômica do Direito*. São Paulo: Atlas, 2020.

POSNER, Richard. An economic approach to legal procedure and judicial administration. *The Journal of Legal Studies*, Chicago, v. 2, n. 2, jun. 1973.

RABINOVICH-EINY, Orna. Technology´s impact: the quest for a new paradigm for accountability in mediation. *Harvard Negotiation Law Review*, Cambridge v. 11, p. 253-294, 2006.

RABINOVICH-EINY, Orna. Going public: diminishing privacy in dispute resolution in the internet age. *Virginia Journal of Law and Technology*, Charlottesville, v. 7, n. 2, p. 1-55, 2002.

RABINOVICH-EINY, Orna; KATSH, Ethan. Technology and the future of dispute system design. *Harvard Negotiation Law Review*, Cambridge, v. 17, p. 151-199, 2012.

RAVAGNANI, Giovani. Legal analytics II: mapeamento de riscos. *In*: FERRARI, Isabel (Org.). *Justiça digital*. São Paulo: Thomson Reuters Brasil, 2020.

REVES, Byron; READ, J. Leighton. *Total engagement*: using games and virtual worlds to change the way people work and businesses compete. Boston: Harvard Business Press, 2009.

RIETJENS, Bob. Trust and reputation on eBay: towards a legal framework for feedback intermediaries. *Information & Communications Technology Law*, Londres, v. 15, n. 1, p. 55-78, 2006.

RIKER, William H. Political science and rational choice. *In*: ALT, Janes; SHEPSLE, Kenneth (Org.). *Perspectives on positive political economy*. Cambridge: Cambridge University Press, 1990.

ROBBENNOLT, Jennifer. Litigation and settlement. *In*: ZAMIR, Eyal; TEICHMAN, Doron (Org.). *The Oxford handbook of behavioral economics and the law*. Nova York: Oxford University Press, 2014.

ROBERGE, Jean-Françoise; FRASER, Véronique. Access to commercial justice: a roadmap for Online Dispute Resolution. *Ohio State Journal on Dispute Resolution*, Columbus, v. 35, n. 1, p. 1-62, 2019.

ROSA, Camila da; SPALER, Mayara Guibor. Experiências privadas de ODR no Brasil. *Revista Jurídica da Escola Superior da Advocacia da OAB-PR*, Curitiba, a. 3, n. 3, dez. 2018. Disponível em: http://revistajuridica.esa.oabpr.org.br/wp-content/uploads/2018/12/revista_esa_8_10.pdf. Acesso em 12 jul. 2021.

RULE, Colin. Designing a global online dispute resolution system: lessons learned from eBay. *University of St. Thomas Law Journal*, Saint Paul, v. 13, n. 2, p. 354-369, 2017.

RULE, Colin. Quantifying the economic benefits of effective redress: large e-commerce data sets and the cost-benefit for investing in dispute resolution. *University of Arkansas at Little Rock Law Review*, Little Rock, v. 34, n. 4, p. 767-778, 2012.

RULE, Colin. *Online Dispute Resolution for business*: B2B, e-commerce, consumer, employment, insurance, and other commercial conflicts. São Francisco: Jossey-Bass, 2002.

RULE, Colin; NAGARAJAN, Chittu. Crowdsourcing dispute resolution over mobile devices. *In:* POBLET, Marta (Org.). *Mobile technologies for conflict management*: online dispute resolution, governance, participation. Nova York: Springer, 2011.

SANTOLIM, Cesar Viterbo Matos. *Formação e eficácia probatória dos contratos por computador*. São Paulo: Saraiva, 1995.

SCHMITZ, Amy. Expanding access to remedies through e-court initiatives. *Buffalo Law Review*, Buffalo, v. 67, n. 1, p. 89-163, jan. 2019.

SCHMITZ, Amy J. There's an "app" for that: developing online dispute resolution to empower economic development. *Notre Dame Journal of Law, Ethics & Public Policy*, South Bend, v. 32, n. 1, p. 1-45, 2018.

SCHMITZ, Amy. "Drive-thru" arbitration in the digital age: empowering consumers through binding ODR. *Baylor Law Review*, Waco, v. 62, n. 1, p. 178-244, 2010.

SCHMITZ, Amy; RULE, Colin. The new handshake: where we are now. *International Journal on Dispute Resolution*, Haia, v. 3, n. 2, 2016.

SCHMIDT-KESSEN, María José; NOGUEIRA, Rodrigo; CANTERO, Marta. Success or failure? Effectiveness of consumer ODR platforms in Brazil and in the EU. *Copenhagen Business School Law Research Paper Series*, Copenhage, n. 19-17, p. 1-23, abr. 2019.

SELA, Ayelet. e-Nudging justice: the role of digital choice architecture in online courts. *Journal of Dispute Resolution*, Columbia, v. 1, n. 2, p. 127-163, 2019.

SELA, Ayelet. Can computers be fair? How automated and human-powered Online Dispute Resolution affect procedural justice in mediation and arbitration. *Ohio State Journal on Dispute Resolution*, Columbus, v. 33, n. 1, p. 91-148, 2018.

SENACON. *Boletim Consumidor.gov.br 2020*, 2020. Boletim. Disponível em: https://www.consumidor.gov.br/pages/publicacao/externo/. Acesso em 01 mai. 2021.

SENACON. *Consumidor.gov. Indicadores*, 2021a. Página de indicadores. Disponível em: https://www.consumidor.gov.br/pages/indicador/geral/abrir. Acesso em 28 jun. 2021.

SENACON. *Consumidor.gov. Infográficos*, 2021b. Página de indicadores. Disponível em: https://www.consumidor.gov.br/pages/indicador/infografico/abrir. Acesso em 14 jul. 2021.

SENACON. *Consumidor.gov. Dados abertos*, 2021b. Disponível em: https://www.consumidor.gov.br/pages/dadosabertos/externo/. Acesso em 28 jun. 2021.

SHAVELL, Steven. *Foundations of economic analysis of law*. Cambridge: Harvard University Press, 2004.

SIDE TAKER. *Home*, [S. d.]. Página inicial. Disponível em: https://www.sidetaker.com/. Acesso em 1 mar. 2021.

SIMON, Herbert A. *Models of bounded rationality*: empirically grounded economic reason. Cambridge: MIT Press, 1997. v. 3.

SPIER, Kathryn; PRESCOTT, J. A comprehensive theory of civil settlement. *NYU Law Review*, Nova York, v. 91, p. 59-143, abr. 2016.

SPIER, Kathryn. Litigation. *In*: POLINSKY, Mitchell; SHAVELL, Steven. *Handbook of law and economics*. Amsterdã: Elsevier, 2007. v. 1.

STIGLITZ, Joseph; ROTHSCHILD, Michael. Equilibrium in competitive markets: an essay on the economics of imperfect information. *The Quarterly Journal of Economics*, Nova York, v. 90, n. 4, p. 629-649, nov. 1976.

STOUT, Lynn. Law and prosocial behavioral. *In*: ZAMIR, Eyal; TEICHMAN, Doron (Org.). *The Oxford handbook of behavioral economics and the law*. Nova York: Oxford University Press, 2014.

SURIANI, Fernanda Mattar Furtado. Access to justice and consumidor.gov case. *In*: LUCON, Paulo *et al.* (Org.). *Direito, processo e tecnologia*. São Paulo: Thomson Reuters, 2020.

SUSSKIND, Richard. *Tomorrow´s lawyers*: an introduction to your future. 2. ed. Nova York: Oxford University Press, 2017.

SUSTEIN, Cass. *Republic 2.0*. Princeton: Princeton University Press, 2009.

SWELMIYEEN, Ibrahim *et al.* Online arbitration in the social network world: mobile justice on iPhones. *Information & Communications Technology Law*, Londres, v. 12, n. 2, p. 146-164, 2013.

THALER, Richard; SUSTEIN, Cass. Libertarian Paternalism. *The American Economic Review*, Nashville, v. 93, n. 2, p. 175-179, 2003.

THALER, Richard; SUSTEIN, Cass. *Nudge:* improving decisions about health, wealth and happiness. Londres: Yale University Press, 2008.

TIMM, Luciano. *Análise econômica da arbitragem*. 2017. Disponível em: https://lawle2014.files.wordpress.com/2017/10/timm-10042016-aed-da-arbitragem-livro-tarcicc81sio-lmj.pdf. Acesso em 1 fev. 2021.

TIMM, Luciano; GABRIEL, Anderson de Paiva. Plataformas digitais para resolução consensual de conflitos e acesso à Justiça. *Jota*, 26 abr. 2021. Disponível em: https://www.jota.info/opiniao-e-analise/colunas/coluna-da-abde/plataformas-digitais-para-resolucao-consensual-de-conflitos-e-o-acesso-a-justica-26042021. Acesso em 26 abr. 2021.

TYLER TECHNOLOGIES. *Modria for Courts*. 2021. Disponível em: https://www.tylertech.com/products/modria. Acesso em 9 fev. 2021.

UJUJ. *About*, [S. d.]. Disponível em: https://ujuj.com/about/. Acesso em 1 mar. 2021.

UNIÃO EUROPEIA. Parlamento Europeu. *Regulamento (UE) 2013/524 do Parlamento Europeu e do Conselho de 21 de maio de 2013 sobre resolução de litígios de consumo online, que altera o Regulamento (CE) nº 2006/2004 e a Diretiva 2009/22/CE*. Estrasburgo: Parlamento Europeu, 21 mai. 2013. Disponível em: https://eur-lex.europa.eu/legal-content/EN/TXT/?uri=celex%3A32013R0524. Acesso em 30 abr. 2021.

UNIÃO EUROPEIA. Parlamento Europeu. *Regulamento de Execução (UE) 2015/1051 da Comissão de 1 de julho de 2015 relativo às modalidades do exercício das funções da plataforma de resolução online de litígios, do formulário eletrónico de queixa e da cooperação entre os pontos de contato previstas no Regulamento (UE) nº 524/2013 do Parlamento Europeu e do Conselho sobre a resolução de litígios de consumo online*. Bruxelas: Parlamento Europeu, 1 jul. 2015. Disponível em: https://eur-lex.europa.eu/legal-content/PT/TXT/PDF/?uri=CELEX:32015R1051&from=EN. Acesso em 30 abr. 2021.

VASCONCELOS, Ronaldo; CARNAÚBA, César Augusto. Custos de transação do processo e Online Dispute Resolution: um sistema multiportas 4.0 economicamente eficiente. *In*: LUCON, Paulo *et al.* (Org.). *Direito, processo e tecnologia*. São Paulo: Thomson Reuters Brasil, 2020.

WANG, Faye Fangfei. *Online Dispute Resolution*: technology, management and legal practice from an international perspective. Oxford: Chandos, 2009.

WEINMANN, Markus; SCHNEIDER, Christoph; BROCKE, Jan vom. Digital nudging. *Business & Information Systems Engineering*, Nova York, v. 5, n. 6, p. 433-436, 2016.

WOLKART, Erik Navarro. *Análise econômica do processo civil*: como a economia, o direito e a psicologia podem vencer a tragédia da justiça. São Paulo: Thomson Reuters Brasil, 2019.

YARSHELL, Flávio Luiz; RODRIGUES, Viviane Siqueira. Contratos inteligentes e execução civil: diálogo possível e útil? *In*: FUX, Luiz; ÁVILA, Henrique; CABRAL, Trícia Navarro Xavier (Org.). *Tecnologia e Justiça Multiportas*. Indaiatuba: Foco, 2021.

XAVIER, Daniel de Sabóia; SURIANI, Fernanda Mattar Furtado; NOLASCO, Rita Dias. A tecnologia e a inteligência analítica aplicada à recuperação de créditos pela PGFN. *In*: FUX, Luiz; ÁVILA, Henrique; CABRAL, Trícia Navarro Xavier (Org.). *Tecnologia e justiça multiportas*. Indaiauba, SP: Editora Foco, 2021.

ZELEZNIKOW, John. Artificial intelligence and Online Dispute Resolution enhance efficiency and effectiveness in courts. *International Journal for Court Administration*, Williamsburg, v. 8, n. 2, p. 30-45, mai. 2017.

Esta obra foi composta em fonte Palatino Linotype, corpo 10
e impressa em papel Pólen Bold 70g (miolo) e Supremo 250g (capa)
pela Gráfica Star7.